中国人民大学刑法学博士文丛（13）

犯罪竞合基础理论研究

Research on the Basic Theory of Concurrence of Crimes

张爱晓　著

中国人民公安大学出版社
·北　京·

图书在版编目（CIP）数据

犯罪竞合基础理论研究/张爱晓著．—北京：中国人民公安大学出版社，2011.4

（中国人民大学刑法学博士文丛）

ISBN 978－7－5653－0384－5

Ⅰ.①犯…　Ⅱ.①张…　Ⅲ.①刑事犯罪—研究　Ⅳ.①D914.04

中国版本图书馆 CIP 数据核字（2011）第 051985 号

犯罪竞合基础理论研究

张爱晓　著

出版发行：中国人民公安大学出版社

地　　址：北京市西城区木樨地南里

邮政编码：100038

经　　销：新华书店

印　　刷：北京蓝空印刷厂

版　　次：2011 年 4 月第 1 版

印　　次：2011 年 4 月第 1 次

印　　张：8.875

开　　本：880 毫米×1230 毫米　1/32

字　　数：236 千字

书　　号 ISBN 978－7－5653－0384－5

定　　价：28.00 元

网　　址：www.cppsup.com.cn　www.porclub.com.cn

电子邮箱：zbs@cppsup.com　zbs@cppsu.edu.cn

营销中心电话：010－83903254

读者服务部电话（门市）：010－83903257

警官读者俱乐部电话（网购、邮购）：010－83903253

法律图书分社电话：010－83905637

本社图书出现印装质量问题，由本社负责退换

总　序

以刑法规范及其发展完善为主要研究对象的刑法学，是法学体系中一个极为重要的部门。而刑法学的发展和完善，很大程度上取决于刑法学研究和教育的发展状况。因此，我们既要促进当下各种刑事法思想与理论的交流，力促百花齐放、百家争鸣，又不能忘记对年青一代人才的培养，以期薪尽火传、承传不灭。这就对我国的法学教育和法学研究提出了更高的要求。

中国人民大学刑事法律科学研究中心是专门从事刑事法研究的新型综合性学术研究机构，经教育部 1999 年 11 月批准，成为首批全国普通高等学校人文社会科学百所重点研究基地之一，也是刑事法领域唯一的国家级重点研究机构。“中心”依托中国人民大学雄厚的人文社会科学基础与人大法学院坚实宽广的法学学科实力，以具有辉煌业绩和良好传承的国家重点学科——刑法学科为龙头，涵盖刑事实体法、刑事程序法与刑事证据法、刑事侦查与刑事物证技术、刑事法律史等刑事法律学科群中的诸多领域。中国人民大学刑法学博士生在“中心”的严格要求和精心培养下，勤于学习，勇于探索，撰写的学位论文大多具有锐意创新之处。但在目前学术著作出版难的状况未彻底改观的情况下，其中仅有少数论文得以公开出版，这不得

不说是一大憾事。有鉴于此
中心本着繁荣学术、扶植青
版社的鼎力支持下，精心挑
学刑法学博士文丛”。

本文丛以通过答辩的刑
中挑选一些有代表性并有较
编辑出版。从论文的选题和
前沿问题的系统分析，论证
论的深刻挖掘，论涉古今，
的专门研究，援引西土精华
论的中外比较，两两相互对
现实意义不容低估。固然，
稚嫩，许多观点也可能还值
者思想的火花，同时浸透了
我们真诚欢迎读者对论文提
正是作者得以进步的阶梯、

回首过去，中国人民大学
厚爱和自身的艰苦努力，在
取得了一些成绩。展望未来，
休歇，学如春起之苗，要让
步，方能更上一层楼。在这
学博士文丛”能够源源不断
研究贡献一份绵薄之力。

中国人

下篇　分　论

Contents

Part two Specific Provisions

绪　论

刑法竞合论中的“竞合”指的是犯罪的竞合，即行为人的行为（实质上）符合数个犯罪构成的形态。犯罪竞合论，即指同一行为人的行为（实质上）符合数个犯罪构成时，在刑法上如何处罚的理论。也就是说，同一行为人的行为实现了数个犯罪构成，因为无法从规定每个犯罪构成的法条中直接确定其刑罚，必须创设一定的理论规则解决如何科处刑罚的问题，竞合论即是解决这一问题的刑法理论。

一、研究意义

对犯罪竞合基础理论进行研究，在理论上和实践上具有如下重大意义：

（一）有利于走出我国传统罪数论体系研究的困境

对罪数问题的探讨，存在两种截然不同的理论，一是以我国刑法、日本刑法为代表的罪数论体系，二是以德国刑法、意大利刑法为代表的竞合论体系，这两者既有相同之处又有明显的区别。我国传统理论采取了罪数论的体系框架结构。然而，我国目前的这种罪数论体系存在许多致命性的问题，造成了理论研究的诸多困境。这首先表现为罪数论体系的混乱，理论上的数罪、一罪与司法实践严重脱节；其次表现为罪数判断标准的争议，通说的犯罪构成标准并没有得到彻底的贯彻，并不断遭到强有力的质疑。造成这种困境的原因固然很多，但究其根源，还在于传统理论没有明确区分罪数论的两项不同的研究内容。对罪数论的研究其实主要是用来解决两个问题，一是行为人的犯罪事实是构成一个犯罪还是数个犯罪或者说是符合一个犯罪构成还是数个犯罪构成，即犯罪个数的判定；二是在构成数个犯罪或具备数个犯罪构成的场合，产生犯罪的竞合，对行为人如何科处刑罚的问题。前者以犯罪构成为判断标准，主要检验行为到底是构成一个具体的犯罪还是数个具体的犯罪，可称之为狭义的罪数论。其任务是行为与构成要件之间符合性的检验，行为是否可用一个犯罪构成进行全面充分的评价是其重点内容。据此，除了单纯一罪外，结果加重犯、集合犯、结合犯、法规竞合、共罚的事前事后行为等复杂一罪也属于狭义的罪数论的范围，因为这些犯罪形态最终都可以用一个犯罪构成对行为进行充分的评价。狭义的罪数论所要解决的是行为与规范实现之间的关系问题，因而属于犯罪论的范畴。后者的目的或任务是在行为符合数个犯罪构成的情况下，讨论对行为人如何科处刑罚的问题，可称之为犯罪竞合论。据此，凡是具备了数个犯罪构成的，如想象竞合犯、牵连犯、连续犯、同种数罪、异种数罪等都属于竞合论的研究范围。竞合论所要研究的是在构成数罪（也就是符合数个犯罪构成）的情况下如何科处刑罚，而这已不是以解决行为与犯罪构成的关系问题为核心的犯罪论所能解决的问题。因为此时触犯数罪（即数个构成要件的违反）已然确定，待解决的问题是刑罚到底如何科处，这当然应考量刑罚的设置原理、刑罚的目的与功能、刑罚的量定等理论，因而属于刑罚论的范畴。

由此可见，犯罪竞合论属于（广义的）罪数论①范畴之下的一个概念。狭义的罪数论与犯罪竞合论的本质、体系定位、法理根据都不相同，也就是说，能够解决犯罪竞合论的理论规则不一定适用于狭义的罪数论，反之亦然。我国传统的罪数论未注意到这种区

① 以下所称的“罪数论”若不特别注明，均指广义的罪数论。

别，试图以同一法理规则来解决整个的罪数论问题，由此造成了理论研究的困境。本书在区分狭义的罪数论与犯罪竞合论的前提下，对竞合论的基础理论展开研究，有助于正确认识整个罪数论两大块内容的相异性，树立区分狭义的罪数论和犯罪竞合论的全新理念，以便摆脱传统罪数论研究的种种困境。

（二）深化对犯罪竞合问题的研究，以全新的视角探讨传统罪数论的种种疑难问题

竞合论是刑法中一个相当重要的理论与实践问题。但是，这样一个古老的问题，经过悠久历史的发展，非但未能揭开其神秘的面纱，反而使得竞合论问题更加复杂难解，成为刑法范畴中最复杂且棘手难缠的领域。[①] 举凡竞合论的体系地位、各种竞合形态的结构特征、处理原则等问题无一不是观点纷呈、长期争执。我国传统理论将犯罪竞合论放在了罪数论中与狭义的罪数论统一论述，但如前所述，犯罪竞合论与狭义的罪数论的本质、定位、法理根据不同，试图以同一法理阐释这两者只能使问题更加复杂混乱。近来虽有一些学者借鉴德国的竞合论体系来阐释传统的罪数问题，如陈兴良教授在《刑法竞合论》一文中、周光权教授在其《刑法总论》中都明确采用了竞合论的体系；刘士心博士的《竞合犯研究》、庄劲博士的《犯罪竞合：罪数分析的结构与体系》都借鉴了竞合论的因素；赵丙贵博士的《想象竞合犯研究》也在竞合论的体系下对想象竞合犯进行了研究。但是，总体来说，对竞合论的研究还不够深入，缺乏系统性、全面性。因此，本书以犯罪竞合基础理论研究为选题，对犯罪竞合（论）的概念、体系地位、结构特征、处理原则等关键问题进行了详细的探讨，以期能以全新的视角来审视传统罪数论的种种疑难问题，深化对刑法中这一最复杂且棘手难缠的问

① 参见柯耀程著：《刑法竞合论》，中国人民大学出版社 2008 年版，第 1 ~2 页。

题的研究。

（三）促进司法实务中难题的解决

犯罪竞合是司法实践中常见的犯罪形态之一，也是一个相当重要并令人感到困难重重的问题。在行为人的行为事实符合一个犯罪构成的情况下，按照该犯罪构成的规定确定犯罪的法律效果；而在行为人的行为事实符合数个犯罪构成的情况下，如何确定法律效果就成为摆在司法人员面前的问题。我国刑法对这一问题并无明确的规定（仅规定了数罪并罚规则，而对想象竞合犯等竞合形态并无明确规定），加之这一问题本身的复杂性，实务中司法机关在对各种竞合形态具体类型的认定过程中遇到了不少困惑、产生了各种偏差，对想象竞合犯、牵连犯、连续犯、同种数罪等竞合形态的处理原则也存在种种的不一致，影响了法制的统一性和严肃性。实践中这些问题的解决，根本上还依赖于竞合论理论研究水平的进一步提高、为这些问题的处理提供坚实的理论依据。

二、研究内容及结构安排

本书正文部分由上篇和下篇组成，各包括三章内容。

上篇是总论部分，主要探讨犯罪竞合论中带有全局性的、规律性、前提性的问题，具体又包括三章。第一章是犯罪竞合概论，论述了犯罪竞合（论）的概念、特征、产生原因、犯罪竞合论与罪数论的关系以及犯罪竞合论的体系性地位问题。第二章探讨了行为单数与行为复数，这是整个竞合理论研究的逻辑起点。若不能首先判断行为的个数，则判断犯罪事实属于何种竞合形态根本就不可能。第三章则研究了犯罪竞合在结构特征与法律效果上具有共性的、规律性的内容，即犯罪竞合本体论。这一研究一方面为各种具体竞合形态的结构特征与处理原则的进一步研究提供了指导、奠定了基础；另一方面也避免了对各种具体竞合形态的共性问题在下篇的分论中重复论述。

下篇是分论部分，也包括三章内容，分别就想象竞合犯、牵连犯、连续犯与同种数罪展开具体讨论。其中第四章就想象竞合犯的概念与结构特征、想象竞合犯与法规竞合的区分、想象竞合犯的处理原则以及想象竞合犯中的夹结现象及其处理进行了讨论。第五章在对牵连犯进行简略概述的基础上，重点对牵连犯的处理原则与存在价值进行了探讨与反思。最后一章在介绍大陆法系国家刑法中连续犯的概念、存废之争与新动向的基础上，对我国刑法中连续犯与同种数罪的关系进行了检视，并对二者的处理原则提出了新的构想。

三、研究方法

本书主要采取了文献分析方法、比较分析方法和实证分析方法。

文献分析方法主要指搜集、鉴别、整理文献，并通过对文献的研究，形成对事实科学认识的方法。竞合论是一个古老的问题，不论在国外还是国内，对这一问题进行研究的文献可谓汗牛充栋，除了各个刑法学教科书中都有专章论述外，尚有为数不少的专著、学位论文和期刊论文。欲真正厘清竞合论的本质、解决竞合论的问题，就不能不对诸多的文献进行鉴别与整理。这一方面可以了解本课题目前的研究水平，归纳出问题的症结所在；另一方面也可以借鉴他人已取得的有益成果，在此基础上进行更为深入的探讨，避免无意义的重复性研究。

比较分析方法是把客观事物加以比较，以认识事物的本质和规律并作出正确评价的研究方法。由于我国刑法传统理论对竞合问题是与狭义的罪数论一体论述的，对竞合论的体系结构、前提、特征、刑法定位等问题还缺乏深入的认识与探讨。而本来就采取了竞合论体系的德国刑法、意大利刑法，在这个问题上已形成了较为深入的见解。因此，本书采取了比较分析法，对德国、日本以及我国台湾地区等不同国家和地区的刑法中的竞合论问题进行介绍、评析，以期为我国刑法竞合论的研究提供借鉴。

实证分析方法是着眼于当前社会或学科现实，通过事例和经验等从理论上进行推理说明的研究方法。理论研究既离不开实证的支撑，同时也要为实践服务。犯罪竞合是司法实践中经常发生的现象之一，本书在分析该领域各种案例的基础上，进行理论的抽象、总结、归纳，并以案例来检讨理论的妥当性与合理性，从而使理论与实践紧密结合，理论研究能为司法实务提供切实有效的指导，避免纯粹为理论而理论。

上篇　总　论

第一章 犯罪竞合概论

第一节 犯罪竞合（论）的概念、特征与产生原因

一、犯罪竞合（论）的概念

（一）犯罪竞合的基本前提

刑法通常采取“犯……处……”的形式规定犯罪与刑罚之间的关系。前半部分称为法律要件，表明成立某种犯罪的条件；后半部分是法律效果，限定刑罚的种类与范围。① 在行为人的行为引起了某种犯罪事实的情况下，法院要先判断该行为人的行为事实符合何种犯罪构成，进而由该种犯罪构成的指引确定其刑事法律后果。也就是说，只要具体案件事实 S 实现构成要件 T，对于该案件事实即应赋予法效果 R。② 但是，由于现实情况的复杂性，在行为事实 S 与构成要件 T 以及构成要件 T 与法效果 R 之间往往并非一一对应的关系，即并非简单的一个行为——一个构成要件——一个确定的

① 张明楷著：《外国刑法纲要》，清华大学出版社 2007 年版，第 4 页。

② ［德］卡尔·拉伦茨著：《法学方法论》，陈爱娥译，商务印书馆 2003 年版，第 137 页。

法定刑这样简单的关系。可能的情况包括以下四种：（1）一行为符合一个犯罪构成；（2）数行为符合一个犯罪构成；（3）一行为符合数个犯罪构成；（4）数行为符合数个犯罪构成。在第一种和第二种情况下，由于行为事实最终只符合一个犯罪构成，因而其刑事法律后果可由规定该种犯罪构成的法条所规定的法定刑直接确定。在这种情况下，被触犯法条的法定刑直接为法官提供了处罚的依据、种类和范围。但是，在行为人的行为符合数个犯罪构成的情况下，并无法从规定各个具体犯罪构成的刑法条文中直接确定应科处的刑罚。换言之，若存在数个构成要件 T1、T2、T3……则最终的法效果 R 如何确定呢？是否就是 R1 + R2 + R3 + ……呢？这并不能从刑法的分则条文中直接得知。那么，对于行为人的行为事实涉及数个犯罪构成（即数个罪）的，到底应如何科处刑罚呢？这便是犯罪竞合理论所要解决的问题。

由此看来，犯罪竞合必然以复数犯罪构成的实现为前提。在只实现一个犯罪构成的场合，无所谓竞合，在该罪规定的法定刑范围内直接定罪量刑即可。

（二）一个争议：犯罪竞合是否包括不纯正竞合

关于犯罪竞合的概念，存在一个值得争论的问题，即所谓“以复数构成要件的实现为前提”，指的是实质上、事实上实现数个犯罪构成，还是只要形式上、表面上符合数个犯罪构成就应该纳入犯罪竞合的范畴。所谓形式上、表面上符合数个犯罪构成的情况，指的是法规竞合和共罚的事前事后行为。法规竞合是一个行为在外表上可以认为相当于数个构成要件，但是实际上只适用其中某一构成要件，其他的构成要件当然应该被排除的场合。[①] 而共罚的

---

① ［日］大塚仁著：《刑法概说》（总论），冯军译，中国人民大学出版社 2003 年版，第 418 页。

事前行为和事后行为[1]，是指在行为复数范围内，一犯罪行为构成要件的实现，也把一先前的独立行为或者一事后的使用性质的行为之不法性和有责性连同包括其中的情形。[2] 也就是说，用一个犯罪构成要件即可对主行为及事前行为或事后行为进行全面的评价。这两种情况也就是德国刑法中所说的不纯正竞合。由于不纯正竞合只进行一次构成要件的评价、其法律效果直接依适用的构成要件即可确定，而不像想象竞合犯等所要解决的是在符合数个犯罪构成的情况下如何处罚的问题，因此是否将不纯正竞合纳入犯罪竞合的概念中就是一个有争议、值得深思的问题。

1. 国外的理论学说

德国刑法理论认为，竞合问题是当行为人的行为在犯罪构成要件的检讨上可以构成数个犯罪时，刑法上要如何处理的问题。[3] 若行为人违反了数条刑法规定，就有必要弄清楚这些法条之间的相互关系，如果适用其中一条规定，就会排斥适用其他法条，这被称为

---

① 共罚的事前事后行为是国外刑法中的一个概念，与我国罪数论中的吸收犯具有密切的联系，二者的内涵与外延均存在相当程度的重合。最近亦有学者对我国刑法中传统的吸收犯概念进行了重新的界定，使得二者的内涵、外延更加接近。从而，对同一类罪数形态，有学者仍称之为吸收犯（当然是经过改造后的“吸收犯”概念），有学者则称为共罚的事前事后行为（共罚之行为）。其实，名字是用来代表一种事物，区别于别种事物的，只要能恰当地表述出所欲指称的事物对象的结构与本质，不管称作共罚的事前事后行为也好，还是叫做吸收犯也罢，都没有问题。但问题是，任何一个概念的使用都有惯性效应的存在，吸收犯在我国刑法中已具有特定含义，要想赋予其全新的内涵而不受原先定义的干扰并非易事。因此，笔者使用了共罚的事前事后行为的概念，出发点在于避免原先旧概念的以辞害意，而并非对国外舶来的概念有所偏爱、对本土固有的概念有所偏恶。

② ［德］约翰内斯·韦塞尔斯著：《德国刑法总论》，李昌珂译，法律出版社 2008 年版，第 481 页。

③ 转引自黄荣坚著：《基础刑法学》（下），元照出版公司 2006 年版，第 914 页。

不纯正竞合①或者法条竞合。但也可能需要同时适用数条法规，因此就构成纯正竞合。由于行为人的行为满足了数个构成要件，“不纯正”的竞合也确实是竞合。② 在这种概念界定下，德国刑法竞合论的体系为：（1）想象竞合，是指一行为数次违反同一刑法法规或者数次触犯同一刑法法规的情形。（2）实质竞合，是指行为人实施了数个独立的将在同一诉讼程序中受审判的犯罪的情形。（3）法规竞合，是指数个刑法法规只是表面上相竞合，但实际上是一个刑法法规排除了其他刑法法规的情形。③（4）共罚的事前行为和事后行为，是指在行为复数范围内，如果一犯罪行为构成要件的实现，也把一先前的独立行为或者一事后的使用性质的行为之不法性和有责性连同包括其中的情形。④ 前两者属于纯正竞合，是行为在实质上实现了数个犯罪构成要件，数个构成要件在刑罚的确定上均发挥作用。而后两者属于不纯正竞合，仅仅是行为在表面上、形式上实现了数个构成要件，最终仅有一个构成要件被具体适用而排斥其他构成要件。

与德国刑法不同，日本刑法采取了罪数论的体系。日本学者认为，罪数论要解决的问题有两个，一是在行为人引起了某种犯罪事实的场合，将这些事实作为一罪处理还是作为数罪处理；二是在作为数罪处理的场合，一个行为人同时实施数个犯罪，产生犯罪的竞

---

① 不纯正竞合还有多种称谓，如假象竞合、不真正竞合等；相应地，纯正竞合也有多种不同称谓，如真实竞合、真正竞合等。

② ［德］冈特·施特拉腾韦特、洛塔尔·库伦著：《刑法总论Ⅰ——犯罪论》，杨萌译，法律出版社2006年版，第434页。

③ ［德］汉斯·海因里希·耶赛克、托马斯·魏根特著：《德国刑法教科书》（总论），徐久生译，中国法制出版社2001年版，第860页。

④ ［德］约翰内斯·韦塞尔斯著：《德国刑法总论》，李昌珂译，法律出版社2008年版，第481页。

合，必须解决对行为人处以什么样的刑罚的问题。[①] 简言之，罪数论首先是成立一个还是数个犯罪的问题（狭义的罪数论），其次是成立数个犯罪的场合如何处罚的问题（犯罪竞合论）。[②] 某行为事实一次符合一个构成要件时是一罪，这被称为本来的一罪或者单纯一罪，属于狭义的罪数论的范畴；行为事实数次符合一个构成要件或者符合数个构成要件时是数罪，这不外乎犯罪的竞合。根据大多数日本学者的见解，法规竞合、共罚的事前事后行为属于本来的一罪或单纯一罪的范畴，从而归于狭义的罪数论之中。而数罪（即可构成犯罪竞合的情况）只包括并合罪和科刑上一罪，其中科刑上一罪又包括观念的竞合（即想象竞合犯）和牵连犯。由此可见，日本刑法并未将法规竞合、共罚的事前事后行为这类只是表面上符合数个犯罪构成要件的情况（即德国刑法概念中的不纯正竞合）纳入犯罪竞合的范畴内，其所认为的犯罪竞合是行为事实实质上实现了数个犯罪构成要件的情况，包括观念的竞合、牵连犯、并合罪，大体上对应于德国刑法中的想象竞合和实质竞合等纯正竞合形态。

2. 我国的理论观点

深受德国刑法影响，我国台湾地区刑法学界的大多数学者认为，竞合论亦包括形式上实现数个构成要件的情况，如我国台湾地区学者林钰雄认为，如果明显判断出行为人所为仅该当“一个且一次”犯罪构成要件，就不生“竞合”的问题；其余情形，亦即行为人所为，至少从形式上看起来，可能该当“数个不同或/及数

---

① 参见［日］大谷实著：《刑法讲义总论》，黎宏译，中国人民大学出版社 2008 年版，第 431 页。

② 参见［日］前田雅英编集：《条解刑法》，弘文堂 2007 年版，第 175 页；［日］新保义隆编著：《基础刑法 I 总论》，早稻田经营出版 2005 年版，第 333 页；［日］井田良著：《刑法总论的理论构造》，成文堂 2005 年版，第 446 页。

次相同”构成要件者，就有数罪之间竞合问题，此时，就必须依赖竞合论，厘清“罪与罪”及“刑与刑”的关系，最后再科处行为人一个整体的法律效果。[①] 但也有学者，如柯耀程明确指出，在竞合论中所处理的核心问题，应仅及于真实竞合。至于假象竞合其本质并非属竞合论的范围，其在竞合论中一并探讨，主要系为凸显真实竞合的性质，对照成分较浓。[②]

近来我国大陆刑法学界以竞合论的视角研究传统罪数问题的学者日渐增多。在对犯罪竞合的内涵界定上多借鉴德国刑法中的概念，从而将实质上以及形式上实行数个犯罪构成的，均涵盖在犯罪竞合的概念之中。例如，周光权教授认为，行为人形式上或者实质上可能成立数罪的，就涉及犯罪竞合。[③]

3. 本书立场：犯罪竞合仅限于实质上实现数个犯罪构成的情况

笔者认为，作为犯罪竞合前提的“实现数个犯罪构成”，应从实质意义上进行界定，即实质上实现了数个犯罪构成的，才是真正的犯罪竞合问题，而不包括法规竞合与共罚的事前事后行为等不纯正竞合形态。理由是：

首先，不纯正竞合与纯正竞合的本质不同。真正竞合者实质上触犯了数个犯罪构成，用其中任何一个犯罪构成都不足以对犯罪行为进行全面充分的评价，而必须有赖于各个犯罪构成共同发挥作用；数个犯罪构成对最终法律效果的确认皆有实质性的影响存在。而不纯正竞合虽然在表象上也实现了数个犯罪构成，但适用其中一个犯罪构成就可以对犯罪行为进行全面的评价，从而当然地排除其

---

① 林钰雄著：《新刑法总则》，元照出版公司 2006 年版，第 542 页。

② 参见柯耀程著：《刑法竞合论》，中国人民大学出版社 2008 年版，第 16、92 页。

③ 周光权著：《刑法总论》，中国人民大学出版社 2007 年版，第 343 页。

他犯罪构成的适用；其他犯罪构成并不出现在有罪判决中，对犯罪行为最终法律效果的确定也不产生影响。其基本问题仍在于检讨行为的单一构成要件是否该当，进而透过构成要件所揭示的不法内涵，以确认行为的可罚性。[①] 在法理上，不纯正竞合纯属优先使用何项法规的问题，并非实质上去判断在法律效果上应按一罪论处或数罪并罚的问题。德国学者亦承认，将不纯正竞合与纯正竞合安排在一起讨论，并不表示两者在实质内容及论理上有关联性，[②] 而只是由于两者的极易混淆性以及逻辑判断顺序上的关联性。两者本质的不同，决定了两者法理依据的差异，势必不能以同一法理规则来阐释。若在内涵的界定上将不纯正竞合也包含于犯罪竞合的概念之中，则是试图以一个共性的概念涵盖本质上不具有共性的事物，必将使得犯罪竞合理论不论在刑法的定位上，还是论理的解释说明上都会发生割裂。

其次，尽管德国刑法的竞合论体系包含不纯正竞合形态，但德国刑法仍严格区别纯正竞合与不纯正竞合。德国学者认为，不纯正竞合从法律条文看满足了数个犯罪行为构成要件，但实际上是首先要适用的那个刑罚法规定，排斥对其余规定的适用……只是一个表面上的竞合关系。[③] 学理上对法规竞合也渐渐以“法条单一”称之，来替代传统的、误导性的表述“法规竞合”，[④] 以示与纯正竞合的区别。正如我国台湾地区学者柯耀程所说，像法规竞合这种不纯正竞合类型只是外表上相当于数个构成要件，实际上只适用其中

---

① 柯耀程著：《刑法竞合论》，中国人民大学出版社 2008 年版，第 96 页。

② 转引自高金桂：《论刑法上之法条竞合问题》，载《林山田教授六十岁生日祝贺论文集》，五南图书出版公司 1999 年版，第 170 页。

③ ［德］约翰内斯·韦塞尔斯著：《德国刑法总论》，李昌珂译，法律出版社 2008 年版，第 477 页。

④ ［德］汉斯·海因里希·耶赛克、托马斯·魏根特著：《德国刑法教科书》（总论），徐久生译，中国法制出版社 2001 年版，第 892 页。

某一个构成要件，其他构成要件当然被排除，严格而言并不能称为竞合，亦非竞合论处理的范围。假象竞合之所以在竞合论中讨论，其实质意义远不如对照功能，借此对照以凸显真实竞合的结构关系。①

最后，否定将不纯正竞合纳入犯罪竞合的概念之中，不表示回避这个问题。从德日刑法在这个问题上产生差异的原因看，日本刑法之所以没有将法规竞合等不纯正竞合纳入犯罪竞合的概念中，是因为日本刑法将整个罪数论分为狭义的罪数论和犯罪竞合论，狭义的罪数论探讨罪的个数问题，即行为在构成要件的检验上符合一个还是数个，犯罪竞合论则探讨在数罪的情况下如何处罚的问题；而像法规竞合这种不纯正竞合虽然在表象上符合数个犯罪构成要件，但实际上仅有一个构成要件可以适用，其本质问题仍然是行为与构成要件之间的关系，而非如何处罚的问题，因此将其放在狭义的罪数论中。而德国刑法的竞合论以复数构成要件的实现为前提，并不像日本刑法那样在犯罪竞合论之外还有一个狭义的罪数论；又鉴于不纯正竞合与纯正竞合的密切联系，遂将二者放在一起均在竞合论中探讨。

我国刑法目前采取的罪数论体系与日本的罪数论体系具有很大的相似性，从内容上也可分为两大块：即首先检验行为是符合一个还是数个犯罪构成，若符合一个犯罪构成，直接按刑法分则的规定定罪量刑即可；若符合数个犯罪构成，就还需要判断如何处罚，此时便产生犯罪竞合的问题。而法规竞合、共罚的事前事后行为等不纯正竞合形态最终可用一个犯罪构成完整地评价行为的不法内涵，实际上仍然是行为与构成要件的关系问题，只要确定了应适用的法条，如何处罚就不成问题，此与想象竞合犯等纯正竞合形态所要解决的如何处罚问题不同。因此，应将其放在狭义的罪数论中进行探

① 柯耀程著：《刑法竞合论》，中国人民大学出版社 2008 年版，第 16 页。

讨，而不应置于犯罪竞合论之中。[1]

（三）概念界定

由上可知，所谓犯罪竞合，是指行为人的行为（实质上）符合数个犯罪构成的形态。犯罪竞合论则指行为人的行为（实质上）符合数个犯罪构成时，在刑法上如何处理的刑法理论，亦即行为人的行为实现了数个犯罪构成，因为无法从规定每个犯罪构成的法条中直接确定其刑罚，必须创设一定的理论规则解决如何科处刑罚的问题，犯罪竞合论即是解决这一问题的刑法理论。

根据这一概念，在我国的刑法体系下，属于犯罪竞合论范畴的有想象竞合犯、牵连犯、连续犯、同种数罪、异种数罪（即数罪并罚）。本书所研究的，正是上述几种竞合形态的共性与个性特征，并重点探讨其处理原则问题。[2]

二、犯罪竞合（论）的特征

（一）以实现数个犯罪构成为前提

犯罪构成符合性的判断并非刑法评价的最终工作，刑法理论探讨犯罪构成理论的最终目的是合法、合理地运用刑罚，对犯罪行为赋予恰当的法律效果。若具体犯罪事实可由一个犯罪构成完全评价，则其刑罚即可由规定该犯罪构成的法条直接确定，刑法评价工作至此完成；但若经判断具体犯罪事实实现了数个犯罪构成，此时如何科处刑罚就成为问题。既然不能直接从法律条文中求得其法律效果，则必须创设一定的规则，确定此种情况下刑罚如何科处的问题，此问题的解决便是竞合论的任务所在。因此，犯罪竞合必然以

---

① 关于（广义的）罪数论、狭义的罪数论及犯罪竞合论的关系，将在第二节中进行详细探讨。

② 本书的出发点之一在于以新的视角来研究传统的罪数形态，以期厘清罪数论体系的诸多矛盾与混乱之处，找到问题的突破点。因此，在此暂不详细探讨虽属竞合论范畴但传统罪数论并不包括的数罪并罚的问题。

实现数个犯罪构成为前提。对此，在德国刑法的竞合论中，早已取得了较为一致的见解。[①] 况且，从“竞合”的字面意思来看，竞合者必有复数客体存在。复数者才有“竞合”可言，单一者无所谓竞合。因此，刑法中的犯罪竞合，是以行为人的行为符合了数个规定有犯罪构成的刑法规范为前提，若行为只实现了一个犯罪构成，根本不存在犯罪竞合的问题。

（二）以判断行为单复数为起点

实现数个犯罪构成的行为在个数上可能是数个，也可能是一个，即数行为可能导致数个犯罪构成实现，一行为也可能导致数个犯罪构成实现。例如，行为人对甲开一枪，打死了甲，同时意外将甲身后的乙打成重伤，虽是一个行为，却实现了故意伤害罪和过失致人重伤罪两个犯罪构成。行为的不同样态、个数必然会影响到刑法评价的结果。在区分想象竞合犯与数罪并罚的竞合论体系下，实现数个犯罪构成的，究竟是一行为还是数行为，决定了不同的竞合形态：若是一行为触犯数罪名的犯罪形态，则只可能是想象竞合犯；而若是数行为实现数个犯罪构成的形态，则只可能是牵连犯、连续犯、同种数罪或并罚数罪。而不同的竞合形态，又适用不同的刑罚确定规则，具有不同的刑事法律后果。因此，犯罪竞合形态的判断以行为单复数的判断为起点。其功能犹如铁轨的转辙器，在这里决定了火车向左走还是向右走。[②] 若还未判断出实现数个犯罪构成的到底是一个行为还是数个行为，则区分各种具体竞合形态的任务就根本不可能进行。

我国传统的罪数论以罪数判断标准为讨论的起点，在此基础上

---

① 德国刑法对于竞合论的认定，虽经学理发展过程的争辩，但较为一致的见解则认为，竞合论所涉及者均为“规范复数”。参见柯耀程著：《刑法竞合论》，中国人民大学出版社 2008 年版，第 3 页。

② 林钰雄著：《新刑法总则》，元照出版公司 2006 年版，第 549 ~ 550 页。

区分各种不同的罪数形态，并未注重对行为单数、行为复数的讨论。但是，传统的罪数论亦认为想象竞合犯是指一行为而触犯数罪名的犯罪形态；而连续犯是指基于同一或概括的犯意，连续实施数个独立的犯罪行为，触犯同一罪名的犯罪形态；牵连犯是以实施某一犯罪为目的，其方法行为或结果行为又触犯其他罪名的犯罪形态。[①] 也就是说，想象竞合犯的成立条件是一行为，而连续犯和牵连犯的成立条件是数行为；行为个数的差别是不同竞合形态的关键区别所在。从而即使在传统的罪数论体系中，要认定具体的犯罪形态是想象竞合犯还是牵连犯、连续犯或数罪并罚，必然也要先判断实现数个犯罪构成的是“一个行为”还是“数个行为”。

（三）核心任务是解决复数犯罪构成情况下的处理原则问题

刑法理论到最后无非是铺陈通往刑罚之路，[②] 刑法的最终评价工作也并非犯罪构成符合性的判断，而是根据犯罪构成的指引对犯罪行为裁量出与其相适应的刑罚。根据法律规定的犯罪构成要件，通过三段论式的法律推理，在法律规范和案件事实之间建立涵摄关系从而得出某种行为符合某种犯罪构成要件的判断之后，即面临着如何科处刑罚的问题。只有判处了与犯罪的轻重相适应的刑罚，刑法的评价工作才告完成。

而犯罪竞合问题所要解决的，就是在行为符合数个犯罪构成情况下的刑罚问题。在行为人仅仅触犯了一个犯罪构成的情况下，直接按照法条的规定、在法定刑范围内定罪量刑即可完成刑法的评价任务；而在行为人的行为触犯了数个犯罪构成时，由于不能从法条规定中直接求得其法律效果，如何科处刑罚便成为一个重要的问题，这一问题的解决便是竞合论的核心任务所在。正

---

① 吴振兴著：《罪数形态论》，中国检察出版社2006年版，第59、237、286页。

② 黄荣坚著：《基础刑法学》（上），元照出版公司2006年版，序言第1页。

如德国学者普珀（Puppe）所说：正确的刑罚裁量终究是整个竞合理论的目的。①

至于行为与犯罪构成之间符合性的判断问题，犯罪竞合论虽然也有所涉及，但这只是其前提工作，而非犯罪竞合论的本体。进一步来说，行为与构成要件之间关系的检验，是在进入犯罪竞合论之前就已经解决的问题。若还不知行为到底符合几个犯罪构成，则根本谈不上犯罪竞合；只有在确定了行为事实确实实现了数个犯罪构成的情况下，才进入竞合论的领域，即已知行为实现了数个犯罪构成，则已脱离了行为与犯罪构成之间符合性的判断阶段。因此，行为与犯罪构成关系的判断并非犯罪竞合论的任务，犯罪竞合论的任务只是在行为符合数个犯罪构成的前提下解决如何科处刑罚的问题。

三、犯罪竞合的产生原因

所有的法律实践问题不外乎“法律事实与法律规范”两大范畴，即围绕事实与规范展开。② 犯罪竞合是一行为人的行为符合数个犯罪构成时在刑法上如何处理的问题，其产生原因的探寻同样地应将视角置于行为事实与刑法规范之间：事实情状万端、犯罪行为变化无穷，而刑法规范却是相对确定的；“构成要件以有限之条款，欲对无穷之行为形态，完全个别加以规范，显然不可能，因此在构成要件之间的相互作用，就成为刑法具体适用时的重要依据。”③

---

① ［德］普珀：《基于构成要件结果同一性所形成不同构成要件实现之想象竞合》，陈志辉译，载《东吴法律学报》第 17 卷第 3 期，第 321 页。

② 张心向：《案件事实对法律规范之建构探微》，载《刑法论丛》第 14 卷，第 149 页。

③ 柯耀程著：《刑法竞合论》，中国人民大学出版社 2008 年版，第 45 页。

（一）犯罪行为的无限性、多样性

立法者于诸多反社会行为中择其要者，制定出各种犯罪构成，若行为人的行为符合这些犯罪构成，即成立该项犯罪。犯罪行为即是立法者于诸多反社会行为中挑选出的在刑法上重要的那一部分，它的一个显著的特点就是变化万端、多种多样，具有多样性、无限性、无穷性。

犯罪行为的多样性首先表现在行为种类或行为性质的差异上，如秘密窃取他人财物的为“盗窃”，当场暴力夺取他人财物的则为“抢劫”。犯罪行为的多样性其次表现为同一性质的行为或者侵犯同一法益的行为具体形态的差异性，如杀人可以是枪杀，也可以是刀杀、毒杀、溺杀等；可以是行为人徒手亲自为之，也可以是借助工具，还可以是借刀杀人等，诸多情形不一而足。另外，犯罪行为的多样性还表现在同一行为可以同时造成不同的侵害结果、侵害不同的法益，这一点对犯罪竞合的发生具有重要的影响，如同样是“偷”，可能是顺手牵羊拿起就走，可能是破坏保险柜后取走，也可能是剪下电缆后取走等；同样是开一枪，可能只打死了人或打伤了人或毁坏了东西，也可能一下打死了两个人，还可能不仅打死了人还打伤了人或者既毁坏了东西又打死了人等，具体情状千变万化。

总之，犯罪行为的多样性，不仅仅在于行为性质以及侵害同一法益行为的具体样态可以多种多样，而且还表现在同一行为可以同时侵害不同的法益。正如我国台湾地区学者周冶平指出：“具体之事实态样万千，有由一个行为构成者；有由数个行为结合而成者；亦有单一行为而侵害数个法益者；又有数个行为而侵害一个法益者。”①

（二）刑法规范的有限性

刑法规范是由国家制定的，反映统治阶级意志并以国家强制力

① 周冶平著：《刑法总论》，作者发行1981年版，第542页。

保证实施的关于犯罪与刑罚的法律规则。从其逻辑结构看，包括刑事行为模式和刑事法律结果两部分，即犯罪的成立要件和法律效果。具体的犯罪行为是多种多样的、无限的，而对具体犯罪行为进行抽象化、概念化的刑法规范却是有限的。

首先，刑法规范的有限性是由犯罪构成本身的特点所决定的。犯罪构成即刑法规定的犯罪类型。立法者就各种犯罪行为之构成犯罪事实，经过类型化、概念化、抽象化、条文化，而规定于刑法条款中。也就是说，犯罪构成是将现实中具体的、个别的犯罪现象进行抽象，概括出共同要素后形成的观念形象，是抽象的、观念的概念，而非具体的事实。构成要件把各种性质的规范违反行为类型化，使得在同一性质的规范违反行为中可以包容各种具体的犯罪事实。例如，现实社会中存在各种不同的杀人行为，如刀杀、枪杀、毒杀、溺杀等，但都为法律上的“杀人”的概念所包括，在刑法上都被规定为一种犯罪类型——杀人罪。因而社会上发生的具体的、现实的、个别的犯罪行为虽是多种多样的、无限的，但抽象、概括其共同要素后形成的观念形象即构成要件却是有限的。

其次，刑法规范的有限性是罪刑法定原则下成文法主义的自然结果。罪刑法定原则是现代刑法的基本原则之一。根据罪刑法定原则，为了保障国民对处罚的预测可能性，要求作为处罚的法律依据的刑法必须是成文的，刑罚法规必须是用文字写下来的、成文的制定法，此即成文法主义。刑法比其他法的领域更需要法的安定性，因为只有成文法才能保证法的安定性，故此每部现代刑法典都将刑法完全浇注为成文法的形式。① 据此，刑法的渊源一般只包括刑法典、单行刑法、附属刑法等成文法，判例、习惯、条理本身不能直接作为刑法的渊源。这一特性决定了刑法规范必定是有限的。立法者努力以规定于成文法中的有限的、抽象的规范来涵盖现实中多种

---

① ［德］古斯塔夫·拉德布鲁赫著：《法律智慧警句集》，舒国滢译，中国法制出版社 2001 年版，第 38 页。

多样的、具体的犯罪行为。

（三）在刑法规范与行为事实之间

现实中的犯罪行为事实多种多样、情状万端，刑法规范对这些多种多样的行为形态均加以规定，不仅不可能，而且也无必要。因为法律中的诸多法条，其彼此并非只是单纯并列，而是以多种方式相互指涉，只有透过它们的彼此交织及相互合作产生一个规整。[①]也就是说，刑法规范虽然是相对确定的、有限的，却可以通过规范间的相互作用来应对千变万化的行为事实。

数个危害行为有时虽可用一个法律规范就足以完全评价，但大多数则需要数个规范的共同作用才能全面地评价所有行为的不法内涵。在后者的情况下，无疑就产生了数个犯罪构成同时存在的现象，从而也就产生了如何确定刑罚的犯罪竞合问题。

一个危害行为有时也需要规范间的相互作用才能完整地进行评价。因为现实中复杂多样的犯罪行为同刑法中明确有限的犯罪构成之间并非一一对应的关系，不是每一个犯罪行为都正好符合一个定罪规范的犯罪构成。在很多情况下，同一犯罪行为可能同时与数个犯罪构成相联系。正如日本学者泷川幸辰指出："刑法本认为一个行为只能包含一个犯罪构成要件，然而，人类变幻无穷之动静，常常突破法律之固定性，某一行为甚至与交叉并立之数个犯罪构成皆有关联。"[②] 外观相同的一个自然行为，可以实现多种不同的侵害结果，侵害刑法所保护的不同法益，从而可同时作为多个犯罪构成的构成要件的行为。例如，抡起棍子的行为，可以用来杀人，也可以用来打伤他人，还可以用来毁坏他人的财物等，从而可能是故意杀人行为，也可能是故意伤害行为，还可能是过失致人死亡行为、

---

① ［德］卡尔·拉伦茨著：《法学方法论》，陈爱娥译，商务印书馆2003年版，第144页。

② ［日］木村龟二等著：《日本刑法判例评释选集》，洪福增译，汉林出版社1977年版，第150页。

故意毁坏财物行为。从客观上讲，这样一个自然行为可以实现其中任意一个犯罪构成，当然也可以同时实现数个犯罪构成，既可能杀了人、伤了人，又毁坏了财物。也就是说，外观相同的一个自然行为可以只实现单一的犯罪构成，也可以同时侵犯刑法所保护的不同法益，实现数个犯罪构成。从而，对于一个行为事实，有的可以以一个法律规定完全涵盖，有的则无法由一个法律规定完全涵盖。此时，必须通过数个法律规定的相互作用、相互补足，才能达到完整评价的目的，从而产生犯罪竞合问题。

第二节　犯罪竞合论与罪数论的关系——兼论我国罪数论的困境与出路

从犯罪竞合论的含义可知，对于犯罪竞合论所处理的问题，我国传统理论是作为罪数论研究的。如此必然会产生如下疑问：犯罪竞合论与罪数论到底是什么关系呢？二者果真只是不同国家用语的不同而内涵却完全相同的概念吗？在明确了竞合论的含义之后，势必要对这些问题作出回答，对犯罪竞合论与罪数论的关系进行阐释与厘清。

一、罪数论与竞合论的关系：同一、并列还是包容

（一）观点的厘清

关于罪数论与竞合论的关系，刑法学界存在如下几种观点：

1. 罪数论与竞合论是称谓不同而内涵与外延相同的概念（可称为“同一论”）

对于一罪、数罪问题，我国刑法发展出了内容丰富而庞杂的罪数论体系，并且绝大多数的权威性教材均将罪数论与竞合论等同视之，认为在德国、意大利刑法中，相当于罪数论的部分被称为竞合论，“两者虽然称谓不同，但研究对象的范围基本相同，只是在研

究的进路上，前者从行为事实构成一罪与数罪切入，后者则从行为触犯法条数量的单复切入。”[①] 因此，罪数论与竞合论只是不同国家用语的不同，而两者的内涵与外延是相同的，都是在处理一罪、数罪这一问题。

这种观点也为不少台湾地区学者所采纳，如陈子平教授认为，究竟应称“罪数论”或“竞合论”，实无妥适与否之问题，仅名称之不同而已。[②] 甘添贵教授对此进行了较为详尽的论述：行为人实施某个犯罪事实后，法院于审判上适用法律时，须先确定行为人到底犯了什么罪；犯了哪几个罪；如果是犯了数个罪时，这几个罪究竟要如何处罚。这些问题归根结底均逃不了两大命题：一个是在犯罪成立的阶段，行为人所犯的罪到底是一个罪抑或是数个罪。另一个是在犯罪处罚的阶段，对于已经成立的数个犯罪，究竟应如何予以处罚。为了解决这两大命题所成立的理论，在日本学界，大抵把它称为罪数论；在德国学界，则普遍叫做犯罪竞合论。不管是称为罪数论也好，叫做犯罪竞合论也罢，目的都是在处理上面所说的两大命题。德日学界对此项理论的用语虽有所不同，但是深究其内容，其实并无多大差异。所以，不管是把它称为罪数论还是犯罪竞合论，只是使用习惯上的不同。[③]

2. 罪数论与竞合论属于并列之概念体系（可称之为“并列论”）

德国学者迈耶（Mayer）体系而明快地论述了罪数论与犯罪竞合论的区别。他指出，罪数论是应该在犯罪论中构成要件该当性的阶段处理的问题，包括单纯一罪、连续犯、集合犯等；而法条竞

---

① 叶良芳：《罪数论的体系性反思与建构》，载《浙江大学学报》（人文社会科学版）2007 年第 4 期，第 70 页。

② 陈子平著：《刑法总论》（下册），元照出版公司 2006 年版，第 251 页。

③ 甘添贵著：《罪数理论之研究》，元照出版公司 2006 年版，自序。

合、观念的竞合、并合罪等是应该在刑罚论中法定刑的竞合阶段讨论的问题。日本学者中山善房对二者的关系作了更为详尽的说明，他认为，罪数论是具体的犯罪的处理阶段的问题，与犯罪的本质论密切相关，必须在犯罪论体系中讨论。而对已经成立的数个具体犯罪的刑罚适用、科刑处遇之犯罪竞合问题，则属于刑罚论的领域。罪数论以罪数决定的基准问题为首，处理单纯一罪、包括的单纯一罪和竞合的单纯一罪（即法条竞合）的问题。而犯罪竞合论处理观念的竞合、牵连犯、集合犯、包括一罪、不可罚的事前事后行为、并合罪和单纯数罪的问题。二者关系可用下图表示：①

罪数论与犯罪竞合论的关系
- 作为犯罪论的罪数论
  - 构成要件充足的一回性＝一结果（一行为·数行为）
    - 本来的一罪
      - 单纯一罪
      - 包括的单纯一罪
        - 结合犯
        - 接续犯
      - 竞合的单纯一罪（法条竞合）
- 作为刑罚论的犯罪竞合论
  - 一处罚
    - 一行为·数结果＝观念的竞合
    - 数行为·数结果
      - 牵连犯
      - 集合犯
      - 包括一罪
      - 不可罚的事前事后行为
  - 数处罪＝数行为·数结果
    - 并合罪
    - 单纯数罪

3．竞合论是（广义的）罪数论之下的一个范畴（可称之为“包容论”）

这种观点主张，罪数论就是要讨论一行为人之行为究竟成立一

① ［日］大塚仁等编：《大注解刑法》（第4卷），青林书院2005年版，第169、182页。

罪或数罪、应以何种基准区别一罪与数罪，且成立数罪时应如何科处刑罚之问题。严格地说，前者是狭义的罪数的问题，体系上属于犯罪论的范畴，可称之为狭义的罪数论；后者乃犯罪竞合的问题，在体系上属于刑罚论。依这种观点，罪数论（这种意义上的“罪数论”可称为广义的罪数论）就包括狭义的罪数论和犯罪竞合论，犯罪竞合论乃广义的罪数论之下的一个范畴。例如，日本学者山火正则认为，所谓罪数理论系探讨一罪与数罪之问题；而所谓竞合论应该是在数罪之情形下，探讨如何处理的问题，罪数问题与法律效果的问题在本质上应该加以区别。故而所谓之罪数，就狭义而言，应指评价上罪数而言；所谓之竞合应系指科刑上罪数[①]、数罪并罚以及单纯数罪而言，是建立在数罪之前提下，而加以探讨如何处置的问题。但竞合论是探讨罪数论后之法律效果，故将罪数论与竞合论两者综合以观后，称之为广义之罪数论。[②] 曾根威彦也认为，罪数论在论理的发展上具有两种意义：一是理论上（评价上）的罪数，即是成立一个犯罪还是数个犯罪的问题。二是科刑上（处分上）的罪数，是对已经成立的数个犯罪是作为一罪处理还是作为

---

① 日本刑法对于罪数论体系，传统上可分为认识上罪数、评价上罪数与科刑上罪数。认识上罪数属于犯罪成立之阶段的问题：行为人所为之具体事实，如具有一罪之构成要件该当性，则成立一罪；如具有数罪之构成要件该当性，则应成立数罪。若认识上罪数判断为数罪时，则进入评价上罪数之领域，观察认识上所成立之数罪间，其构成要件是否具有相互关系，而得由其中一罪所包摄后，评价为一罪。而评价上如为数罪时，即发生所谓科刑上罪数，即究竟应依一罪或数罪处罚之问题。评价上一罪之类型包括法条竞合和包括一罪；科刑上一罪之类型包括观念的竞合、牵连犯。参见［日］铃木茂嗣：《罪数论》，载中山研一等编：《现代刑法讲座》第 3 卷，成文堂 1982 年版，第283 ~ 285 页；甘添贵著：《罪数理论之研究》，元照出版公司 2006 年版，第 13 ~ 16 页。

② 参见［日］山火正则：《罪数论と犯罪论》，载《现代刑事法》第 6 卷 7 号，第 31 页。

数罪处理这样的科刑的问题，也就是犯罪的竞合的场合。[①] 言外之意，犯罪的竞合问题是包含在罪数论的范畴之内的。

（二）本文立场：竞合论是（广义的）罪数论之下的一个概念

1. 从二者的内涵分析二者之关系

前文已指出，罪数指犯罪的单复和个数，在刑法理论上指一罪与数罪。罪数论就是研究犯罪在实质上与形式上、实质上与法律上、实质上与处理上的个数的理论。

罪数论中的“罪”之概念具有多义性；所谓“一罪、数罪”在不同情况下具有不同的含义：其一是犯罪构成的意义上的“罪”之概念，这也是“罪”这一概念的本来含义。根据我国的刑法理论，犯罪构成是刑法规定的，反映某一行为的社会危害性及其程度，而为该行为成立犯罪所必须具备的一切主客观要件的有机整体，是认定犯罪的唯一法律标准。任何行为凡是符合某种犯罪构成的，就成立犯罪；凡是不符合犯罪构成的，就不成立犯罪。相应地，凡是符合一个犯罪构成的，就成立一个犯罪；凡是符合数个犯罪构成的，就成立数个犯罪。这正是罪数判断之犯罪构成标准的应有之义。其二是法律效果意义上的“罪”之概念。符合一个犯罪构成之行为，自然该当一个刑罚。但是，符合数个犯罪构成之行为，却不必然该当数个刑罚。现行罪数论体系中所谓处断一罪、科刑的一罪，即是在这种意义上使用“罪”之概念。因为这些罪数形态在犯罪构成上已然是复数，本应为“数罪”，但在处罚上不采用数罪并罚的方式而是“从一重处罚”，即仅科处一个刑罚，从而在法律效果的意义上仍称为“一罪”。

罪数论中的“罪”这一概念的多义性，恰恰反映了法官对于案件的审查判断流程：（1）行为可能该当何罪；（2）是触犯了一

---

① ［日］曾根威彦著：《刑法的重要问题》，成文堂2005年版，第376页。

个具体的犯罪构成还是数个具体的犯罪构成（此为犯罪构成意义上的“罪”的概念)。若仅触犯一个犯罪构成，则根据刑法规定的基本罪刑关系，即可确定其刑罚，刑法的评价工作即告完成。但是，若符合了数个犯罪构成，则需进入下一步的评价工作，即(3）如何处罚，是该当一罪的刑罚还是数罪（此为法律效果意义上“罪”的概念）的刑罚，只有确定了最终的刑罚后，刑法的评价工作始告完成。

由此可见，罪数论的内容有两方面：一是在行为人的行为引起了某种犯罪事实的场合，将这些事实是作为一罪处理还是作为数罪处理；二是在作为数罪处理的场合，一个行为人同时具有数个犯罪，产生犯罪的竞合，必须解决对行为人处以什么样的刑罚的问题。① 前者即在犯罪构成的意义上，罪的个数的判断，理论上称为狭义的罪数论，检验行为到底是构成一个具体的犯罪还是数个具体的犯罪。判断犯罪个数的标准是犯罪构成，符合一个犯罪构成的就成立一罪，符合数个犯罪构成的就成立数罪。后者是在行为符合数个犯罪构成的情况下，对行为人如何科处刑罚的问题，即犯罪的竞合。它以数个犯罪构成被实现为理论前提，核心任务是解决在实现复数犯罪构成的情况下的处理原则问题。

因此，从内涵上看，犯罪竞合论的研究对象恰是罪数论所讨论内容的第二个方面，在内涵上属于罪数论的一部分。

2. 从二者的外延检验二者之关系

日本刑法是采取罪数论体系的典型，虽然不同学者对个别罪数形态的归类并不统一，但大体上日本刑法的罪数论体系是：一罪包括本来的一罪和科刑上的一罪。其中本来的一罪指被评价为一次符合构成要件的事实，包括单纯一罪、法条竞合和包括一罪。科刑上的一罪是指一人虽然成立数罪（因此又可归入数罪的

---

① 参见［日］大谷实著：《刑法讲义总论》，黎宏译，中国人民大学出版社2008年版，第431页。

范围)，但在刑罚适用上作为一罪处理的情况，包括观念的竞合和牵连犯。而数罪则包括科刑上的一罪、并合罪和单纯数罪。其中并合罪指未经确定裁判的两个以上的犯罪。单纯数罪是指在犯罪实质竞合的场合中，不成为并合罪的数罪情况。这一理论体系可用下图表示：①

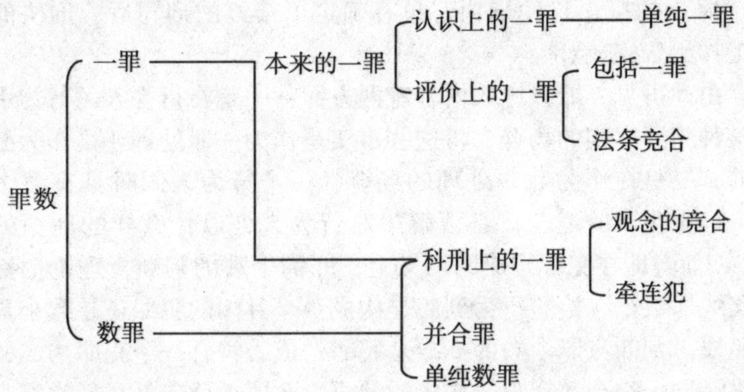

而德国的学者们指出，如何同时违反数个法律，就提出了这样一个问题：法律后果是单独测量并在其后相加呢，还是适用一个较为宽松的制度？为解决这一问题，创设了以行为同时违反数个法律为前提、以区分行为单复数为出发点来判断犯罪单复数的竞合论的体系。德国刑法将竞合形态分为：(1) 纯正竞合，包括想象竞合和实质竞合。(2) 不纯正竞合，即从法律条文看是满足了数个犯罪行为构成要件，但实际上首先要适用的是刑罚法规定，排斥对其余规定的适用的情况，包括法规竞合和共罚的事前

① 参见［日］大谷实著：《刑法讲义总论》，黎宏译，中国人民大学出版社 2008 年版，第 433 ~454 页；［日］大塚仁著：《刑法概说》（总论），冯军译，中国人民大学出版社 2003 年版，第 414 ~430 页；［日］野村稔著：《刑法总论》，全理其、何力译，法律出版社 2001 年版，第 448 ~466 页；［日］山中敬一著：《刑法总论》，成文堂 2008 年版，第 972 页。

事后行为。[①] 在行为单数的情况下，先审查被违反的数个法规之间是否存在特别关系、吸收关系或补充关系的法规竞合，若非法规竞合，就会成立想象竞合；在行为复数的情况下，先审查是否是共罚的事前事后行为，若否，就会成立实质竞合。竞合论体系如下图所示：

- 行为人的单一动作或多数动作
  - 行为单数
    - 不纯正竞合——法规竞合
    - 纯正竞合——想象竞合
  - 行为复数
    - 不纯正竞合——共罚的事前事后行为
    - 纯正竞合——实质竞合

由此可见，竞合论所研究的均为复数构成要件实现的情况，除了法规竞合和共罚的事前事后行为这两种假性的、不纯正的竞合外，真正的竞合形态（即想象竞合和实质竞合）只相当于罪数论体系中的科刑一罪和并合罪，即罪数论中属于“数罪”的范畴。至于罪数论中的单纯一罪、包括一罪并不在竞合论的研究视野之内——竞合论以行为实现复数的犯罪构成为前提，其研究范围自然只包括罪数论中属于“数罪”的形态；单纯一罪、包括一罪由于只有一个具体的犯罪构成被实现，当然不属于竞合论的范畴。

3. 结论

综上，不论是从内涵来分析，还是从外延来检验，竞合论的内容只是罪数论研究范围的一部分，即在判断出行为符合一个还是数个犯罪构成后，研究对符合数个犯罪构成的情况如何科处刑罚的问题。

在此需要略加说明的是认为“罪数论与竞合论属于并列之概

---

① 参见［德］汉斯·海因里希·耶赛克、托马斯·魏根特著：《德国刑法教科书》（总论），徐久生译，中国法制出版社2001年版，第860页；［德］约翰内斯·韦塞尔斯著：《德国刑法总论》，李昌珂译，法律出版社2008年版，第483页。

念体系”（即并列论）的观点。其实这种观点与包容论的观点有很大的相似性，只是并列论者所称的“罪数论”仅限于狭义之罪数论，但问题是从狭义上界定罪数论的一般含义也不恰当。因为在采取罪数论体系的刑法中，对罪数的研究向来就包括对触犯数个犯罪构成的罪数形态的处罚问题。也就是说，历来所称的“罪数论”均是从广义上来界定的。再者，如就犯罪行为与法律效果二者的关系而言，法律效果系依附于犯罪行为，而不具有独立性，在探讨对于具体犯罪事实，在刑法适用之评价上，应成立几罪，其法律效果又应如何处断之知识领域，统称为广义之“罪数论”，亦无何不当之处，且更属简捷。[①] 因此，顺从历来的立场，从广义上界定罪数论的含义更为合理。

如此，犯罪竞合论与罪数论的关系并非像同一论者所主张的二者是名异实同的概念，也不是并列论者所认为的二者是相并列的范畴。罪数论包括狭义的罪数论和犯罪竞合论，竞合论为罪数论体系下的一个概念。

二、我国罪数论的困境与出路——以罪数论与竞合论的关系为视角

（一）我国罪数论的困境

与日本刑法类似，我国刑法采取了罪数论的体系。在罪数判断标准上，我国学者提出了犯罪构成标准说，以犯罪构成作为区分一罪与数罪的标准：即行为具备一个犯罪构成的，是一罪；行为具备数个犯罪构成的，是数罪。在罪数的类型上，以“三三分类法”

---

① 靳宗立：《刑法实例解析——罪数之判断与科刑处断》，载《辅仁法学》第 28 期，第 321 页。

为代表的罪数体系最具有权威性、广泛性，这种体系的大致框架如下：①

首先将罪数分为一罪和数罪，其中一罪包括：

（1）实质的一罪，是指虽具有一定的数罪特征，或者具有易于使人在罪数上发生困惑的其他特征，但究其实质只齐备了一个犯罪构成的罪数形态。包括：想象竞合犯；结果加重犯；继续犯；接续犯；法规竞合。

（2）法定的一罪，是指本来是符合数个犯罪构成的数罪，但因某种特定理由，法律上将其明文规定为一罪的形态，包括：结合犯；集合犯（或惯犯）。

（3）处断的一罪，是指本来是符合数个犯罪构成的数罪，但因其固有的特征，处理时将其作为一罪的诸种形态，包括：连续犯；牵连犯；吸收犯。

相对而言，数罪的分类比较简单，主要包括：并罚数罪；非并罚数罪。

通观我国刑法的罪数论体系，可以发现现行理论对罪数问题的研究存在如下的问题与困境：

1．体系过于混乱

首先，对罪数的分类不符合逻辑学上对概念进行划分的基本要求。在逻辑学上，划分是明确概念外延的逻辑方法，一般由被划分的概念（母项）、划分后的概念（子项）、划分标准三部分组成。同定义一样，划分不仅要具备有关概念的专门知识，而且要遵守一定的逻辑规则。逻辑学上划分有以下四条逻辑规则：（1）划分必

① 参见吴振兴著：《罪数形态论》，中国检察出版社2006年版，第47～48页；高铭暄、马克昌主编：《刑法学》，北京大学出版社、高等教育出版社2007年版，第200页；王作富主编：《刑法》，中国人民大学出版社2007年版，第207页；张明楷著：《刑法学》，法律出版社2003年版，第366～374页。

须相应相称，即母项的外延和子项的外延总和相等。（2）划分后的子项应当排斥。划分是将属概念分为一些种概念，种概念之间的逻辑关系或者是对立关系，或者是矛盾关系，而不能是属种关系、交叉关系、同一关系。（3）每一次划分只能按照同一个标准进行。（4）划分应当逐级进行。[①]

之所以说对一罪的分类不符合逻辑上划分的规则，在于其一，对于“一罪”这一概念的划分并非按照同一标准进行的。如前所述，通说将一罪分为实质的一罪（或单纯的一罪）、法定的一罪和处断的一罪。单纯的一罪谓之单纯，是因为仅有一个行为而已；法定的一罪中某些犯罪类型涉及两个行为或者结果，或者从实质上来看具备两个犯罪构成，但法律将其规定为一罪；处断上的一罪都是观念上或者实质上的数罪，只是基于刑事政策的考虑，在司法适用上作为一罪处理而已。从单纯的一罪到法定的一罪，再到处断的一罪，实际上奉行的是三重的判断标准：即自然的标准、立法的标准、司法的标准。[②] 其二，所谓“处断的一罪”使得数罪与一罪这本应对立的两大概念产生了交叉。一罪与数罪是罪数的最基本的两大分类，按照逻辑划分的要求，这两大概念本应是互相排斥的关系。但是，如前所述，罪数论中不管是一罪的概念还是数罪的概念，都是在犯罪构成和法律效果这两重意义上使用的。所谓处断的一罪，就集中体现出“罪”这一概念的两面性：从犯罪构成的意义上说是数罪，而从法律效果的意义上说是一罪，即所谓“本来的数罪”、“处断的一罪”。从而处断的一罪既可归入数罪的范畴，

① 参见李小克编著：《普通逻辑学教程》，首都经贸大学出版社 2007 年版，第 40 页。此处借助逻辑学概念的研究方法参考了田明海的《罪数原理论》（中国政法大学 2003 年博士学位论文）中相关部分的研究方法，特此说明。

② 参见陈兴良著：《本体刑法学》，商务印书馆 2001 年版，第 594 ~ 596 页。

又可归入一罪的类型，这就使得数罪与一罪这本应排斥、对立的两大概念产生了交叉关系。其三，“一罪”分类中所谓法定的一罪其实也可归入实质的一罪的范畴，从而违反了划分后的子项应当排斥的逻辑规则。所谓结合犯、集合犯等犯罪类型，虽然从表面上看具备了数个犯罪构成，但实际上最终仅用一个犯罪构成就可对行为进行充分全面的评价，其他的犯罪构成不应再适用，否则即违反禁止重复评价原则。因此，从本质上说，法定的一罪也是实质的一罪。诚如有的学者所说，不能把犯罪构成简单化或者典型化，而应注意复合犯罪构成和复杂犯罪构成的运用。行为人所实施的危害行为符合一个单一犯罪构成固然是一罪，行为人所实施的危害行为符合一个复合犯罪构成或复杂犯罪构成的也应是一罪。[①] 如此一来，本来属于属种关系的实质一罪和法定一罪却被划分为同一层次的相并列的概念，直接违反了概念划分的逻辑规则。

其次，同属一罪概念的所谓处断的一罪所要解决的问题与实质的一罪、法定的一罪所要解决的问题并不相同。所谓实质的一罪、法定的一罪，最终都可用一个具体的犯罪构成对行为进行完全的评价，从而对其刑罚的科处不成问题，直接按照刑法关于罪刑的基本规定即可。其真正的问题是是否可用一个犯罪构成对行为进行包摄性的评价，也就是行为与犯罪构成之间的关系问题。而所谓处断的一罪，实质上已具备了数个犯罪构成。但是，由于刑法分则的法条以一罪一刑为基本模式，在具备数个犯罪构成的情况下，刑罚如何科处并不能自然而然地得出。从而在行为符合了数个犯罪构成的情况下，是否需要数罪并罚，若不需数罪并罚，又应当如何处罚，其根据何在？这些才是处断的一罪所要解决的问题。将一罪划分为处断的一罪与实质的一罪、法定的一罪并将其列为同一层次的概念类型，模糊了各自所要解决的真正问题，也看不出其合理性在哪里。

---

① 参见陆诗忠：《我国罪数理论之基本问题研究》，载《法律科学》2007 年第 2 期，第 98 页。

最后，将想象竞合犯归入实质的一罪并不妥当。因为：（1）这种归类不符合“实质的一罪”的定义。所谓实质的一罪，是指虽具有一定的数罪特征，但究其实质只齐备了一个犯罪构成的罪数形态，其根本特征是只齐备一个犯罪构成。但是，通说又认为，想象竞合犯是一行为触犯数罪名的犯罪形态。既然触犯了数罪名，不管是同种罪名还是异种罪名，具备了数个犯罪构成已是不争的事实。比如，某人开一枪，打死了欲打死之人，也误将另一人打成了重伤的情况，行为虽然只有一个，但没有人能够否认行为人既触犯了杀人罪，又触犯了过失致人重伤罪。将具备数个犯罪构成的想象竞合犯归入以“只齐备一个犯罪构成”为根本特征的实质的一罪之列，实在是概念解释上的矛盾。（2）在想象竞合犯的罪数本质上，素来有实质一罪说与实质数罪说的对立。实质一罪说认为，想象竞合犯在形式上虽然构成数个罪名，但因其只有一个行为，所以是实质的一罪。[①] 据此来看，之所以将想象竞合犯归入实质一罪，在于其“只有一个行为”，似乎是根据行为的个数来区别实质一罪与实质数罪。但是，在此提出的问题是，所谓“罪数本质”与“罪数”是否是同一概念？罪数本质的判断标准是什么，即实质一罪与实质数罪到底靠什么区别开来？是行为的个数？还是犯罪构成的个数？抑或是法益的个数？这并非一个先验性的、不证自明的问题。在这一前提性的问题未解决的情况下，不管是将想象竞合犯归入实质一罪还是实质数罪，都不免让人产生怀疑。（3）目前理论界对想象竞合犯的罪数本质的争论甚为激烈，不少学者都认为想象竞合犯是实质的数罪，[②] 实质一罪说已并非处于不可动摇的地位。在这种情

① 赵秉志主编：《外国刑法原理》，中国人民大学出版社 1999 年版，第 242 页。

② 参见庄劲著：《犯罪竞合——罪数分析的结构与体系》，法律出版社 2006 年版，第 203～210 页；阮齐林：《论构建适应中国刑法特点的罪数论体系》，载《河南师范大学学报》（哲学社会科学版）2006 年第 3 期，第 67 页。

况下，径直地将想象竞合犯归入实质一罪中不免有回避争议之嫌。

2. 犯罪构成标准未得到彻底贯彻

判断罪数是一罪还是数罪的根据，即为罪数判断标准。我国刑法学界普遍公认，判断罪数是一罪还是数罪，应当以犯罪构成为标准，行为具备一个犯罪构成的是一罪；行为具备数个犯罪构成的是数罪。但是，尽管学界在理论上普遍地、坚定地拥护犯罪构成标准，但遗憾的是，通说建构起的罪数论体系实际上又没有彻底贯彻犯罪构成标准。之所以这样说，是因为：

第一，将罪数分为一罪与数罪的两大类别并非以犯罪构成为标准。根据犯罪构成标准，一罪与数罪的判断只能依据犯罪构成，即行为人的危害行为符合一个犯罪构成的为一罪，符合数个犯罪构成的为数罪。一罪与数罪的区别只在于所符合的犯罪构成的个数。然而，在现行的罪数论体系划分中，想象竞合犯本已具备了数个犯罪构成，却被归入一罪的类别；处断的一罪实质上也已触犯数个犯罪构成，同样也被归入一罪的类别。由此可见，现行罪数论体系对一罪与数罪这两大基本类别的划分并不是依据犯罪构成标准。再进一步深入分析可以发现，所有一罪类型的共同特点就是最终按一罪处罚而不数罪并罚，而不管所具备的犯罪构成到底是几个。因此，在一罪与数罪的这两大类别的区分上，与其说是以犯罪构成为标准，倒不如说是以该当一个刑罚还是数个刑罚为标准。

第二，犯罪构成标准对一罪类别中处断的一罪不具有任何的指导意义。所谓处断的一罪，是指本来是符合数个犯罪构成的数罪，但因其固有的特征，处理时将其作为一罪的诸种形态。如果彻底贯彻犯罪构成标准，符合一个犯罪构成的是一罪，符合数个犯罪构成的自然是数罪。那么，像牵连犯、连续犯等所谓处断的一罪都毫无疑义地触犯了数个犯罪构成，根据犯罪构成标准说，已然是数罪。但是，这些形态又最终被归为“一罪”的行列，显然其归类依据并不是犯罪构成标准。也就是说，处断的一罪何以为“一罪”，犯罪构成标准说根本无法予以解释；而不管将其归为一罪的依据是什么，都无疑与犯罪构成标准说得出的结论相矛盾。无怪乎有学者指出："处断的一罪的类型是对犯罪构成标准的彻底背离"，[①]"犯罪构成标准无法包含针对第三种犯罪形态（即处断的一罪）所设立的一罪概念"。[②]

第三，即使是犯罪构成标准的支持者也往往在支持中有所保留。我国刑法学教材几乎无一例外地支持犯罪构成标准说，但不可忽视的是，不少学者在支持的同时往往又有所保留地指出罪数的判断又决定于或至少需考虑其他因素。如有学者指出，犯罪构成是区分一罪与数罪的基本标准，但是在许多情况下，在行为人实施数个犯罪行为的情况下，对数罪类型的区分还要分析这些犯罪行为之间的关系，如行为人实施的数个犯罪行为之间有连续关系的，成立连续犯；有牵连关系的，成立牵连犯；有吸收关系的，成立吸收犯。[③] 言外之意，在连续犯、牵连犯、吸收犯的情况下，犯罪构成标准就不能用以决定这些犯罪类型是一罪还是数罪了。张明楷教授也指出，区分一罪与数罪，虽然原则上应以犯罪构成为标准，但同时也要考虑刑法的特殊规定，参照合理的司法实践经验；既要以犯罪构成为标准，同时也要考虑其他因素，最重要的是要以刑法的规定为依据。[④] 也就是说，犯罪构成标准具有局限性，不能在任何情况下都予以适用。

第四，当前理论界提出了一些罪数判断的其他标准，构成了对犯罪构成标准的有力质疑。例如，有学者指出，在犯罪构成理论这一解决规则罪数的判断系统之外，还需创设出一套专门解决犯罪构

---

① 参见庄劲著：《犯罪竞合——罪数分析的结构与体系》，法律出版社2006年版，第74~75页。

② 参见王明辉、唐煜枫：《论刑法中的一罪概念——兼及罪刑关联概念的建立》，载《政治与法律》2009年第3期，第140页。

③ 赵秉志主编：《刑法总论》，中国人民大学出版社2007年版，第346页。

④ 张明楷著：《刑法学》，法律出版社2003年版，第363~364页。

成理论所不能或不宜解决的不规则罪数的判断系统。由实质的一罪、法定的一罪、处断的一罪三部分组成的特殊罪数形态，就是在这一背景下应运而生的。至此，就罪数判断而言，形成了两大判断系统。犯罪构成理论是第一判断系统，特殊罪数形态则是第二判断系统，它是专门为解决不能或不宜用犯罪构成理论确定单复的特殊犯罪样态而设计的。① 这种所谓的双层系统标准，将现行罪数论体系中的一罪几乎全都纳入例外判断系统中，实际上几近于架空犯罪构成标准。另有学者则完全抛弃了犯罪构成标准，认为罪数判断的标准应当是犯罪构成客体的重合性。② 撇开这些罪数标准的合理性与否不谈，单单是这些标准提出的事实本身，就足以从侧面说明犯罪构成标准说存在局限性，难以贯彻于所有的罪数形态，因而才促使学者们孜孜以求于其他的标准。

（二）我国罪数论的出路

1．将罪数论划分为狭义的罪数论和犯罪竞合论

我国目前的罪数论体系，既非按照同一标准进行的划分，也使得本为属种关系的概念并列为同一级别，并将解决不同问题的罪数类型列为同一层次的概念，如此种种，都使得罪数论体系矛盾重重、混乱不堪。解决罪数论体系的这种混乱状态，首先需要对罪数进行合理的划分。

某项犯罪事实发生后，法官在审理时，首先要判断行为人触犯了什么罪、符合一个具体的犯罪构成还是数个具体的犯罪构成，若仅触犯一个犯罪构成，则根据刑法规定的基本罪刑关系即可确定其刑罚，刑法的评价工作即告完成。但是，若符合了数个犯罪构成，则需进入下一步的评价工作，即判断在具备数个犯罪构成的情况下

---

① 参见莫晓宇：《罪数理论的体系性思考》，载《中国刑事法杂志》2002 年第 2 期，第 43 ~ 44 页。

② 参见庄劲著：《犯罪竞合——罪数分析的结构与体系》，法律出版社 2006 年版，第 95 ~ 96 页。

如何处罚，是该当一罪的刑罚还是数罪的刑罚，只有确定了最终的刑罚后，刑法的评价工作始告完成。也就是说，在行为人的行为引起了某种犯罪事实的场合，将这些事实是作为一罪处理还是作为数罪处理？在作为数罪处理的场合，一个行为人同时具有数个犯罪，产生犯罪的竞合，必须解决对行为人处以什么样的刑罚的问题。①这两方面的内容即罪数论所要解决的全部问题。

据此，可将罪数论划分为两大部分，即狭义的罪数论和犯罪竞合论。

狭义的罪数论的目的或任务主要是解决犯罪个数的判断问题，即检验行为到底是构成一个具体的犯罪还是数个具体的犯罪。犯罪构成是其判断标准，也就是行为符合一个犯罪构成的是一罪，符合数个犯罪构成的是数罪。判断出行为符合几个犯罪构成后，狭义的罪数论的任务也告完成。因为若经检验，行为用一个犯罪构成即可予以全面的评价，剩下来的工作即是按刑法的罪刑规定科处刑罚，这与普通情况下刑罚的科处并无任何相异之处；而若经检验行为符合了数个犯罪构成，则进入罪数论的下一领域，即犯罪竞合论的讨论范围。

犯罪竞合论的目的或任务是在行为符合数个犯罪构成的情况下，讨论对行为人如何科处刑罚的问题。其前提是行为已符合了数个犯罪构成，核心任务是解决在行为符合数个犯罪构成的情况下，如何科处刑罚。因为在单一犯罪构成的情况下，刑罚可由刑法条文的基本罪刑规范得出；而在复数犯罪构成的情况下，刑法条文并未直接规定这种情况下的法定刑，如何科处刑罚，还需要依赖一定的理论予以说明，犯罪竞合论即是解决这一问题的理论。

狭义的罪数论的任务可概括为行为与构成要件间合致性的检

---

① ［日］大谷实著：《刑法讲义总论》，黎宏译，中国人民大学出版社2008年版，第431页。

验，行为是否可用一个犯罪构成进行全面充分的评价是其重点内容。据此，除了基于一罪过、实施一行为、侵犯一客体的单纯一罪外，结果加重犯、集合犯、结合犯、法规竞合、共罚的事前事后行为等复杂一罪也属于狭义的罪数论的范围，因为这些犯罪形态最终都可用一个犯罪构成对行为进行充分的评价。而在行为符合复数犯罪构成的情况下如何处罚则属于犯罪竞合论的范畴。据此，凡是具备了数个犯罪构成的，诸如想象竞合犯、牵连犯、连续犯、[①] 同种数罪、异种数罪等都属于犯罪竞合论的范围。以此为基础建构的罪数论的体系结构如下图所示：

- 罪数论
  - 狭义的罪数论
    - 单纯一罪
    - 复杂一罪
      - 结果加重犯
      - 集合犯
      - 结合犯
      - 法规竞合
      - 共罚的事前事后行为
  - 犯罪竞合论
    - 想象竞合犯
    - 牵连犯
    - 连续犯
    - 同种数罪
    - 异种数罪

2．犯罪构成标准的重新定位——狭义的罪数论的标准

现行罪数论一方面在坚定地拥护犯罪构成标准，另一方面却又不自觉地背离了这个标准。造成这种矛盾的原因是什么？犯罪构成标准为什么不能贯彻于整个罪数论呢？

答案是：之所以会产生上述矛盾，并不是犯罪构成标准本身出

① 此处旨在借助传统概念说明对罪数论体系的划分及狭义的罪数论和犯罪竞合论各自的研究范围，并不表示笔者认同牵连犯、连续犯这些概念的存在意义。

了问题，而是它的定位出了问题。犯罪构成标准之所以不能贯彻于整个犯罪论体系，是因为它本来就不是整个罪数论的标准，而只是狭义的罪数论的标准，自然对犯罪竞合论不具有指导作用。

狭义的罪数论的任务即是要判断犯罪到底是一个还是数个。在我国刑法中，犯罪构成是犯罪成立的规格，符合犯罪构成的，即成立相应的犯罪。行为事实成立几个犯罪的判断，必系于行为事实是否成立犯罪的判断，而这正是犯罪成立标准所要解决的问题。换言之，罪数的判断必先依赖于一罪的判断，而一罪的判断实质上是犯罪成立的判断。因此，罪数判断的标准与犯罪的成立标准是一脉相承的，[①] 即判断犯罪是一个还是数个，是以犯罪构成为标准的，符合一个犯罪构成的，构成一罪；符合数个犯罪构成的，则为数罪。犯罪构成作为狭义的罪数论的标准可谓当之无愧。

但是，犯罪构成标准对犯罪竞合论已不再具有指导意义。犯罪竞合论是解决行为在符合数个犯罪构成的情况下，对行为人如何科处刑罚的问题。已经实现数个犯罪构成是竞合论的前提。因为若具备几个犯罪构成还未确定的话，则仍然是狭义的罪数论的范畴，尚未进入竞合论的领域。既然已知行为符合了数个犯罪构成，则犯罪构成论的任务即已完成。接下来的问题是判断在具备数个犯罪构成的情况下如何科处刑罚。详细来说，就是判断是否需要数罪并罚，若不需数罪并罚而按一罪处罚，实质根据是什么。这些问题，归根到底是刑罚论的问题，需要遵循罪刑均衡原则并考虑诉讼效益的要求来解决，而不是根据犯罪构成理论就能得出答案。

因此，犯罪构成标准是狭义的罪数论的标准，却不是犯罪竞合论的标准，对犯罪竞合论自然不具有指导作用。其实，对于这一点，国外的刑法学者已经较早地认识到。例如，日本学者山中敬一指出：罪数论的问题，一是犯罪到底是成立一个还是数个，以及其

---

① 叶良芳：《罪数论的体系性反思与建构》，载《浙江大学学报》（人文社会科学版）2007 年第 4 期，第 72 页。

区别的基准是什么；二是成立数罪的场合，如何科处刑罚。[①] 山口厚也指出，罪数论，首先是行为人所实施的犯罪的个数到底是几个以及用何种基准来判断犯罪的个数的问题，这是犯罪的成立要件的检讨。其次是在行为人被评价、判断为实施了数个犯罪的场合，如何对这复数的罪赋予法律效果的问题。[②] 显然，以上的这些论述皆把罪数判断标准作为犯罪个数即罪数论的第一项内容狭义的罪数论的判别基准，而与罪数论的第二个问题即犯罪竞合论并无关联。

我国传统理论在界定罪数的含义时只是笼统地指出，"罪数就是犯罪的个数，也就是一罪与数罪"，并未明确区分罪数论的两大块不同的研究内容，以至于将犯罪构成标准理解为整个罪数论的标准，造成了理论上拥护犯罪构成标准而实际上背离犯罪构成标准的悖论。解决这一问题的正确方法，并不是在犯罪构成之外寻找什么其他的标准，而是使犯罪构成标准回归其本位即可——犯罪构成标准只是狭义的罪数论的标准，而非整个罪数论的标准，对犯罪竞合论不具有指导作用。

第三节　犯罪竞合论的体系性地位

犯罪竞合论的体系性地位，指的就是犯罪竞合论在刑法理论中的地位，是归属于犯罪论、刑罚论还是其他。这是竞合论中的一个重大理论问题。对竞合论定位的不同，反映了对竞合论本体问题的认识不同，也影响到对具体竞合问题的处理方式以及整个犯罪竞合论体系的内在协调统一。因此，在明确了犯罪竞合的概念以及犯罪竞合论与罪数论的关系之后，有必要对犯罪竞合论在刑法上的体系性地位进行说明。

---

① 参见［日］山中敬一著：《刑法总论》，成文堂 2008 年版，第 964 页。

② 参见［日］山口厚著：《刑法总论》，有斐阁 2007 年版，第 363 页。

由于竞合论属于广义的罪数论之下的一个范畴，且各国既有采罪数论体系者又有采竞合论体系者，因而在说明竞合论的体系地位时，必须对罪数论的体系地位一并进行探讨。罪数论与竞合论在刑法上定位问题的复杂性，源于众多不同观点的纷争，且每种主张中既有从罪数论角度阐释者又有从竞合论角度论证者，使得问题更加纠缠不清。此外，对罪数论、竞合论体系地位的安排，同一国家法典中的定位与学理上的观点可能并不一致；同一学者在理论上的主张与其教材或专著中的安排也可能并非一致。例如，日本学者泷川幸辰认为，在理论上“罪数论应当属于刑罚理论，但因为历来罪数论都是被当做犯罪理论的一部分来说明的，所以也顺从这个立场而在最后再涉及一下罪数论”。① 这也造成一些表象上的迷惑，加剧了问题的复杂性。

一、理论争议

概括而言，关于罪数论与竞合论的体系地位，主要存在以下几种观点：

（一）犯罪论（犯罪行为论）

将罪数论与竞合论定位于犯罪论可谓是传统上的通说。持这种观点的学者，不论在罪数论体系下还是竞合论体系下，都大有人在。

1. 自罪数论的角度

日本有相当数量的学者将罪数论定位于犯罪论，如大塚仁认为，罪数论在犯罪论的末尾确保着其体系论的位置。② 山中敬一指出，关于罪数论，通常在犯罪论的最后论述，位于犯罪论与刑罚论

---

① ［日］泷川幸辰著：《犯罪论序说》，王泰译，法律出版社 2005 年版，第 165 页。

② ［日］大塚仁著：《刑法概说》（总论），冯军译，中国人民大学出版社 2003 年版，第 412 页。

之间。因此，关于其性质，有本质上是犯罪论或者是刑罚论的不同见解。一般来说，应被评价为犯罪成立要件，然而详细地说，它应被评价为考虑了刑罚论的犯罪论，即需要是以可罚性评价为前提的犯罪成立论。其中虽然主要是可罚的违法论或者责任论的问题，但正确地说，认为它纵贯犯罪论的全阶段该是妥当的。①

在我国，罪数论基本上被毫无争议地安排在犯罪论的章节中进行讨论，并且理论上也认为罪数论本质上属于犯罪论。例如，顾肖荣认为，刑罚的适用是以罪数为前提的，而区分一罪和数罪又以犯罪的主客观要件为标准，所以刑罚的适用不过是罪数决定以后的当然结果而已。既然刑罚不是决定罪数的标准，那么把罪数论归入刑罚论，就不免有倒果为因之嫌。但由于在实际工作中，人们总是把定性和效果放在一起研究，所以两者又不可能截然分开。罪数论本质上属于犯罪论，但也离不开刑罚论。②

2. 自竞合论的角度

德国学者施米特（Schmitt）、加拉斯（Gallas）等认为竞合论所处理的问题不外是构成要件实现的问题，故而应定位在“犯罪行为论”中，亦即定位在行为可罚性的认定问题上。③ 冈特·施特拉腾韦特亦认为：“竞合论的基本问题仍然被放在犯罪论里。”④

（二）法律效果论

法律效果论主要是德国学者的观点，因而持这种主张的学者都是从竞合论的角度来展开论述的。德国学者的这种观点与德国刑法

---

① ［日］山中敬一著：《刑法总论》，成文堂 2008 年版，第 965 页。

② 顾肖荣著：《刑法中的一罪与数罪问题》，学林出版社 1986 年版，第 3 页。

③ 参见柯耀程著：《刑法竞合论》，中国人民大学出版社 2008 年版，第 19 页脚注 18。

④ ［德］冈特·施特拉腾韦特、洛塔尔·库伦著：《刑法总论 I ——犯罪论》，杨萌译，法律出版社 2006 年版，第 428 页。

典的立法体例是相一致的：德国刑法对于竞合问题的规定，是放在第三章“行为的法律后果”中的。德国学者格尔茨（Geerds）认为，对于单一构成要件实现的犯罪行为可罚性认定，其法律效果乃可直接得自法定刑，然而如具有复数构成要件实现时，行为可罚性透过构成要件所建构出的不法内涵虽可确认，但反应可罚性之法律效果，却无法得自该被实现之构成要件，因此，对于复数构成要件实现的问题，则必须仰赖竞合论加以处理。……竞合论之出现，主要系为处理此等法律效果问题，故竞合论实应定位在法律效果论中。①

我国台湾地区学者柯耀程也持这种观点，他认为，虽然竞合论的结构具有复数构成要件实现之形态，但该复数构成要件是否成立的认定，并非由竞合论来处理与判断，而系以其具体存在，作为确认竞合论的前提。因此，竞合论的定位，应在犯罪行为论之后，而以犯罪行为论作为前提基础，并非犯罪行为论之范围。再者，竞合论处理的问题，既系以复数构成要件实现为基础，而对其法律效果加以确认，以为刑罚裁量之基础，故竞合论应是对于复数构成要件实现问题，为提供刑罚裁量所需要，以确认出刑罚裁量前提之刑度范围的问题，故应属于法律效果认定的问题，其体系定位应为法律效果论的范围。②

（三）刑罚论（包括刑罚裁量论、量刑论）

该说认为罪数论与竞合论的固有领域并非犯罪论，而是刑罚论。

1. 自罪数论的角度

认为罪数论属于刑罚论问题的日本学者并不少见，如泷川幸辰认为，在刑法上罪数的数并没有多大的重要性，只是从适用刑罚上

---

① 柯耀程著：《刑法竞合论》，中国人民大学出版社 2008 年版，第 20～21 页。

② 柯耀程著：《刑法竞合论》，中国人民大学出版社 2008 年版，第 25 页。

对一罪和数罪应当怎样给予不同对待和处理的观点来看才有意义。因此，罪数论的固有领域并不是在犯罪理论里，而应当属于刑罚理论。[①]

2. 自竞合论的角度

德国学者彼德斯（Peters）认为，竞合问题所处理的无非是刑罚量定的问题。不论法律效果采取何种处理方式，所得的最终执行刑只有一个，而竞合论对于法律效果的处理，最终也朝此目标前进，故而竞合论应为刑罚裁量论的一环。[②] 这种主张与德国刑法典的体例安排也无矛盾，因为德国刑法典对于竞合问题的规定，虽放在第三章“行为的法律后果”中，却是在第三节“触犯数法规的量刑”中规定的。

（四）犯罪论与法律效果论双重地位说

这种观点认为，竞合者，乃行为导致复数构成要件实现，进而决定其法律效果的问题。竞合论一方面要处理行为实现复数构成要件的问题，就此而言属于犯罪行为论；另一方面，又需确定法律效果的种类及范围，此又属于法律效果论，因而竞合论应同时具有双重特性存在，应同时具有犯罪行为论与法律效果论的双重地位。[③] 德国学者韦塞尔斯即持这种观点，并明确指出：“竞合理论是犯罪行为理论和不法结果理论之间的缝合点。”[④] 意大利学者杜里奥·帕多瓦尼也认为：“犯罪竞合的理论，一方面因涉及行为的统一性

① ［日］泷川幸辰著：《犯罪论序说》，王泰译，法律出版社 2005 年版，第 165 页。

② 转引自柯耀程著：《刑法竞合论》，中国人民大学出版社 2008 年版，第 23 页。

③ 柯耀程著：《刑法竞合论》，中国人民大学出版社 2008 年版，第 21 页。

④ ［德］约翰内斯·韦塞尔斯著：《德国刑法总论》，李昌珂译，法律出版社 2008 年版，第 458 页。

问题而可纳入犯罪构成理论研究的范围；另一方面，由于研究犯罪竞合的实践意义在于解决如何量刑的问题，因而又可以说它属于犯罪的法律后果范畴。”①

（五）犯罪论与刑罚论双重地位说

1. 桥梁论

所谓桥梁论，即认为罪数论与竞合论是与犯罪论和刑罚论都有关的问题，是介于犯罪论和刑罚论之间的理论，是连接二者的桥梁。该说认为，由于竞合论一方面在探讨犯罪行为的单元概念，以判别行为人之一罪或数罪的问题，另一方面则要处理数个构成要件时的法律效果问题，所以其在刑法学上的定位应介于犯罪论与刑罚论中间，是衔接犯罪论与刑罚论的桥梁。此种观点，不论罪数论体系还是竞合论体系，均有主张者。

（1）自罪数论的角度。日本学者福田平、大塚仁在其所著的《日本刑法总则讲义》中指出，通常多数人把罪数论作为犯罪论的一部分加以探讨，其实在刑法上不仅认为犯罪个数本身具有重要性，而且在对行为人科刑上亦应把一罪和数罪的不同处遇作为重点，罪数论特别在合并罪加重的关系上，可以说与刑罚论有密切联系，应把它称作犯罪论与刑罚论的连接点。②

我国学者吴振兴也持类似的观点，他认为：罪数问题既有犯罪形态问题、罪质问题，也有刑罚适用问题、罪量问题，只讲罪质，连续犯、牵连犯本属数罪，却不按数罪并罚，这不好解释。只讲罪量，特别是主观主义的罪量论，结果加重犯有双重罪过，也不按数罪并罚，这同样难以解释。所以，罪数问题，从一罪与数罪的分析和认定角度，应列入犯罪形态范畴；从数罪并罚的原则、方法角

---

① ［意］杜里奥·帕多瓦尼著：《意大利刑法学原理》，陈忠林译评，中国人民大学出版社2004年版，第359页。

② ［日］福田平、大塚仁著：《日本刑法总则讲义》，李乔等译，辽宁人民出版社1986年版，第188页。

度，应归为刑罚适用之列。罪数在本质上是犯罪形态与刑罚适用的有机统一。①

（2）自竞合论的角度。我国台湾地区学者林山田指出，行为人的行为究系一行为抑或属数行为，行为所成立的数罪，是否实际上都有刑法上的评价意义，抑或只需评价为一罪，即为已足。至若经判断为数罪，且在实际上数罪都有其独立的不法内涵与罪责内涵的，又应如何裁量科刑，均属竞合论的研究重点，故竞合论所探讨者，不只是定罪的问题，而且亦兼及科刑的问题。其在刑法学上的定位，应属于犯罪论与刑罚论的交界处或衔接处。②

2．二元论

这种主张认为，罪数论包括两部分，一为成立几个犯罪的问题，即犯罪个数的判断，二是确定数罪后如何科处刑罚的问题。在此基础上认为，判断犯罪个数之部分应属于犯罪论领域，而确定数罪后在法律效果上应如何科刑处断部分，则应属刑罚论的范畴，二者应予以严格区别。这种主张与前述桥梁论的观点有所不同，前述桥梁论的观点并未明确区分罪数论的两大部分，而是倾向于认为罪数论整体上处于犯罪论和刑罚论之间连接点的位置。

持这种主张者，均是在罪数论的体系下来阐释其体系地位的。例如，日本的久礼田博士认为罪数应该分作两部分，分别归依于犯罪形态部分和刑罚部分。犯罪形态论中的罪数论与刑罚论中的罪数论相互联系，相互作为，但二者本质上有所差别。③ 中山善房指出，罪数论的内容包含两个问题，一是在犯罪成立阶段，行为人所犯之罪属于一罪还是数罪；二是在犯罪处罚阶段，对于已经成立的数个犯罪，究竟应如何处罚。第一个问题与犯罪的本质互相关联；

① 吴振兴著：《罪数形态论》，中国检察出版社 2006 年版，第 7 页。

② 林山田著：《刑法通论》（下册），作者发行 2005 年版，第 258 页。

③ ［日］福田平、大塚仁著：《日本刑法总则讲义》，李乔等译，辽宁人民出版社 1986 年版，第 200 页。

而犯罪的本质属于犯罪论的问题，因而第一个问题应于犯罪论体系中探讨。至于在犯罪处罚阶段，对于已经成立之数个犯罪究竟应如何处罚，则与刑罚之本质及目的息息相关，而刑罚的本质与目的属于刑罚论的问题，理应于刑罚论的范畴中予以处理。①

在我国台湾地区，陈子平就是这种学说的主张者。他虽然在其著作中将罪数论安排在犯罪论中，却又明确指出，于罪数之理论发展阶段上，存有两种不同之意义。其一，评价上之罪数：一个行为人究竟是成立一罪或数罪之犯罪成立问题，而属于刑法学上犯罪论之领域。其二，科刑上（处分上）之罪数：就已经成立之数罪应如何科刑之犯罪竞合问题，而属于刑法学上刑罚论之领域。②

我国大陆地区近年来也出现了倾向于这种观点的主张，如有论者认为，罪数论的难点或焦点主要集中于两个问题：一是对形式上符合数个犯罪构成的犯罪事实何以最终通过一个犯罪构成即可实现充分评价，这是定罪阶段需要解决的问题；二是对真正符合数个犯罪构成的犯罪事实，何以要与典型数罪相区别，而不实行并罚，这是如何处罚的问题。③

二、学说检讨与本书立场

（一）罪数论具有双重地位

刑法是关于犯罪与刑罚的法律，刑法学在总体上包括犯罪论和刑罚论两大部分。

所谓犯罪论，是对犯罪概念以及犯罪的一般成立要件进行分

① ［日］中山善房：《关于观念的竞合中的“一个行为”》，载《刑法杂志》第21卷2号，第138～139页。

② 陈子平著：《刑法总论》（下册），元照出版公司2006年版，第251页。

③ 王明辉、唐煜枫：《论刑法中的一罪概念——兼及罪刑关联概念的建立》，载《政治与法律》2009年第3期，第143～144页。

析、予以体系化的理论，其核心任务是解决行为与犯罪构成两者的关系问题。从外延上看，举凡犯罪概念、犯罪构成、犯罪构成的要件、排除犯罪的事由以及犯罪的停止形态、共同犯罪等所谓修正的犯罪构成皆属于犯罪论的范畴。在我国刑法体系下，判断行为是否齐备犯罪构成的四个要件（犯罪客体要件、犯罪客观要件、犯罪主体要件、犯罪主观要件），从而符合某种犯罪构成，就成为犯罪论的核心内容。

刑罚是刑法规定的由国家审判机关依法对犯罪人适用的限制或剥夺其某种权益的强制性制裁方法，是犯罪的法律后果。刑罚论即是探讨抽象之刑罚目的及刑法种类等议题之理论。其范围包括刑罚的基本观念（概念、目的、功能）、刑罚的配置原理、刑罚的体系、刑罚的裁量（量刑）以及刑罚的执行、免除、消灭等理论。

而罪数论所处理的问题有两个：一是犯罪的个数的判断，即行为究竟构成一个犯罪还是数个犯罪，即狭义的罪数论。二是在构成数个犯罪的情况下，如何科处刑罚，即犯罪竞合论。这里的“犯罪”是从犯罪构成的意义上说的，即行为究竟符合一个犯罪构成还是数个犯罪构成。犯几个罪是由符合的犯罪构成个数所决定的，符合几个犯罪构成就有几个罪。若经过犯罪构成的检验，行为最终可用一个犯罪构成完全充分地加以评价，则只构成一罪，根据基本的罪刑关系，便可确认其法定刑进而得出其处断刑与宣告刑，刑法的评价工作至此完成。若经过犯罪构成的检验，行为符合了数个犯罪构成，这种情况下，如何科处刑罚就成为问题，因为犯一罪，有一刑，是刑法的基本规定形式，而触犯数个犯罪构成的情况下并没有法定刑可引用。此时，就需要解决构成数罪（也就是符合数个犯罪构成）的情况下如何处罚的问题。

罪数论的上述两个问题性质并不相同。就其第一个问题即犯罪个数（符合的犯罪构成数目）的判断来说，不管是一行为触犯一个犯罪构成、一行为触犯数个犯罪构成，还是数行为触犯一个犯罪构成、数行为触犯数个犯罪构成，无不是具体的犯罪的成立阶段的问题，是行为与规范实现之间的关系问题，而行为与构成要件间合致性的检验无疑属于犯罪论的范畴。至于罪数论的第二个问题，即在行为符合数个犯罪构成的情况下，如何处罚，并非犯罪论所能解决的问题。因为此时的难点是构成数罪（也就是符合数个犯罪构成）的情况下无法直接从刑法规定中获得其法律效果，这已不是以解决行为与犯罪构成两者的关系问题为核心任务的犯罪论所能解决的问题。因为此时触犯数罪（即数个构成要件的违反）已然确定，待解决的问题是刑罚到底如何科处，当然应考量刑罚的设置原理、刑罚的目的、功能、刑罚的量定等理论，因而属于刑罚论的范畴。

因此，罪数论双重地位说中的二元论是可取的，至于罪数论双重地位说中的中间论，其实质立场与二元论是相同的，只是好像不如二元论清楚而明快，在说理上也不如后者深入。

（二）犯罪竞合论属于刑罚论的范畴

如前所述，犯罪的竞合并非犯罪论的问题而属于刑罚论的领域。需要特别澄清的是，认为竞合论属于犯罪论的观点以及认为竞合论具有双重地位的观点。这两种观点的核心依据是认为竞合论亦须处理行为实现复数构成要件的问题，就此而言属于犯罪（行为）论。笔者认为，这是一种仅从形式上得出的论断，并不具有说服力。

首先，犯罪竞合本身是以行为符合数个犯罪构成为前提的，因为若这一点没有确定的话，还不能称之为“竞合”，从而也就没有进入竞合论的范畴中。犯罪论是在检验行为与犯罪构成的合致性问题，既然已知其符合数个犯罪构成，就已经脱离了犯罪论的范畴。竞合论之结构虽然也涉及行为与构成要件之间的实现关系，但其重点在于分析其结构的特殊性以便合理地设置处罚的原则，而不在于判断行为实现了何种犯罪构成。例如，研究想象竞合犯的结构，重点在于“一个行为、数个犯罪构成”，而不在于行为到底符合哪个或哪些犯罪构成（这应当是犯罪论的内容）。因此，严格而论，正如我国台湾地区学者柯耀程所说：竞合论所处理者，并非行为与构成要件之认定问题，而是以已然存在的复数规范作为基础前提；如果行为所实现之构成要件，究竟为一个或数个，无从决定时，则尚不得谓属于竞合问题，此时仍旧是犯罪行为论处理的范围。竞合论既然以复数构成要件实现作为成立前提，则必须复数构成要件已然确实实现，方有进入竞合论范围处理之可能。①

其次，刑法中凡是以“……犯”为名的概念类型，如不作为犯、未遂犯以及集合犯、想象竞合犯等概念，在体系上属于犯罪论还是刑罚论的范畴，是从其与普通犯罪类型的特殊性或认定的难易程度出发来判断的。因为既然是一种犯罪类型，当然既有犯罪构成认定的问题也有刑罚量定的问题，但若因此就认为其既属于犯罪论又属于刑罚论，那所有的以“……犯”为名的概念类型岂不都既是犯罪论领域又是刑罚领域的问题？但这样的认定毫无意义。比如，未遂犯作为与既遂犯相对应的一种特殊犯罪类型，当然也有处罚的问题，但其特殊性就在于修正了普通的犯罪构成；若认定其属于未遂犯，则直接按照刑法总则和分则条文的规定裁量刑罚即可，刑罚的科处不成为问题，因而其定位是犯罪论。同样地，对于犯罪竞合如实质竞合来说，当然数个行为符合数个犯罪构成是其基本结构，但是这种行为与犯罪构成之间关系的判断与普通犯罪形态中行为与犯罪构成的判断并没有什么实质性的差别。在实质竞合中，真正的问题是符合数个犯罪构成后怎样处罚——因为刑法是以一罪一刑为基本形式作规定的，于是在数罪的情况下，如何处罚就成为问题，这也正是实质竞合的特殊之处。因此，从这种意义上说，犯罪竞合是刑罚论的问题而不是犯罪论的问题。

（三）对法律效果论的质疑

在竞合论的定位上，法律效果论也是一种有力的主张。但是，

① 柯耀程著：《刑法竞合论》，中国人民大学出版社2008年版，第19～20页。

在竞合论问题上，区分法律效果论与刑罚论果真有意义吗？笔者对此持否定态度，理由是：

首先，以大陆法系国家的立法体例为视角。在确定犯罪事实后，就要接着确定犯罪的刑事法律效果。由于大陆法系国家基本上采取刑罚与保安处分二元主义的立法模式，因此在这些国家中，犯罪的刑事法律效果就包括刑罚和保安处分两种。因此，“刑事法律效果”应是“刑罚”和“保安处分”的上位概念。从这一点上说，法律效果论并不等于刑罚论。

但是，二者总体上的差异并不意味着在所有的具体问题上区分二者就都有意义。各国关于犯罪竞合的立法规定，其内容无不是在处理触犯复数规范下如何科处刑罚的问题，并未涉及保安处分部分。可以说，在犯罪竞合领域，刑事法律效果指的就是刑罚，因而在竞合论问题上区分二者并没有实质意义，此其一。其二，法律效果论者认为：竞合论的核心问题是解决在复数构成要件被实现的情况下，如何确定其处罚的原则、种类和范围的问题。如果对复数构成要件实现的情况不能预先确认一个处理原则和刑度范围，则刑罚裁量所依据的裁量空间便不能确立，而无裁量空间存在，法官就根本无由为刑罚裁量。并认为，法律效果论所涉及的范围是刑罚法律效果种类、范围之界定，刑罚裁量论所涉及的范围是刑罚法律效果种类及范围之确认。① 但是，通观各国刑法理论，刑事法律效果这部分的内容仍是由刑罚论和保安处分论两大部分组成，即刑事法律效果论=刑罚论+保安处分论，除却刑罚论和保安处分论的内容，“刑事法律效果论”并没有特别的内容。各国刑法理论也没有专门地在法律效果部分阐释“刑罚法律效果种类、范围之界定”的问题。况且，刑罚裁量论并不就等于刑罚论，除了刑罚裁量论外，刑罚论还包括刑罚的基本观念、设置原理、体系种类、执行及免除、

① 柯耀程著：《刑法竞合论》，中国人民大学出版社2008年版，第20～25页。

消灭等问题。因此，“刑罚法律效果种类、范围之界定”与“刑罚法律效果种类及范围之确认”皆可包含于刑罚论之中。从而，即使是在大陆法系国家，在竞合论定位问题上法律效果论与刑罚论并没有什么实质性的差别。

其次，立足于我国刑法体系之语境。与大陆法系不同，我国刑法并未采取刑罚与保安处分的二元立法体例，犯罪的刑事法律后果即为刑罚（包括判处刑罚和免除刑罚），刑事法律效果论基本上就等于刑罚论。因此，在我国刑法体系的语境下，区分法律效果论与刑罚论本身就没有意义。

总之，不管是在大陆法系国家还是我国刑法中，在犯罪竞合论的定位问题上，将法律效果论与刑罚论明确区分的做法并没有什么实质意义。

三、结语

犯罪竞合论是一行为人的行为（实质上）符合数个犯罪构成时，在刑法上如何处罚的刑法理论，与罪数论含义并非完全等同。因为罪数论要处理的问题有两个，一是行为究竟构成几个犯罪，也就是符合几个犯罪构成的问题，是为狭义的罪数论；二是在构成数个犯罪及行为符合数个犯罪构成的情况下，如何处罚的问题，即犯罪竞合论。狭义的罪数论处理行为与规范实现之间的关系问题，是行为与犯罪构成之间符合性的检验，无疑属于犯罪论的领域。而犯罪竞合论以行为符合数个犯罪构成为前提，虽然也涉及行为与构成要件实现关系的认定，但这只是犯罪竞合的前提而非本体；犯罪竞合论的真正问题是在行为符合数个犯罪构成的情况下如何处罚，因而应归入刑罚论的范畴。

第二章　行为单数与行为复数

第一节　行为单复数研究的意义与路径

一、行为单复数研究的意义

数个行为可能实现数个犯罪构成，一个行为也可能实现数个犯罪构成，如想象竞合犯是一行为触犯数罪名的犯罪形态；而其他竞合形态（包括传统罪数论中的牵连犯、连续犯、同种数罪以及异种数罪）皆以具备数个行为为特征。行为的不同样态、个数必然会影响到刑法评价的结果。因此，犯罪竞合论首先应判断的是行为人的单一动作或多数动作究竟是行为单数还是行为复数。若是判断为行为单数，则只可能是想象竞合犯；若是判断为行为复数，则只可能是牵连犯、连续犯、同种数罪或异种数罪。在区分想象竞合犯与其他竞合形态的体系中，实现数个犯罪构成的，究竟是一个行为还是数个行为，决定了不同的竞合形态、不同的处理原则，在最后的法律效果上差异显著。因此，行为单数与行为复数的确定是整个犯罪竞合理论的逻辑起点。① 若是不能首先确定实现数个犯罪构成

① ［德］汉斯·海因里希·耶赛克、托马斯·魏根特著：《德国刑法教科书》（总论），徐久生译，中国法制出版社2001年版，第861页。

的到底是行为单数还是行为复数，则根本不可能进行具体竞合形态的认定。

行为单复数和犯罪单复数是不同的概念。犯罪单数和犯罪复数是德国刑法典所使用的法律术语，犯罪单数指的是想象竞合，犯罪复数就是实质竞合。行为单复数的概念具有独立于犯罪单复数概念的意义：行为人可能以一行为触犯一罪，也可能以一行为触犯数罪，比如扔一颗炸弹可能炸死一个人，构成单纯一罪或者法规竞合，也可能炸死数个人外加数辆汽车，构成想象竞合犯；同样地，行为人以数行为触犯数罪虽然是常见的形态，但也可能以数行为最终仅触犯一罪。因此，确定了行为的单复数，不等于确定了犯罪的单复数。进一步来说，行为单数并非成立犯罪单数的充分条件，在行为单数的情况下，还需实质上实现了数个构成要件，即只有在实现的数个不法构成要件间不属于法规竞合的情况，才成立犯罪单数的想象竞合；同样地，行为复数是犯罪复数的必要但非充分条件，在行为复数的情况下，还需检验是否属于不纯正竞合的共罚的事前事后行为，在得出否定的回答后，才可以认定是犯罪复数的实质竞合。

二、行为单复数研究的路径

所谓行为单复数研究的路径，指的是判断行为单数和行为复数的途径与方法。

在竞合形态中，属于行为单数的仅是想象竞合犯，其他竞合形态均为行为复数的情况。从这个意义上说，行为复数的判断当然具有重要的意义。但是，行为复数的判断必先依赖于行为单数的判断，也就是说，不属于行为单数的情况，即为行为复数；判断出哪些情况属于行为单数，反向推知，则剩下的情况即属行为复数。从而行为单数的判断就具有了两层意义：一是行为单数是想象竞合犯的成立要件之一，只有判断出是否属于行为单数，才能确定犯罪形态是否是想象竞合犯；二是行为单数与行为复数相对应，只有判断出哪些情况属于行为单数，才能相应地确定哪些情况属于行为复数。由此可见，在行为个数的判断中，行为单数的判断具有极为重要的意义，行为个数的确定，首先应判断的是何种情况属于行为单数；在行为单数确定了之后，行为复数相应地也得以确定。因此，本章着重对行为单数的判断进行专门的探讨。

第二节 行为单数判断的学说及其评析

行为的最基本元素是单一的身体动作（或活动）。那么，对于行为人的单一动作或多数动作，哪些可以视为行为单数呢？对此，各国刑法理论与实务界存在种种不同的学说与做法。

一、行为单数判断的学说诸相

（一）德国刑法中的行为单数

德国在学理上对行为单复数的判断存在各种不同的见解。并且，由于想象竞合犯中的“一行为”具有特别重要的意义，德国学者除了在一般意义上探讨行为单复数之外，还在想象竞合犯中特别讨论想象竞合犯的行为单数判断问题。

1. 一般意义上行为单数的类型

德国刑法理论界对行为单数类型的认定并非完全一致，但大致都在讨论以下几种类型的行为单数：

（1）自然意义的一行为。按照德国刑法通说，一个意志行动实现一个行为决定，即所谓自然意义的一个行为。① 例如，行为人开一枪，打死一个人；丢一块石头，打伤一个人；等等。此种单一行为，从自然的客观观察中均认定仅有一个动作而已，在自然意义

① 黄荣坚著：《基础刑法学》（下），元照出版公司2006年版，第933页。

下，具有完全不可分割的性质，在法律评价上，恒属单一行为，而不管侵害法益的种类，也不问侵害法益的数量。由此，一枪打死一个人当然是典型的自然意义的一行为；一枪打死数人，或一枪既打死了人也打伤了人，同样也是自然意义的一行为。也就是说，自然意义的一行为，即使造成数个不同法益的侵害结果，即使所侵害的法益是数个高度个人性的法益，在刑法评价上也不能再予以切割。

判断自然意义的一行为之存在，取决的重点在于身体各别活动的数目，而不在于同时性。所以，当行为人在同一时间分别用左右手射杀不同之人，或窃取数项物品，则从自然意义的一行为观点而言，是两个行为。只是须进一步探讨，能否将此种自然意义上的两行为总结成一个“自然的行为单数”。①

（2）自然的行为单数②。根据德国实务见解，所谓自然的行为单数，是指“数个在本身上是相同种类的举止方式，由一个统一的意志承载，由于它们在空间上时间上的关联是如此密切地相互连接，以至于整个行为在客观上对于一个第三者从自然的观察方式角度看认为是一个一体的、属于一起的行为”。③ 据此，自然的行为单数的判断标准是：①出于单一的犯罪意思；②实施数个同种类的行为；③个别举动之间具有紧密的时间与空间关系；④客观上，自

① 转引自陈志辉：《牵连犯与连续犯废除后之犯罪竞合问题——从行为单数与行为复数谈起》，载《月旦法学杂志》2005 年第 7 期，第 11 页。

② 是否承认自然的行为单数，在德国学界仍有争论。但是，即便是反对自然的行为单数者，也往往接纳其下位的两种主要类型（反复性和相续性实现构成要件的情况），只是把它们列入构成要件的行为单数概念之下。而不管将其单列为自然的行为单数还是列入构成要件的行为单数的范畴，其法律效果完全是一样的，所不同的实际上只是其定位问题。

③ ［德］约翰内斯·韦塞尔斯著：《德国刑法总论》，李昌珂译，法律出版社 2008 年版，第 465 页。

第三人角度观察亦可辨别出行为之间的相关性。① 自然的行为单数主要包括以下两种类型：

第一，反复性的构成要件实现行为。所谓反复性的构成要件实现，即在实现一个整体犯罪的历程中，所有个别的行为形成一个单一行为，此种事实情状中，每一个个别行为皆为一个构成要件该当的行为，而就整个事件历程观察，具有完整性关系，故将其视为单一行为。例如，殴打被害人数拳，也只是被看做一个行为而论以一个故意伤害罪，而不会以殴打的拳数作为认定行为数的标准。此外，一连串辱骂被害人数句、砸坏被害人数件东西等情形，皆属于此种单一行为。此等情形，行为人的多数动作只是加剧了对同一法益的侵害，对法益的破坏只是意味着数量的增加，但仍在同质的范围内。

第二，相续性的构成要件实现行为。行为人历经不同的行为阶段，最后达到实现犯罪结果的目的，即是相续性实现构成要件的情形。在此种情形中，多次行动中的每一次并非各自独立，而是整合构成一个完整的行为。例如，行为人朝被害人开枪未中，立刻持刀朝被害人砍去，枪杀和刀砍都是为了达到杀死被害人目的的相续性行为；护士为了毒杀被害人，在一个月内多次在其注射药剂内下毒，最终导致被害人毒发身亡，多次下毒也是为了达到杀死被害人而进行的相续性行为。

自然的行为单数的概念，在侵害的是同一个人的同一个法益的情况下当然成立。但是，如果涉及不同法益主体的侵害时，是否依然成立自然的行为单数？德国学界对此还存有争议，但普遍的共识是只有在违反财产犯罪时才能成立自然的行为单数，侵害高度个人化的法益时则否。因此，若在相同的情况下，以近似的方式伤害数人，并不能成立自然的行为单数。

---

① 转引自林钰雄著：《新刑法总则》，元照出版公司 2006 年版，第 560 页。

对于德国实务所主张的上述“自然的行为单数”，并不为一般学者所接受。学者们多认为，自然的行为单数仅借助于所谓自然的思维方式，显然太过于恣意，因而有越来越多的见解倾向于法规范的判断方式，认为此种“自然的行为单数”形态完全能被“法律上的行为单数”所包括。事实上，对于“自然的行为单数”中的反复性或相续性地实行犯罪的情形，学者们多将其列入“法律上的行为单数”之中。①

（3）构成要件的行为单数。构成要件的行为单数即是构成要件的一行为，指数个自然概念上的意思活动，可能因为不法构成要件的规定，而将其视为一个法律及社会的评价单元，而形成构成要件的行为单数。② 当构成要件所规定的行为不论是在概念上还是事实上系以数个个别行为为前提时，就属于构成要件的行为单数。③按构成要件行为单数理论，每一个法定构成要件的最低相关条件的实行都可认为包容在一个行为个体之中，即使从该实行过程可能分解为许多组合的部分，也不影响其单一构成要件行为单数的性质。这种类型的行为单数包括：

第一，复行为犯的行为单数。复行为犯是指在一个独立构成要件中兼含有数个行为的犯罪，如抢劫罪。复行为犯在概念上至少包含两个纯自然意义的一行为，如抢劫罪，一个是暴力、胁迫或其他手段的强制行为，另一个是夺取财物的行为，但是在法律上被融合

---

① 参见［德］汉斯·海因里希·耶赛克、托马斯·魏根特著：《德国刑法教科书》（总论），徐久生译，中国法制出版社2001年版，第865页；林钰雄：《新刑法总则》，元照出版公司2006年版，第559页；陈志辉：《牵连犯与连续犯废除后之犯罪竞合问题——从行为单数与行为复数谈起》，载《月旦法学杂志》2005年第7期，第16～17页。

② 转引自林山田著：《刑法通论》（下册），作者发行2005年版，第266页。

③ 陈志辉：《牵连犯与连续犯废除后之犯罪竞合问题——从行为单数与行为复数谈起》，载《月旦法学杂志》2005年第7期，第12页。

成一个抢劫罪构成要件的行为，构成一个构成要件的行为单数。

第二，结合犯的行为单数。结合犯是指结合两个单一构成要件而成立一罪的犯罪。结合犯的行为显然包括不同的行为要素、数个自然意义上的一行为，但只有实施完所有的行为要素，才能实现结合犯的不法构成要件，因而在法的评价上仍旧视为一个完整的行为。

第三，继续犯的行为单数。继续犯的构成要件行为创设出违法状态，且继续地维持此种违法状态。所有的服务于违法状态的成立或保持的行为动作，都是“一个”行为的组成部分。①

第四，意图犯的行为单数。意图犯是行为人具有超出内心倾向的犯罪，依照德国实务界和学界通说的看法，当行为人随后实现其意图时，其实现意图之行为与原来出于特定意图所为之构成要件合致行为，仅被评价成构成要件的一行为。② 例如，德国学者耶塞克即认为，即使第二个行为在构成要件中只是作为主观不法要素（故意）出现，在实施该行为的情况下应当认为是一个行为。③ 典型例子是行为人意图供行使之用而伪造货币，后使用该伪造货币，仍属于构成要件的行为单数。

第五，具有整体概念的犯罪的行为单数。对于这类犯罪来说，立法者所描述、预设的构成要件该当行为本身，就具有不断反复实施的特性。这些构成要件虽然没有要求具备数个单独行为，但在出现了数个单独行为的情况下将他们概括规定，因而反复实施行为被概括地当成一个构成要件行为。比如间谍活动、伪造货币等。

---

① ［德］约翰内斯·韦塞尔斯著：《德国刑法总论 I——犯罪论》，李昌珂译，法律出版社 2008 年版，第 464 页。

② 转引自陈志辉：《牵连犯与连续犯废除后之犯罪竞合问题——从行为单数与行为复数谈起》，载《月旦法学杂志》2005 年第 7 期，第 13 页。

③ ［德］汉斯·海因里希·耶赛克、托马斯·魏根特著：《德国刑法教科书》（总论），徐久生译，中国法制出版社 2001 年版，第 864 页。

（4）连续行为（法律上的行为单数）。连续行为是法律上的行为单数之一个特别的表现形式。其由司法判决发展而来，目的是通过认为一个“法律上的行为单数”来避免强制对所有具体的行为进行确认和避免强制适用实质竞合的有关规定。也就是说，对利用同一个机会或与同一个机会有关之机会不间断地、间歇地，一而再再而三地实现同一个构成要件的情况，由于数个同质行为具有一系列相同的特点，如相同的罪责形式，针对同一个法益，相同的行为方式，共同利用同一个机会等，法律上将其视为一个行为。①

根据德国的有关学说，成立连续行为应符合以下条件：②

第一，行为方式在客观上具有同种性（客观行为不法的单一性）。连续行为中的个别行为，其实行形式必须具备客观上的同类性，必须为同质之行为。连续关系可能存在于一般盗窃和严重盗窃之间，却不存在于盗窃和侵吞之间。

第二，具体的行为必须侵害相同的法益（结果不法的单一性）。依德国通说，连续关系的数行为系反复侵害相同法益，至于所侵害法益之归属体是同一还是不同，均不影响其相同性的认定。但是，若侵害分属于属人之专属法益（生命、身体、自由、名誉、性之自我决定权与其他决定权），不能成立连续犯。

第三，具有连续关系的数行为必须具有故意的单一性（人的行为不法的单一性）。判例要求一个真正的概括故意，该概括故意必须包括地点、时间、被害人和行为方式等重要特征的行为的整体结果。但是，持反对见解的客观理论就没有这种限制。根据客观理论，即使是过失犯罪的情况，也有成立连续关系的可能。

此种整合连续行为而成为一个评价整体的方式，无异于是一种

---

① ［德］李斯特著：《德国刑法教科书》，徐久生译，法律出版社 2006 年版，第 387 页。

② 参见［德］汉斯·海因里希·耶赛克、托马斯·魏根特著：《德国刑法教科书》（总论），徐久生译，中国法制出版社 2001 年版，第870～872 页。

法的拟制。[①] 但是，连续行为不论从自然的观察方式角度看还是从构成要件的评价角度看，均属各别独立的一系列行为，此种拟制并无坚实的法理基础存在。从而，连续的相互关系这个概念遭到越来越多的批评，它被认为在法治国思想上值得怀疑，从刑事政策上看也存在问题。[②] 考虑到反对承认连续行为作为"法律上行为单数"的所有理由，德国联邦最高法院刑事大法庭的一项裁决（BGHSt 40，138）明确指出：数个皆能各别该当犯罪构成要件之行为方式，其能成立连续犯之前提条件，系为符合事实地掌握其所实现之不法及其罪责，若以犯罪构成要件作为衡量标准则成立连续犯应是不可避免之结果。就此而言，刑法第 173 条（亲属间的性交）、第 174 条（对被保护人的性滥用）、第 176 条（对儿童的性滥用）、第 263 条（诈骗）所规定之构成要件皆无成立连续犯之可能。[③] 也就是说，只有根据实质的理解所实现的不法和罪责之构成要件无法避免连续关系时，才准许适用连续关系。德国最高法院迄今还没有找到满足这项要件的构成要件，反而明确地指出许多构成要件不适用连续关系，如强制性交罪、伤害罪、窃盗罪、恐吓取财罪、强盗罪、诈欺罪、背信罪、贿赂罪、行贿罪等。[④] 德国实务和理论界认为，虽然联邦最高法院仍未完全放弃连续犯之适用，但"实际上宣判它丧失了意义"，[⑤]"依赖连续关系的法形态只属于较少的例外

---

① 柯耀程著：《刑法竞合论》，中国人民大学出版社 2008 年版，第 75 页。

② ［德］冈特·施特拉腾韦特、洛塔尔·库伦著：《刑法总论 I ——犯罪论》，杨萌译，法律出版社 2006 年版，第 432 页。

③ 转引自何赖杰：《论连续犯适用范围之极端限缩，乃至几近于废除》，载《刑事法杂志》第 39 卷第 5 期，第 26 页。

④ 陈志辉：《牵连犯与连续犯废除后之犯罪竞合问题——从行为单数与行为复数谈起》，载《月旦法学杂志》2005 年第 7 期，第 20 页。

⑤ ［德］约翰内斯·韦塞尔斯著：《德国刑法总论》，李昌珂译，法律出版社 2008 年版，第 469 页。

情况，将来只能对连续行为作最狭义的理解。”①

2. 想象竞合犯中的行为单数

德国通说认为，想象竞合犯不要求在相竞合的构成要件中作为前提条件的行为完全一致，在相竞合的刑法法规的客观构成要件中的“实行行为的部分一致性”即足以成立，② 即如果数个罪名于该行为的某部分重叠时，也构成想象竞合。③ 例如，实施强盗罪中的暴力行为，暴力行为同时符合伤害罪的构成要件，尽管强盗行为和伤害行为并非完全等同，但在使用暴力方面是完全重叠的，仍成立伤害罪与强盗罪的想象竞合犯。

实行行为局部同一经常发生的情况，便是状态犯与继续犯竞合的情形。普遍的共识是，如果实现他罪的构成要件是为了要实施构成继续犯的违法行为（例如，行为人为了强行进入他人住宅，将挡在门口的屋主打倒，或是为了侵入住宅而毁损门锁），亦即行为人是为了建构或是维持继续犯的违法状态而实施了他罪，则此时他罪的实行行为与继续犯的实行行为便有所重叠，而应肯定“行为单数”之成立，进而依想象竞合之例处断。但是，如果行为人只是在违法状态的继续中偶然顺便地另行起意犯下他罪（例如，行为人原本计划潜入他人住宅偷窃财物，但潜入后发现并没有值钱的东西可偷，便将门窗踹破以泄愤），则应成立实质竞合（数罪并罚）的关系。④

---

① ［德］汉斯·海因里希·耶赛克、托马斯·魏根特著：《德国刑法教科书》（总论），徐久生译，中国法制出版社 2001 年版，第 869 页。

② ［德］汉斯·海因里希·耶赛克、托马斯·魏根特著：《德国刑法教科书》（总论），徐久生译，中国法制出版社 2001 年版，第 877 页。

③ ［德］冈特·施特拉腾韦特、洛塔尔·库伦著：《刑法总论 I——犯罪论》，杨萌译，法律出版社 2006 年版，第 442 页。

④ 参见［德］约翰内斯·韦塞尔斯著：《德国刑法总论》，李昌珂译，法律出版社 2008 年版，第 473 页；蔡圣伟：《开门揖盗——论侵入建物罪与窃盗罪的竞合关系（下）》，载《台湾本土法学》2007 年第 6 期，第 158 页。

至于为何将想象竞合之“同一行为”界定在“实施行为之完全等同或局部同一”，其理由在于想象竞合存在的目的，主要在于避免对于同一不法要素予以过度评价，而立法者将不法要素连接到“行为”上，牵涉的是所实施之不法行为的完全等同或部分等同，如此才能获得想象竞合从一重处断的评价。①

（二）日本刑法中的“一个行为”

与德国刑法不同的是，日本刑法一般并不单独讨论行为单数，而是在想象竞合犯的成立条件中讨论“一行为”的含义。想象竞合犯是指一行为触犯两个以上罪名的场合。行为人所触犯的数罪必须出于一个行为，才有可能成立想象竞合犯；若为数个行为，则只可能是牵连犯或并合罪（并罚数罪）。因此，是否出于一个行为，是想象竞合犯与牵连犯、并合罪的关键区别。例如，侵入他人住宅盗窃，若将侵入住宅与盗窃看做一个行为，则成立侵入住宅罪和窃盗罪的想象竞合犯。若将侵入住宅与窃盗看做两个行为，且具有牵连关系时，则应成立牵连犯；不具有牵连关系时，则应数罪并罚。

1. “一个行为”的判断标准

（1）实务之立场。关于行为一个性的判断标准，向来有以下几种学说：一是以自然观察来判断的见解；二是根据社会见解来判断的见解；三是以构成要件为基准的见解等。但是，最高法院大法庭1974年5月29日的判决变更了迄至当时为止的、关于行为个数判决的意见，认为：“所谓的一个行为，应当是在撇开法律评价、抛弃构成要件的自然观察的基础上，认为行为人的动态在社会见解上被评价为一个行为的场合。”② 其对于道路交通法上的醉酒驾驶罪与业务上过失致死伤罪的数罪并罚关系作出的判示是：“驾驶汽

① 陈志辉：《牵连犯与连续犯废除后之犯罪竞合问题——从行为单数与行为复数谈起》，载《月旦法学杂志》2005年第7期，第22页。

② ［日］大谷实著：《刑法讲义总论》，黎宏译，中国人民大学出版社2008年版，第442页。

车的行为，其形态通常伴有时间的继续和场所的移动，而在其过程中导致人身事故发生的行为是驾驶行为继续中一时点一场所的现象，从前述自然的观察来看，与是否在醉酒状态进行了驾驶是构成引起事故的过失的内容无关，两者在社会的见解上应该被评价为不同的东西，不能把它们视为一个东西。”因此，认为是醉酒驾驶罪和业务上过失致死罪的并合罪。① 而根据判例的这种见解，无照驾车和酒后驾车、无照驾车和驾驶超过检查期限的车辆之间的关系都从以往的并合罪变成了观念竞合。

（2）理论之见解。由实务上的判例所主张的上述“结合自然的观察、社会的观念”来判断行为一个性的见解，虽然得到了不少学者的赞同，但是理论界对此并非完全没有异议：从来学说上观念的竞合中“一个行为”的判断基准，是以自然的观察、社会的见解为前提，加以法的、规范的制约。② 不同于实务的立场，这是一种综合判断，即以自然的、社会的判断为基础，而且加以从构成要件的观点所作的规范判断的综合判断。例如，川端博指出：判例是舍去构成要件的观点决定行为的个数的，然而在这一点上是有疑问的，是观念的竞合或者认为是并合罪，不应当离开对行为的构成要件的评价来考虑，而应当根据其构成要件的评价与“科刑”的均衡这一观点来决定。例如，不法持有枪支的人使用枪支实施强盗的场合，是否认为不法持有枪支与强盗是基于一个行为实施的，不一定能说是明确的。这样的场合仅仅根据自然的理解来解决是困难

① 当然，也有学者不同意大法庭这种一刀切的结论，认为在醉酒驾驶成为过失的内容的场合下，由于以该醉酒驾驶这一社会一般观念的一个行为可能触犯醉酒驾驶罪与业务上过失致死伤罪的规范，所以应该肯定属于观念的竞合。参见［日］野村稔著：《刑法总论》，全理其、何力译，法律出版社2001年版，第457页。但是，不管是哪种结论，无不是以自然的、社会的一般观念作为行为一个性的判断标准。

② 参见［日］只木诚著：《罪数论的研究》，成文堂2004年版，第260页。

的，符合怎样的“构成要件”的行为就成为问题。这里“规范的判断”自然成为必要。[①] 大塚仁也认为，判例的立场基本上是妥当的，但“一个行为”的意义，除了做这种自然的理解就够了的场合外，从与“触犯两个以上的罪名”这一观念竞合的另一要件的关联来看，有的场合也需要某种程度的规范性理解。[②]

2. 构成要件行为的重合（构成要件行为的合一性）

日本多数学者认为，在两罪的构成要件行为重合的限度内，可以说行为是一个，从而成立观念的竞合。例如，无照且酒后驾车的场合，无照驾驶行为和酒后驾驶行为，虽然从自然的观察上看不同，但从社会观察上看，二者是重合的，所以在此范围内是一个行为，是无照驾驶罪与酒后驾驶罪的观念的竞合。但是，枪支的不法持有人，用其枪支实施强盗，是一个行为吗？如果认为是一个行为从而将这样的两罪认定为观念的竞合是不妥当的。那么，具有怎样程度的重合可以看做一个行为呢？学说上有以下几种观点：

（1）主要部分合致说，认为数个构成要件的各个自然的行为至少要在其主要部分上互相重合。例如，川端博认为，构成要件的行为如果在主要部分上重合，那么它们实质上评价为一个行为是应该的，因为在行为的评价中有重复，所以观念的竞合作一罪处断，根据这一观点，主要部分合致说是最妥当的。[③] 根据这种观点，关于上述的例子，如果行为人以前购买了手枪放在自己家中，其后才产生了强盗的意思，使用该手枪强盗时，还不能说它们在主要部分上相一致；但是，如果行为人以强盗时使用的目的购买了手枪，用它进行了强盗时，就可以认为各行为在主要部分互相重合。

---

① ［日］川端博著：《刑法总论讲义》，成文堂 1997 年版，第 617～618 页。

② ［日］大塚仁著：《刑法概说》（总论），冯军译，中国人民大学出版社 2003 年版，第 421 页。

③ ［日］川端博著：《刑法总论讲义》，成文堂 1997 年版，第 619 页。

（2）一部合致说，认为各个自然行为只要在某一点上重合，就可以说该重合的部分是一个行为。

（3）着手一体说，认为在实行着手阶段，各自然行为必须重合。大谷实即持此种学说，他认为，刑法将观念竞合从并合罪中区分出来，作为科刑一罪的理由在于：观念竞合虽然是数罪，但在处罚上可以看做一罪。这么说来，将只存在一个犯罪的实行的场合，也就是实行的着手重合的时候，评价为一罪的见解是妥当的。[①]

（4）分割不能说，认为必须是不得不将一方的行为当做另一方的行为、实施一种行为不实施另一种行为是不可能的，分割开来就不可能来考虑的情况，才能说行为是一个。

一般认为，一部合致说主张各构成要件行为仅须在任何一点有重合即可，过分扩大了一个行为的范围，相应地使观念竞合的范围过分扩大，不当给予犯人利益之嫌。着手一体说要求着手时间的一致缺乏根据，并且也有缩小观念竞合范围之嫌。依照分割不能说，分割是否可能在具体的状况中是由行为人的选择可能性来决定的，其判断的标准是暧昧的。从而，总体来说，主要部分合致说还是为多数学者所主张。那么，何谓主要部分呢？一般而言，构成要件行为之本质的部分，而为形成构成要件之特征所不可或缺者，即为其主要部分。[②] 例如，行为人持伪造的文书向被害人诈取财物，触犯了伪造文书罪和诈骗罪。诈骗罪之构成要件行为，除使用诈术外，还有交付之财产处分行为，就诈骗罪的犯罪构成要件观察，使用诈术乃是诈骗罪构成要件行为的本质部分，系形成诈骗罪构成要件之特征所不可或缺者。因此，两者在主要部分上重合，在此范围内是一个行为，构成伪造文书罪和诈骗罪的观念竞合。根据主要部分合

① ［日］大谷实著：《刑法讲义总论》，黎宏译，中国人民大学出版社2008年版，第443页。

② ［日］福田平、大塚仁著：《刑法总论》，有斐阁1979年版，第423页。

致说，在无照驾驶开始后，随即超载的场合，成立无照驾驶罪和乘车违反罪，作为两罪内容的驾驶汽车行为大部分重合，因而仍然是同一的行为。而在无照驾驶的途中，若干的距离超速的场合，触犯了无照驾驶罪和速度违反罪，但是作为两罪内容的驾驶汽车行为仅是一部分重合，不能被视为一个行为。[①]

另有学者将一行为分为“应视为一行为”和“得视为一行为”。前者指一刀、一拳这样无法再细分的一个行为。后者是指对行为人之动态加以个别观察虽难以认定为一个行为，但将其全体合并观察时，仍然可以视为一个行为的场合，具体来说，包括：(1) 各实行行为间具有“若无A即无B，若无B即无A”这样的“实行行为的相互依存性”的关系的场合。例如，以诈术手段，使人交付赃物，成立诈欺罪与收受赃物罪的情形，如无诈欺行为，即无收受赃物之行为；反之，如无收受赃物行为，也无诈欺行为，两者即具有相互依存性。(2) 各实行行为间具有合致性的“实行行为的合一性”的场合。这指的是上述构成要件该当行为重合的情形。(3) 各实行行为间具有“实行行为的发展的结合性”的关系的场合。例如，行为人拟强奸妇女并强取其所持物品，遂强扼其脖子并致其失神，而将被害人的自行车藏匿起来，强奸后，恐犯罪被发觉，起意将其杀害的情形，即具有行为发展之结合性，得成立强盗强奸罪与强盗杀人罪的观念竞合。[②] 该学者的这种分类也是可以的，但是第一、三种情况下所举的事例，“作为行为的主要部分重合的场合来理解是可能的”，[③] 如诈欺罪包括行使诈术和收受财物，

---

① 参见［日］小林充：《罪数论的基本》，载《现代刑事法》第6卷4号，第46~47页。

② 参见［日］大塚仁等编：《大注解刑法》（第4卷），青林书院2005年版，第195页。

③ 参见［日］小林充：《罪数论的基本》，载《现代刑事法》第6卷4号，第48页。

其中收受赃物的行为是构成诈欺罪不可或缺的组成部分，可以看做两者在主要部分上是重合的。因而将这两种情况与实行行为的合一性（即行为的重合）分开并无太大的意义。

（三）我国台湾地区“刑法”中的行为单数

1．法律—社会意义相结合的判断标准

这主要是借鉴了德国通说的观点，认为行为单数除自然意义的一行为外，还有自然的行为单数、构成要件的行为单数和连续行为。林山田教授即是这种见解的提倡者，他认为，在行为单数或行为复数的判断中，由于具有刑法意义的行为往往是由一连串的物理动作所组成的特定社会意义单元，故必须就法律及社会的意义关系，从事判断自外形上可分割的个别动作，在刑法评价上属于行为单数抑或属于行为复数。据此，刑法学说上的行为单数可区分为：单纯的行为单数（指自然意义的一行为）、自然的行为单数、法的行为单数（包括构成要件的行为单数和连续行为）。[①]

2．自然观察与社会通念的判断标准

这种观点主要是受日本实务与学说的影响，以甘添贵教授为代表。他认为，想象竞合犯的一个行为，乃系事实存在之自然行为，经法的评价后，始成为各构成要件之行为，并分别成立数罪名。因此，如何认识该自然行为，亦即评价自然行为之标准，自应从自然之观点以及社会通念之立场，加以决定。

3．单一行为决意标准

我国台湾地区实务上是以行为之决意数作为判断行为数的标准，如果行为是因为另行起意而来，则非一行为，而是数行为。黄荣坚教授是这种主张的代表者。他认为，多数的行为决定都有其独立的支配利益侵害与否的作用，因此刑法对于人类每一次的

---

① 林山田著：《刑法通论》（下），作者发行2005年版，第263～264页。

意志发动与控制，就有一次的期待，从而相对应的，刑法对于行为人多次的违法决定自然应该有多数的评价。基于此，决定行为数的唯一标准就是行为人的行为决意：一个行为决意（冲动）所支配之身体现象是一个行为，另行起意所生之身体现象是另外一个行为。①

4．主观一致性与客观一致性标准

这是柯耀程教授的主张。他指出，行为是存在面的产物，仅能从存在面的观察来判断，无法以任何规范性的方式来决定存在面的现象，否则存在面的现象就会变成假象而失真。从逻辑的思维要求来省思，存在面之行为到底是一个或是数个，可以作为判断基准者，当然也只能是行为的本身，既然行为是行为人主客观的产物，则行为的形象自然需要从主观与客观上来观察，基本上，得以判断单一行为者应具备行为的一致性，此一一致性关系又可以从主观一致性与客观形式的一致性来判断。主观一致性指主观的单一性，是确认行为单一性的基础。行为人所为之行为，如果其主观引导的意思，仅有单纯的一个侵害事实的意思，则主观犯意仅有一个。行为人主观的作用，而以行为形式反应于外，则行为实行之后，外在行为之客观一致性，乃刑法判断行为事实单一与否的客观标准，也可称得上是决定性之标准。客观一致性可以从行为手段是否维持同类性、行为客观情状是否具有不变性、行为的侵害关系是否具有一致性三个思维角度来检讨。②

5．一个意思决定与一个因果流程标准

许玉秀教授对一行为进行了重新的界定，提出所谓自然意义的、经验上一行为，也就是人的一个意思决定所启动的一个复合的

① 黄荣坚著：《基础刑法学》（下），元照出版公司 2006 年版，第 935、938 页。

② 柯耀程著：《刑法总论讲义——修正法篇》（下），元照出版公司 2006 年版，第 82～94 页。

因果流程，一个复合的因果流程是由数个彼此相互联结而具有方法目的、原因结果或持续复制关系的因果事实所构成。这个一行为是一个社会经验认知上的一行为；必须自社会经验认知定义行为数与罪数。(1) 一个意思决定是认定一行为的必要条件，而之所以可以认定行为人只有一个意思决定，则是因为意思决定的对象是社会生活经验认知的一个事实。(2) 一个因果流程，一个归责，也就是一罪，因此如果确立一行为一罪的原则，则符合对于一个因果流程的认知而造成外界变动的人的身体举止，就是一个行为。基本上，所有的因果流程都是一连串复合的因果事实，若干具有方法目的、原因结果或持续重复的事实彼此相互联结，当然属于复合的因果流程。而复合的因果流程之所以必须看做一个因果流程，是因为流程中的各个因果事实彼此成为一个整体，没有独立评价的意义。①

（四）我国大陆地区刑法中的"一行为"

在我国大陆地区刑法学界，关于一行为的判断标准，有如下几种学说：

1. 基于社会通念的见解

这种观点认为，所谓一个行为，是指在社会生活的意义上被评价为一个的行为，即只要从通常的意义上观察属于一行为的，即为一行为。这种观点，是我国多数权威教材中所持的观点。②

---

① 参见许玉秀：《一罪与数罪之分界——自然的行为概念》，载《台湾本土法学》2003 年第 5 期，第 92 ~ 94 页；许玉秀：《一罪与数罪的理论与实践（二)》，载《台湾本土法学》2006 年第 2 期，第 191 ~ 193 页。

② 参见高铭暄、马克昌主编：《刑法学》，北京大学出版社、高等教育出版社 2007 年版，第 203 页；王作富主编：《刑法》，中国人民大学出版社 2007 年版，第 208 页；赵秉志主编：《刑法总论》，中国人民大学出版社 2007 年版，第 353 页。

2. 基于自然观察、社会通念的见解

这种观点认为，一行为的判断应当舍弃构成要件行为单数的概念和判断标准，在存在面的评价对象内部寻求一个行为的判断标准。在此原则下，主张以自然意义的一个行为概念为基础，同时加入社会通念的一行为的价值判断，作为行为单复数的判断标准。①不难看出，这一见解与日本实务界判例所坚持的“在脱离法的评价、不考虑构成要件性观点的自然观念之下，行为人的动态在社会的见解上被评价为一个的场合”的观点是一致的。

3. 基于规范的见解（犯罪构成标准）

这种观点主张，界定犯罪行为的个数只能以法律的规定为标准。例如，陈兴良教授认为，在刑法理论上，对于一行为和数行为的区分最主要的是自然行为论和法律行为论。自然行为的观点把行为问题看做一个事实的问题，因此在自然的意义上来理解是一个行为还是数个行为。而法律行为的观点把一行为和数行为的区分看做法律问题，因此从构成要件的角度来理解一行为和数行为。就这个问题而言，还是要采用法律行为论的观点。因为一个行为和数个行为的区分，主要是要解决一罪和数罪的问题。一罪和数罪是一个规范的概念。从这个意义上来说，在区分一罪和数罪的时候，应该采用的是一种构成要件的行为标准，按照构成要件来区分一行为和数行为。②

4. 融合自然观察、社会通念和规范的见解

张明楷教授主张，所谓一个行为，不是从构成要件的评价上看是一个行为，而是基于自然的观察，在社会的一般观念上被认为是

---

① 参见赵丙贵著：《想象竞合犯研究》，中国检察出版社 2007 年版，第 52～57 页。顾肖荣教授持相同主张，参见顾肖荣著：《刑法中的一罪与数罪问题》，学林出版社 1986 年版，第 18～19 页。

② 参见陈兴良著：《口授刑法学》，中国人民大学出版社 2007 年版，第 367 页。

一个行为。但是，这里的一个行为与触犯数个罪名相关联，因此除了进行社会一般观念的理解外，还要进行某种程度的规范评价，即当某个行为还能被分成两个行为时，要根据二者之间有无重合关系来判断是否为一个行为。①

也有学者认为，在判断具体事实是否符合刑法规范中的行为时，首先要对自然存在的事实进行认知，行为单复数的判断离不开自然层面的考量；另外，行为的数量会在立法中有所反映，对某个具体犯罪客观行为的规定究竟是单数还是复数，可直接通过检视刑法规范本身所预设的行为类型的多寡而得出结论。因此，在对行为单复数概念进行层次划分时，必须在自然与规范的双重视角之下进行。通过自然层面和规范层面的层级性考量才能将既有的行为单复数概念梳理清楚。②

二、对诸种学说的梳理与评析

（一）对诸种学说的梳理归纳

尽管在德国、日本及我国刑法中关于行为单数判断的学说多种多样、异彩纷呈，但仔细观察便可发现，其实所有的这些理论上的学说乃至实务上的见解，对行为单数的判断，无非是从以下几个层面着手：（1）事实层面的判断标准，即脱离法规范、抛弃构成要件的观点，而从自然的观察、社会的一般观念所理解的一行为。具体来说，又有纯粹自然观察的立场、社会通念的立场、自然的观察和社会通念的立场之分。前述德国刑法中自然意义的一行为、自然的行为单数，日本实务判例的立场，以及我国台湾地区“刑法”中单一行为决意标准、一个意思决定与一个因果流程标准、主观一

① 张明楷著：《刑法学》，法律出版社2003年版，第368页。

② 参见王明辉著：《复行为犯研究》，中国人民公安大学出版社2008年版，第53~68页。类似主张者，参见刘士心著：《竞合犯研究》，中国检察出版社2005年版，第35~40页。

致性与客观一致性标准都属于事实层面的判断。在我国刑法学界同样有大量的学者采纳了事实层面的判断标准。（2）规范层面的判断标准。由于不少学者认为自然行为单数的判断基准仅借助于自然的思维方式太过恣意，因此有越来越多的见解倾向于法规范的判断方式，遂导出必须从刑法构成要件思考的行为单数概念，将所有可能产生行为单数的情况，借由构成要件的诠释完全反映出来。构成要件的行为单数、连续行为皆是规范层面的判断结果。其中，连续行为被认为属于法律上的行为单数的一个特别形式。（3）事实层面和规范层面相结合的判断标准，即认为对于刑法中行为单复数的探讨既要依赖事实层面的理解，又要依赖法规范层面对行为类型数目的预设，首先就自然意义进行判断，然后从法律意义上进行甄别。或者说，以自然的、社会的判断为基础，从构成要件的观点加以法的、规范的制约。

从总体来看，由于德国司法判决承认“自然的行为单数”的概念，因此德国实务对行为单数的判断是自然的行为单数概念与法规范的行为单数概念并存，兼就“法与社会的意义关系”作判断，即从自然生活上（社会生活的）和法律上的观点加以审查判断；但是，理论界则大多反对这种独立于构成要件的行为单数之外的自然的行为单数，而“倾向于法规范的思维方式，因此构成要件的行为单数概念，有取代自然行为单数而成为通说见解的趋势”。①而在日本，实务上采取了纯事实层面的判断标准，完全不考虑构成要件的观点，只基于自然观察、社会观念而进行判断；但是，理论界则倾向于以自然的、社会的判断为基础，并加以从构成要件的观点所作的规范判断的综合判断。至于在我国，不论是大陆地区还是台湾地区，采取各种主张的都不乏其人，学界还处于争论的阶段而未达成较为统一的见解。

---

① 柯耀程著：《刑法竞合论》，中国人民大学出版社 2008 年版，第 74 页。

（二）从规范层面判断行为个数不可行

构成要件的行为单数和连续行为都是从法规范层面来判断行为单数的，但是这两者都不是判断行为个数的正确立场。

1. 对构成要件行为单数概念的批判

构成要件是犯罪成立的规格和狭义罪数的判断标准，但不能成为行为个数的判断标准。这是因为：

首先，以构成要件为基准判断行为个数存在逻辑上的谬误。前构成要件的刑法上有意义的行为，经过构成要件的规范评价后，始能称之为“罪”，并确定为何种犯罪、一罪与数罪（指构成要件意义上的罪）。也因此，只有经过了构成要件的规范评价后，前构成要件的事实行为方可称之为构成要件行为。而从构成要件的解释反推认定行为的单数，则将规范适用至于存在之前，在逻辑思维上，已经是本末倒置。[①] 另一方面，符合一个构成要件的行为固然是一个，但是一个构成要件对应一个构成要件行为，有几个构成要件，就有几个构成要件行为；犯罪竞合无不以数个构成要件的存在为前提，构成要件的行为单数，又怎能去实现复数的构成要件呢？既然存在数个构成要件，相应地也存在数个构成要件行为。这数个构成要件行为又如何说成是一个构成要件的行为单数呢？若以构成要件为基准判断行为的个数，其判断结果必然为数个，而这与想象竞合犯“一行为”的前提显然是矛盾的。例如，行为人开一枪，打死了甲，打伤了乙。如果以构成要件为基准来看行为个数的话，显然是两个：故意杀人罪的构成要件行为和过失致人重伤罪的构成要件行为。如此一来，就使得想象竞合犯的存在失去了成立的前提。

构成要件是用来描述、界定犯罪的，是刑法对行为进行评价的依据，行为是规范评价的客体，以构成要件为基准来判断作为评价

---

① 柯耀程著：《刑法竞合论》，中国人民大学出版社 2008 年版，第 89 页。

客体的行为的数量，听起来似乎颇有道理。但是，任何评价都有评价技术上的缺陷，可能因为评价体系的技术性设计，造成对评价对象过度或不足的评价。[①] 例如，法规竞合，实际上具有刑法意义的行为只有一个。但是，由于表面上实现了多个构成要件，存在多个构成要件行为。以构成要件为基准确定行为的数量，势必得出数个行为的结论，导致对只具有一个刑法意义的行为的重复评价。构成要件的行为单数概念，无异于陷入以构成要件决定行为的谬误之中，混淆了前构成要件的事实行为与构成要件行为的区别。

其次，构成要件是狭义罪数的判断标准，但非行为个数的判断标准。原则上，符合一个构成要件的，即为一罪；符合数个构成要件或数次符合一个构成要件的，即为数罪。此即为罪的个数的判断。但是，行为的个数与罪的个数并非一回事。因为不论一个还是数个事实行为，都可以实现一个构成要件，也可以实现数个构成要件，从而可以构成一个犯罪，也可以构成数个犯罪。例如，想象竞合犯是一行为触犯数个犯罪构成；而结合犯则是数个行为最终符合一个犯罪构成。犯罪竞合以实现数个犯罪构成为前提，若将行为个数的判断标准与罪的个数的判断标准等同，则凡是犯罪竞合的情况都是“数个行为”了，如此一来，行为个数的判断也就没有了意义。因此，构成要件是罪数（构成要件意义上的罪数、非法律效果意义上的罪数）的判断标准，却非行为数的判断标准。行为的单复数只是确定犯罪单复数的出发点，行为个数的判断不能等同于犯罪个数的判断。

再次，想象竞合犯中的“一行为”指的是一个事实行为，其个数的判断基准只能从事实层面来寻求。想象竞合犯指的是一行为触犯数罪名的情况。其所谓“一行为”中的“行为”，和刑法规定的“行为之处罚，以行为时之法律有明文规定者为限”中的“行

---

① 许玉秀：《一罪与数罪的理论与实践（一）》，载《台湾本土法学》2006 年第 1 期，第 151 页。

为”指的都是“前构成要件”的“刑法上有意义的行为”。因而完全不也不应该涉及任何“构成要件”。也就是说，“刑法上有意义的行为”是用来判断“构成要件适用”的“事实对象”。例如，甲推巨石滑下坡，致使乙死亡以及丙停在路边的名贵轿车被毁。甲因“推”这个受意思支配的举止，而造成乙重大生命法益和丙财产法益发生实害，故其是“刑法上有意义的行为”。然而，在进行构成要件适用时，这个“刑法上有意义的行为”的“动词”“推”，并无法以单一“构成要件该当性”的“动词”加以对应，而是必须就乙的生命法益被攻击的事实部分“翻译”成一个“杀人构成要件该当性”的“动词”“杀人”，此外就丙的财产法益被攻击的事实部分“翻译”成另一个“毁损构成要件该当性”的“动词”“毁损”。之所以如此，乃因为行为人其实只有一个“事实行为”“推”，一个“事实因果关系”，而以同一“事实”实现了“杀人构成要件”和“毁损构成要件”两个构成要件。①

因此，想象竞合犯中的“一行为”，是法的评价之对象，属于事实存在之自然行为，而非经过法的评价后始构成之行为。② 也就是说，想象竞合犯的一行为触犯数罪名其实是指一个事实行为产生数个构成要件该当性，即这里的“一行为”指的是“一个事实行为”。对于事实行为个数的判断，只可能从事实层面、以自然的观点以及社会通念的标准来认定。若对于此种事实行为，以构成要件为基准来认定，其实已对其进行了规范的评价，而具有了构成要件行为的意义，已失却了事实行为的性质。

最后，以构成要件标准界定“一行为”不能说明想象竞合犯的处理原则。一个构成要件对应一个构成要件行为，若以构成要件

① 参见郑逸哲：《“想象竞合犯以一罪论”并不变动“罪数”，而是变动“罪名数”》，载《月旦法学杂志》2008 年第 10 期，第 249 页。

② ［日］山火正则：《科刑上一罪——以观念的竞合和夹结理论为中心》，载《刑法杂志》第 23 卷 1、2 号，第 16 页。

行为概念来界定一行为，那么只要看一个犯罪事实中有多少构成要件被实现即可。而想象竞合犯等犯罪竞合问题所涉及者，均为复数构成要件被实现的情况，从而存在数个构成要件行为。但是，承认想象竞合犯概念的重要意义即在于对符合想象竞合犯的情况予以一个处罚。但是，明明有数个构成要件被实现，为什么却只从一重处罚、而不数罪并罚呢？这显然只能从前构成要件意义上的一行为来予以解释，而绝非构成要件行为所能予以解释的。因为从构成要件行为角度看，想象竞合犯与需要并罚数罪的情况并没有不同，都存在数个构成要件行为。

2. 对“法律上的行为单数”概念的检讨

连续行为是德国刑法中法律上的行为单数的一个特别表现形式。法制上规定连续行为评价原则的先例，首见于1813年的德国巴伐利亚邦刑法第110条，该条规定：某犯罪对同一客体或同一人已实行数次时，连续该犯罪之数个行为系属单一之事实，但量刑应予加重。但此项立法并未被1871年以后的德国刑法所采。[①] 连续行为仅在学说及判例上被认为是超法规的行为单数概念，并且其范围严格限制于基于一个概括故意（或连续故意），以同种或类似的反复行为，侵害同一法益而触犯同一法条的罪名为限。

但是，连续行为，不论从自然的观察、社会的通念上还是从构成要件的观点看，都属于一系列的数个独立行为。对于多数各自独立的数个行为，刑法以单一行为视之，必须有强有力的法理基础存在，否则便是法律的恣意，根本不能令人信服。但是，观察连续行为的结构，并不存在任何一个要素的单一；除了主观上的整体故意和客观上反复实现行为的一致性之外，连续犯与其他实质竞合的情况也不存在本质性的区别，显然地，这两项也不能为连续行为的拟制单一化提供具有说服力的理由。这种拟制的单一行为，即使在德国也遭到了强有力的批判。例如，德国学者格尔茨就认为将连续行

① ［日］虫明满著：《包括一罪的研究》，成文堂1992年版，第119页。

为视为一种行为单数，并不妥当，因为连续行为者，各别的行为均具有受独立评价的条件，且亦应各自独立评价，任意将其拟制为单一，并无任何的法理基础存在。①

德国将数个行为评价为一个“法律上的行为单数”的目的是以此来避免对连续犯数罪并罚、适用实质竞合的规定，是通过行为单数的认定来达到刑罚单一的目的。这与日本废止连续犯之前及我国台湾地区 2005 年修订“刑法”之前对连续犯的规定有所不同。后两者是承认连续犯存在数个行为，在本质上应属数罪，仅是基于诉讼经济或责任吸收原则之考量而仅在科刑上论以一罪，性质上属于科刑的一罪。而德国既将连续行为视为一个法律上的行为单数，其本质即应属一罪，而当然只予以一个处罚。虽然在法律效果上都回避了数罪并罚的适用，但其路径并不相同。由此，在德国，连续犯的疑虑其实有两层：一是是否应当对连续犯规避数罪并罚的适用而赋予单一的刑罚效果。二是将本可各自独立的数个行为拟制为一个法律上的行为单数是否合理。这两点当然有联系，但也不是不可分割。连续犯是否应当赋予单一的刑罚效果是一个问题，而是否应将连续行为视为法律上的行为单数是另外一个问题。换句话说，即使要对连续犯规避数罪并罚的适用，也并非必须通过将各自独立的行为硬性拟制成一个所谓的“法律上的行为单数”才能达到目的。

德国将连续行为视为法律上的行为单数，通过行为单数来实现刑罚单一的做法并不值得提倡，连续犯是否应当赋予单一的刑罚效果暂且不论；将在自然观察上、构成要件上均属复数的行为硬性拟制成单一，找不到任何的法理依据，反而带来了实体上及程序上的种种负面效应，只凸显了法律的恣意。

考虑到反对承认作为“法律上的行为单数”的所有理由，德

① 转引自柯耀程著：《刑法竞合论》，中国人民大学出版社 2008 年版，第 85 页。

国联邦法院在判决（BGHSt 40，138）中否认了在诈骗和性滥用方面成立连续行为的可能，并指出，刑法法律体系对于犯罪的建构是针对个别的、独立的犯罪行为，这些行为基本上不能仅仅因为行为人所制造的意义关联或其他犯罪学上的共通性就结合为法律上的行为单一。对于反复同类型之行为而无法结合为自然的一行为或单一犯罪构成的情形，刑法体系关于数罪并罚以及量刑的既有规定已经足供所需。基于整体不法之合理评价目的而欲在犯罪构成层次上能够对连续关系概念予以正当化，仅仅可能是极端例外的情况。[①] 也就是说，随着连续关系的概念在德国实务中事实上的被废除，连续行为作为所谓“法律上的行为单数”实际上也已被极端限制乃至几近于废除。

（三）从事实层面判断行为个数是正确的立场

从规范层面来判断行为的个数并不可行，行为单数的判断基准只能从事实层面来寻找。对于事实层面的判断标准，反对者的最大批判是：自然的观察方式是很不确定的一项标准，存在着认定的恣意。例如，德国学者约翰内斯·韦塞尔斯认为，自然的行为单数“并没有提供可靠的区别标准，有被任意操作的危险”。[②]

确实，从自然的、社会的生活认知上来判断行为的个数没有构成要件的行为单数来得简洁明快，日本实务所谓的“撇开法律评价、抛弃构成要件的自然观察的基础上，认为行为人的动态在社会见解上被评价为一个行为”的判断标准也很抽象，在具体适用上的确不够具体、明确。但是，这并不成为否定事实层面判断标准的理由，也并不意味着具体、明确的自然的、社会通念的行为个数的判断基准不存在。

---

① 黄荣坚著：《基础刑法学》（下），元照出版公司 2006 年版，第 1002 页。

② ［德］约翰内斯·韦塞尔斯著：《德国刑法总论》，李昌珂译，法律出版社 2008 年版，第 465 页。

首先，竞合论中的行为个数的判断对象并不是经过法的评价的构成要件行为，而是前构成要件意义上的事实行为。因此，无论构成要件意义上的一行为如何简洁明快，对行为个数的判断来说并没有什么意义。行为个数的判断基准必须从事实层面来寻找。

其次，从构成要件意义上的一行为与自然、社会意义的一行为之间的关系来看，构成要件的行为单数必须以自然的、社会意义的一行为为基础，从而从反面说明了自然意义的、社会通念的行为单数在法规范之前就已存在。一个构成要件该当的行为，不论客观上的动作多少，都属一行为，此即为构成要件意义上的一行为。但是，构成要件所描述的对象，却必定是在社会经验中存在的，是一般经验的认知对象，也就是说构成要件的内涵，势必得借由一般经验认知来填充，不透过所谓自然的经验事实说明构成要件，构成要件是无法被理解的。① 例如，所谓的多行为犯，被认为是构成要件的行为单数的典型类型。但是，之所以构成要件要如此规定，是因为其所要规范的事实本身就是如此。虽然将这个事实本身拆开来看，每个部分事实都符合一个构成要件而成为一个独立的事实，但是当这数个"部分事实"联系在一起的时候，它们就成为一种独立的事实类型，具有独立的意义，如抢劫犯、强奸犯等多行为犯，难道像抢劫、强奸等行为，在社会通念上会被评价为两个或多个行为吗？显然不是。即便是广泛承认构成要件行为单数的德国，也承认"多数之行为方式因某观点而被结合成法律上之一个行为，是规范的决定之结果。但此种特殊之刑法上之评价亦非完全是自由的；于解释刑法之际，对于透过刑法以外之观察方法所理解之人类行为特征亦需考虑"，② 自然意义上的行为单数即为基于此考虑之

① 许玉秀：《一罪与数罪之分界——自然的行为概念》，载《台湾本土法学》2003 年第 5 期，第 90 页。

② 转引自何赖杰：《论连续犯适用范围之极端限缩，乃至几近于废除》，载《刑事法杂志》第 39 卷第 5 期，第 29 页。

结果。因此，构成要件的行为单数，其实必须以自然意义、社会意义上的单一评价为基础，否则就是无源之水、无本之木，无法被理解。这就说明，将多数行动评价为一行为的自然意义、社会意义上的行为单数，在法规范之前，“在我们生活世界中的历史的、解释学的维度上就已经存在”。①

最后，事实层面的判断标准确实存在不明确问题，但其解决之道是以自然的观察、社会的观念为基本立场，进一步提出具体、明确的判断标准与方法，而不是抛弃事实判断的基本立场转向规范层面的判断。

至于事实层面的判断标准的三种基本立场（即纯粹自然观察的立场、社会通念的立场、结合自然的观察与社会通念的立场）其实并没有太大的区别。因为自然的观察也强调社会的通念，脱离社会通念的自然观察是不存在的；同时，不以自然的观察为前提的社会通念这种概念也是不存在的。要区分出这几种立场的实质上的不同点很困难，而且这种区别也没有实益。②

（四）实行行为的局部同一（构成要件行为的重合）问题

德国通说认为，想象竞合的一行为必须同行为人的构成要件行为完全等同抑或有部分等同（实行行为局部同一或重叠），才可以视作一行为；并将实行行为全部或局部同一、状态犯与继续犯竞合等认定为想象竞合犯的标准。日本学界也广泛地讨论构成要件行为的重合问题，并认为构成要件行为的完全一致是不必要的，只要具有某种程度的重合，便可以说是一个行为。那么，这种将实行行为的局部同一或构成要件行为的重合当做想象竞合犯之“一行为”判断标准的观点是否正确呢？对此，还有深入检讨

① ［韩］金日秀、徐辅鹤著：《韩国刑法总论》（第十一版），郑军男译，武汉大学出版社 2008 年版，第 651 页。

② 参见［日］大塚仁等编：《大注解刑法》（第 4 卷），青林书院 2005 年版，第 194 页。

的必要。

想象竞合犯中的“一行为”是一个前构成要件意义上的事实存在的自然行为，经过法的评价后，认为其该当于数个构成要件，成为数个构成要件之行为。所谓实现数个相同或不同构成要件的实行行为全部或局部同一，其实就是数个相同或不同构成要件被同一个身体举止所实现，或是实现数个相同或不同构成要件的身体举止中，有部分是同一个身体举止。① 因此，在认识自然行为、判断该种自然行为是否是一个行为的过程中，先了解该构成要件之行为究何所指，而后回溯观察该前构成要件意义上的事实行为，对于行为个数的判断具有重要的方法论意义。若是实行行为局部同一，便可初步推定行为的一个性；若实行行为连部分同一性都没有，则肯定不是行为单数。也就是说，构成要件行为的重合与否是行为一个性的重要的确认方法之一。②

但是，实行行为是否局部同一、构成要件行为是否重合不应当成为行为一个性的最终判断标准，而只是判定是否是一个行为的辅助方法。因为，第一，如前所述，行为一个性的判断只能以自然的观察、社会通念为基准，而不应从规范角度来界定。所谓实行行为的同一，其实指的是实现不同构成要件的事实行为是一个，其最终的判断标准仍然要回归到基于自然观察、社会通念的一行为概念。第二，实行行为是否具有局部同一性也并不是在任何情况下都是明确易断的。德国学说认为，倘若数个事件流程（构成要件实现的时间流程）只是单纯地同时发生（也就是“同时性”），或者数罪名间仅具有单纯的“手段、目的”关系或“原因、结果”关联，

① 许玉秀：《一罪与数罪的理论与实践（二）》，载《台湾本土法学》2006 年第 2 期，第 194 页。

② 参见［日］平野龙一著：《刑法总论Ⅱ》，有斐阁 1975 年版，第 423 页；［日］林正彦：《关于观念的竞合中的“一个行为”》，载《刑事裁判论集：小林充先生佐藤文哉先生古稀祝贺》，判例时报社 2006 年版，第 227 页。

都不足以形成行为单数。[①] 能够形成行为单数的，只有实行行为的部分同一性。那么，实行行为的同一性又如何判断呢？在丢一块石头，既砸碎了窗户，又打伤了人的情况下，所谓实行行为的同一性当然容易判断。但是，在诸如为了侵入住宅而打伤屋主、屋主欲赶走侵入者时侵入者出手殴打屋主，或者为了盗窃、强奸等而侵入住宅、为了杀人而持有枪支等情况，实行行为是否具有局部同一性似乎并不容易判断。在日本学界，不少学者认为，如果行为人以前购买了手枪放在自己家中，其后才产生了强盗的意思，使用该手枪强盗时，还不能说它们在主要部分上相一致；但是，如果行为人以强盗时使用的目的购买了手枪，用它进行了强盗时，就可以认为各行为在主要部分互相重合。但是，为什么说前者并没有在主要部分上相一致而后者在主要部分上重合，似乎并不明确。若是完全抛开行为人的心理状态不顾而单从客观现象本身观察，我们恐怕根本无从判断究竟实行行为是不是具有部分同一性。也因此，有文献认为此处应和不法理论有所联结，亦即，如果我们是以一个主观化的不法理论作为出发点，就应该要透过行为人的意思决定来构建想象竞合的“一行为”。[②]

第三节 行为单数的判断

一、判断对象

刑法上的行为具有多重的含义，可以指构成要件行为，也可以指前构成要件意义上的事实行为（或者说是该当构成要件的具体

---

① 转引自蔡圣伟：《开门揖盗——论侵入建物罪与窃盗罪的竞合关系(下)》，载《台湾本土法学》2007年第6期，第158页。

② 转引自蔡圣伟：《开门揖盗——论侵入建物罪与窃盗罪的竞合关系(下)》，载《台湾本土法学》2007年第6期，第164页。

的行为），必须区分构成要件行为和该当构成要件的具体的行为。前者如杀人罪中的杀人行为、盗窃罪中的窃取他人财物行为等。后者如在杀人罪中，拿刀刺向心脏、用枪朝头部射击；在盗窃罪中，把商店里的商品偷偷地装进自己的包里等。后者是脱离了刑法评价的自然的行为，是以人的意思为基础的身体动静。

那么，作为竞合论前提的行为单复数中的“行为”，是哪种意义上的行为呢？显然这里的“行为”是脱离法的评价的、事实存在的自然行为，而非构成要件行为。因为事实行为经过构成要件的评价后，方成为具有法规范意义上的构成要件行为。不管是想象竞合还是实质竞合，都是对事实存在的自然行为进行法规范的评价后，方成为数个构成要件行为，符合数个构成要件，从而成立数个罪名。这里评价判断的对象显然是事实存在的自然行为。再者，竞合论所处理的问题，皆是行为符合数个犯罪构成的情况。既有数个犯罪构成，就存在数个犯罪构成行为；若将作为竞合论前提的行为单复数中的“行为”理解为构成要件行为，那所有的竞合形态无不是“数个构成要件行为符合数个犯罪构成的情况”，而这样的界定没有任何意义、对竞合论问题的解决毫无帮助，同时也混淆了构成要件行为和该当构成要件的具体行为的界限。

二、判断基准

行为单复数中的“行为”是事实存在的自然行为，对此种前构成要件意义上的事实行为，只能从事实层面着眼，以自然的观察、社会的一般观念为基准来判断其个数。所谓行为单数或一个行为，不是构成要件意义上的一个行为，而是基于自然的观察、在社会的一般观念上是一个行为。

之所以以自然的观察为基础，是因为不以自然的观察为前提的社会一般观念这种概念是不存在的。但是，自然的观察也强调社会的通念，脱离社会通念的自然观察也是不存在的。在二者中，社会的一般观念对认定行为的一个性具有非常重要的意义。人的身体动静是不间断地存在的，但并非所有的这些身体动静都是一个行为，而必须以社会的观念对其进行限定。例如，在特定时日实施了杀人或盗窃，在这些纯粹自然观念的行为中，只有与杀人或盗窃有所关联的身体动静才可能是一个行为，与此无关的其他自然行为即被排除在“一个行为”的范围之外。另一方面，纯粹自然观念的行为重在身体动静的数量，对此又必须以社会的观念对其进行涵括。例如，在一定的时间、场所对被害人拳打脚踢的行为，虽然从自然的意义上存在数个身体动静，但在社会的见解上所有这些身体动静被认为是一个殴打行为。①

三、行为单数的具体判断

行为是主观见之于客观的产物，是主观因素与客观因素的有机统一。在行为个数的具体认定上，应当也只能从主观因素的单一性与客观因素的单一性着手，来寻求行为一个性的可遵循的判断标准。总体而言，所谓自然的观察、社会一般观念上的一个行为，应当是基于一个意思决定或一个主观上的不注意（可统称为“单一之犯意”）而实施的客观上的一个事实行为。

（一）主观因素的单一性：单一之犯意

单一之犯意是认定“一个行为”的主观基础。单一之犯意，在故意犯中表现为一个意思决定；在过失犯中，表现为一个主观上的不注意。

1. 一个意思决定

一个意思决定，是指行为人主观上只有实施一个事实行为的决意或意志决定。行为是透过人的意志所决定出来的，因此刑法的诉求事实上是在禁止人为违法的决定。基于此，不管人的身体行动有

---

① 参见［日］小林充：《罪数论的基本》，载《现代刑事法》第6卷4号，第46页。

多么复杂，也不管人的身体行动持续了多长时间，只要身体行动是出于相同的一个决定，就同一法益之侵害，刑法就没有多数处罚的必要。而多数的行为决定都有其独立的支配利益侵害与否的作用，因此刑法对于人类每一次的意志发动与控制就有一次的期待，从而相对应的，刑法对于行为人多次的违法决定自然应该有多数的评价。[①] 基于此，决定行为数的主观标准就是行为人的行为决意：一个意思决定所支配之身体现象是一个行为，而不管行为的客观形式如何，也不管行为在客观上符合多少个犯罪构成；而另行起意所生之身体现象是另外一个行为，即使其间存在着紧密的时间、空间关系或者目的、手段关系。一个意思决定是认定“一个行为”的关键。[②]

行为人在实施某种具体行为事实时，主观上之意思决定是否具有同一性，可以从其所预定的侵害同一事实（同一法益）之意思在整个实施过程中是否一直持续进行判断。例如，甲基于杀死乙的意思，朝乙开枪，连开两枪未中，在开第三枪时，打中了乙，同时击中路人丙，造成丙死亡。这里甲连开的三枪，是基于一个要杀死乙的意思决定，虽然第三枪击中了路人丙，但其第三枪与前两枪并没有分开做决定，仍然受行为人初始的一个意思决定所支配，因而仍然是一个行为。再如，甲拟杀仇人乙，拿刀向被害人砍去，不料刀被乙一脚踢飞，甲遂又抄起手边的木棍朝乙挥去，这里甲拿刀砍、用棍打的行为都受制于一个要杀死乙的主观意思决定，也依然是一个意思决定，从而其支配下的行为动作属于一个行为。反之，甲在非法拘禁乙的过程中，见到乙手腕上的名贵手表而起了非法占有之意，于是强行夺取了乙的手表。这里强取手表的行为是行为人在非法拘禁被害人的过程中另行起意之所为，已非属于一个意思决定，从而其支配下的行为也非一个行为。再如，在不法持有枪支期间，又用所持枪支抢劫的，抢劫的意思是由与不法持有枪支所不同

① 黄荣坚著：《基础刑法学》（下），元照出版公司 2006 年版，第 938 页。

② 参见［日］山口厚著：《刑法总论》，有斐阁 2007 年版，第 379 页。

的新的意思决定，从而也不能认为是一个行为。

在判断是否是一个意思决定时，还需注意以下几点：

（1）一个意思决定是一个行为的意思决定，其决意的对象是客观的行为事实，一个意思决定必须与一个客观事实相联系、互为表里，而不是纯主观的意念。例如，行为人心里既想打伤甲，又想打伤乙，同时还想损坏甲的汽车，而开了一枪。这里不管行为人的内心意思多么复杂，展现在外的只有一个开枪行为，只有一个开枪的行为决意。

（2）法益对于意思决定的个数以及行为的个数也会产生制约和影响。对于如生命、身体、自由、名誉等专属性法益而言，由于此类法益本具有独立的价值，其侵害行为也应该独立地加以评价，从而侵害数个不同的专属法益的行为，在社会一般观念上被认为具有数个意思决定，属于数个行为。例如，若行为人扔一颗手榴弹，同时炸死炸伤数人，自然是只有一个扔手榴弹的意思决定、一个行为。但若行为人连开三枪，枪枪命中，分别打死甲、乙、丙。这里存在三个可独立评价的分别打死甲、乙、丙的意思决定，因而尽管行为人的所有身体举动都具有紧密的时空联系，也不能认为是一个行为。但是，对非专属法益而言，因其与个人人格无关，在有所侵害时，在某种条件下可被包括地评价。例如，在同一时间、地点以相同的方式偷窃三部汽车，即便三部汽车分属不同人所有，在社会一般观念上仍然认为是一个偷车的意思决定，“因为盗窃罪的重心并不在于所窃得之物品归属何人所有，这点窃贼通常是不知道的，而且也毫不在乎”。[①]

（3）意思决定和故意等主观罪过形式不同。故意等主观罪过与犯罪构成要件相一致，符合几个构成要件，就有几个构成要件故意。例如，以伤人损物的故意丢了一块石头，既打伤了人，又砸坏

---

① 转引自陈志辉：《牵连犯与连续犯废除后之犯罪竞合问题——从行为单数与行为复数谈起》，载《月旦法学杂志》2005 年第 7 期，第 19 页。

了车，其中就包括故意伤害罪的主观故意和故意毁坏财物罪的主观故意。而意思决定并不与犯罪构成要件直接相联系。一个单一的意思决定可以包括一个故意，也可以包含数个故意，或者可以包含一个故意、一个过失，从而可以与一个犯罪构成相对应，也可以与数个犯罪构成相对应。例如，上例中的行为人只有一个投石头的意思决定，但这一意思决定对应于两个犯罪故意、符合两个犯罪构成。

2. 一个主观上的不注意

在过失犯中，如果构成要件该当结果只出现一次，则恒属行为单数，这类似于故意犯中的投一块石头、开一枪等自然意义上的一行为。但是，在实践中判断困难的，并不是这种构成要件该当结果只出现一次的情况，而是构成要件该当结果有数个或不以特定结果为构成要件的过失犯中，是单一还是多个犯罪意思、是一个还是数个行为？

在上述情况下，判断犯罪意思是否单一，取决于行为人主观上的不注意是一个还是数个，或者说其主观上的不注意是否在整个过程中维持同一性。例如，行为人的汽车打滑，先后伤害了数人；行为人的枪支不慎走火，伤害了数人，都只存在一个主观上的不注意。但是，如果在第一个结果或行动发生后，行为人尚有机会履行注意义务以避免其他结果的发生，而行为人却未履行注意义务的，则存在另一个新的主观上的不注意，属于行为复数。

（二）客观因素的单一性：客观上的一个事实行为

客观上的一个事实行为，是主观上一个犯罪意思的外在表现。之所以可以认定行为人只有一个意思决定，则是因为意思决定的对象，是社会生活经验所认知的一个事实。[①] 主观上的一个意思决

---

① 许玉秀：《一罪与数罪的理论与实践（二）》，载《台湾本土法学》2006 年第 2 期，第 193 页。

定、一个不注意，与客观上的一个事实行为，其实是互为表里、互相印证的关系。而之所以可以将一系列的身体动作看做一个事实行为，是因为在一般社会观念上，这些一系列的身体动作融合为一个整体而具有独立的意义。至于如何判断是否是客观上的一个事实行为，可以从以下两方面来具体判断：

1．直接判断方法：行为方式的同一性

一定的行为所具有的内涵往往就限定了特定的行为方式或手段，超出这些特定的方式或手段往往也就使得行为产生了质的变化，而演变为另一行为。例如，盗窃所要求的就是秘密窃取财物，而抢劫所要求的则是以暴力等手段强行夺取财物。若行为人在秘密窃取财物尚未得手时即被人发现，而采取暴力手段强行夺取的，行为方式显然已不具有同一性，从而行为性质已发生质的变化，不能认定为客观上的一个事实行为。

在社会的一般观念上，特定行为的行为方式具有一定的抽象性、包容性，如不管是枪杀、刀杀、毒杀、溺死，都属于杀人的行为方式，在社会的一般观念上都属于杀人行为。因此，若行为人以枪射击被害人未中，紧接着又拿起刀砍向被害人，所有的这些身体动作仍然是杀人的行为，行为方式仍具有同一性，仍然是一个事实行为。

当然，并非行为方式具有同一性，就必然是一个行为。成立一个行为，还必须要求具有特定方式或手段的行为中间未曾中断。若在一次殴打结束后，行为人准备转身离去时，又听到被害人的咒骂，遂又再回头来对被害人一阵毒打，虽然行为方式并无变化——仍然是拳打脚踢的殴打，但后来的殴打是在前一次殴打结束之后而新生的另一个行为。况且从主观来看，后面的殴打是行为人另行起意而来，也非一个意思决定。

2．辅助判断方法：实行行为的（局部）同一性

所谓实现数个相同或不同构成要件的实行行为全部或局部同一，其实就是数个相同或不同构成要件被同一个身体举止所实现，

或是实现数个相同或不同构成要件的身体举止中，有部分是同一个身体举止。[①] 实行行为的同一性揭示的内容是前构成要件意义上的事实行为的一个性。二者的这种联系，使得实行行为是否具有同一性或构成要件行为是否重合成为是否是“一个行为”的重要确认方法。具体来说，实现数个构成要件的实行行为至少要具备局部同一性，与其对应的前构成要件意义上的事实行为才有可能是一个行为；若实行行为连局部同一性都不具备的话，则不能将前构成要件的数个身体动作看做一个行为。

那么，如何判断实行行为是否具备同一性呢？德国实务和通说的见解强调，单一的犯罪动机、事实经过的同时性、终极目的之追求、方法目的的连接关系或者原因结果关系，并无法证明成立想象竞合的正当性。[②] 也就是说，仅有发生时间上的同时性，并不足以认定实行行为的局部同一；除了时间上的至少一时点、一场所的重合外，还需要构成要件内容、形态上的一致性。

例如，为了杀人而非法持有枪支并用持有的枪支去杀人，或者在非法持有枪支的过程中又起意并用之杀人的，都不具备实行行为的同一性。因为上述两种情况下的实行行为分别是非法持有枪支和杀人，而非法持有枪支行为并没有实现杀人罪构成要件行为的任何一个部分，充其量只满足杀人罪的预备行为，即杀人行为和非法持有枪支行为仅仅是在杀人时点上的重合，但不能认为杀人行为是非法持有行为的一部分或者非法持有行为是杀人行为的一部分，因而二者不具有实行行为的部分同一性，不能被视作一个客观上的事实行为。

---

① 许玉秀：《一罪与数罪的理论与实践（二）》，载《台湾本土法学》2006 年第 2 期，第 194 页。

② 转引自陈志辉：《牵连犯与连续犯废除后之犯罪竞合问题——从行为单数与行为复数谈起》，载《月旦法学杂志》2005 年第 7 期，第 22 页。

四、结语

所谓行为单数或一个行为，不是构成要件意义上的一个行为，而是基于自然的观察、在社会的一般观念上是一个行为。行为个数的判断，只能从事实层面着眼，以自然的观察、社会的一般观念为最终标准。在具体判断上，应当从主观因素的单一性与客观因素的单一性出发来认定，即主观上基于一个意思决定或一个不注意（可统称为“单一之犯意”）而实施的客观上的一个事实行为。

第三章 犯罪竞合本体论

现行的罪数论与竞合论仅仅围绕罪数的具体类型展开，而对理论体系本身缺乏整体性和结构性的考虑，特别是没有从整个刑事法体系的高度对理论进行宏观性的建构，以致造成理论本身结构混乱，与实践严重脱节。[①] 因此，彻底厘清罪数论领域的各种困惑，不仅需要对竞合论展开独立的研究，而且需要对犯罪竞合的基础理论给予足够的重视，探讨其本质性的共同规律。

当然，不同的竞合形态，其内在结构与处理原则不尽相同甚至差异较大。但是，作为犯罪竞合的具体类型，这些不同的竞合形态，不论在结构特征上还是法律效果上，都存在诸多具有共性的、规律性的内容。揭示这些共性的、规律性的内容，一方面可以为各种具体竞合形态的结构特征与处理原则的进一步研究提供指导、奠定基础；另一方面也可避免对共性问题在各种具体竞合形态中重复论述。

本章的目的，即在于揭示犯罪竞合在结构特征和处理原则上的具有共性的、规律性的内容。这可以称之为犯罪竞合的本体问题。具体来说，犯罪竞合的本体问题包括两个方面，一是犯罪竞合的结构特征，二是犯罪竞合的法律效果，即对犯罪竞合如何处罚。其

① 叶良芳：《罪数论的体系性反思与建构》，载《浙江大学学报》（人文社会科学版）2007 年第 4 期，第 70 页。

中，前者是后者的基础，只有在分析清楚犯罪竞合形态的结构特征的基础上，才能确定其应当采取何种处理原则。后者是犯罪竞合本体论所研究的重点，也是整个犯罪竞合论的核心任务所在，因为所有犯罪竞合问题的研究，归根结底是为了确定一个合理的处理原则。

第一节　犯罪竞合的结构特征

一、犯罪竞合的基本结构

犯罪竞合，是指一行为人的行为（实质上）符合数个犯罪构成的形态，也就是一个或数个行为实现了数个犯罪构成的情况。犯罪竞合形态的共同结构特征或者说必须具备的要件包括：

（一）一个或数个行为

这里的“一个或数个行为”是前构成要件意义上的事实行为，是犯罪构成体系这种刑法规范的评价客体。数行为可能导致数个犯罪构成的实现，一行为同样也可能导致数个犯罪构成的实现。一行为还是数行为，决定了不同的竞合形态、不同的刑罚确定规则、不同的刑事法律后果。具体而言，一行为实现数个犯罪构成的，为想象竞合犯；数行为实现数个犯罪构成的，为其他竞合形态。至于一行为与数行为的判断标准，在第二章已进行了详细论述，在此不再赘述。

（二）实现数个犯罪构成

对此我国传统理论一般称作“触犯数罪名”，如认为想象竞合犯是一行为触犯数罪名的犯罪形态，牵连犯是“以实施某一犯罪为目的，其方法行为或结果行为又触犯其他罪名的犯罪形态”，连续犯是“连续实施性质相同的独立成罪的数个行为，触犯同一罪名的犯罪形态”,[①] 其含义都是触犯了“数个罪名”（包括数个同种罪名和异种罪名）。这里之所以采用“数个犯罪构成”而非“数罪名”的说法，是因为：在犯罪竞合中，所谓“触犯数罪名”的实质含义是实现数个犯罪构成。罪名（指具体罪名）是对犯罪本质特征或主要特征的高度概括。罪名与犯罪构成有着不可分割的联系，是犯罪构成的浓缩。要确定罪名个数，首先要考察罪名存在的依据……确定罪名的法律依据是罪状，而归根结底在于犯罪构成，每一个犯罪构成都有其相应的罪名，因而，罪名个数的标准应该是犯罪构成个数，在刑法分则条文中规定几个犯罪构成就应该有几个罪名。[②] 因此，不管是想象竞合犯、牵连犯，还是连续犯，判断其是否触犯了数罪名，最根本的标准还是具体犯罪的犯罪构成，其所谓的触犯“触犯数罪名”的实质含义，是在构成要件的评价上，该行为符合数个犯罪的构成要件。

数个犯罪构成被实现是犯罪竞合问题的基本条件，若仅存在一个犯罪构成，则根据刑法总则和分则所规定的基本的罪刑关系条款，即可确定对犯罪行为所应适用的刑罚，根本不产生犯罪竞合的问题。犯罪竞合所处理的，正是在行为实现数个犯罪构成的情况下，如何进一步科处刑罚的问题。因此，有数个犯罪构成被实现，是犯罪竞合的基本前提条件。不论是想象竞合犯、牵连犯、连续犯还是并罚数罪，均触犯了数个犯罪构成（数个同种犯罪构成或异种犯罪构成）。

并且，想象竞合犯等犯罪竞合形态是真正地、实质地实现了数个犯罪构成，这一点与法规竞合、共罚之事前事后行为等所谓的不真正竞合形态不同。犯罪竞合形态所实现的数个犯罪构成对定罪量

---

① 参见高铭暄、马克昌主编：《刑法学》，北京大学出版社、高等教育出版社 2007 年版，第 203、209、212 页。

② 陈兴良著：《刑法各论的一般理论》，内蒙古大学出版社 1992 年版，第 143 ~ 144 页。

刑均有实质性的作用，对最终法律效果的确定均有实质性的影响，只有借助数个犯罪构成的共同作用，才能对行为的不法内涵与罪责内涵进行完整充分的评价。而法规竞合、共罚之事前事后行为等非真正竞合形态虽然在表面上也实现了数个犯罪构成，但由于只用其中一个犯罪构成就可对行为进行全面充分的评价，因而首先要适用的那个刑罚法规定排斥对其余规定的适用，即不能适用被排斥的犯罪构成对行为再次评价，否则就违反了禁止重复评价原则，对行为进行了双重的评价。

总之，所有的犯罪竞合形态都是行为人的行为触犯了数个犯罪构成的情况，其基本结构可概括为：一个或数个（事实）行为实现数个犯罪构成。这里的一个或数个行为正是犯罪构成的评价对象：就想象竞合犯来说，数个犯罪构成评价的是一个事实行为；就其他竞合形态来说，数个犯罪构成评价的是数个事实行为。

二、犯罪竞合的事实结构与法律结构

所谓事实结构，是指仅从事实层面着眼，而未加入任何规范评价的观点来分析犯罪竞合形态的结构特征。在事实层面上，犯罪竞合形态的结构依据想象竞合犯及其他竞合形态而有一行为与数行为之分。但在法律结构上，所有的犯罪竞合形态则具有一致性。因为凡是犯罪竞合都实现了数个犯罪构成。而依照我国现在的犯罪构成理论，所谓犯罪构成是决定某种行为的社会危害性及其程度而为该行为构成犯罪所必须具备的主观要件与客观要件的有机统一。各构成要件之间既相互联系，又相互包含，形成紧密结合的有机整体。据此，犯罪构成整体与四个犯罪构成要件应当是一一对应的关系，即一个犯罪构成对应于一个构成要件行为、一个主观罪过、一个犯罪客体；数个犯罪构成对应于数个犯罪构成行为、数个主观罪过、数个犯罪客体。既然犯罪竞合都是实现了数个犯罪构成的情况，根据我国的犯罪构成理论，不管是想象竞合犯还是其他竞合形态，自然都存在数个构成要件行为、数个主观罪过和数个犯罪客体。

第二节　犯罪竞合的处理原则

一、原则的设定——应遵循罪刑均衡原则

犯罪竞合的根本性问题是在一行为或数行为符合了数个犯罪构成的情况下，确定如何科处刑罚、定罪量刑，其处理原则与方法是竞合论的核心问题，具有重大的意义。

那么，如何确定各种不同的犯罪竞合形态的处理原则呢？各种不同的竞合形态处理原则的设置的根据是什么，或者说对想象竞合犯、牵连犯、连续犯、实质竞合为什么要从一重处罚或是数罪并罚呢？在这之中是否有共性的规律性的东西呢？回答是肯定的——不管是哪种竞合形态，不管是采取从一重处罚的模式还是数罪并罚的模式，在处理原则的设定上，都必须遵循罪刑均衡原则，以能够实现罪刑均衡为宗旨；某种竞合形态处理原则的合理性与否也可以通过是否符合罪刑均衡原则来检验。

（一）罪刑均衡的内涵

罪刑均衡观念的思想萌芽，可以追溯到原始社会的同态复仇习俗。但是，近代意义上的罪刑均衡作为一种刑罚思想和刑法原则，则是启蒙思想的产物，是西方资产阶级学者在反对封建刑法严刑峻法、司法擅断、等级特权的斗争中提出来的，是刑事古典学派的基本主张之一。在发展史上，罪刑均衡经历了从报应主义下的罪刑均衡、目的主义下的罪刑均衡到并合主义下的罪刑均衡的嬗变。

报应刑论将刑罚理解为对犯罪的报应，即刑罚是针对恶行的报应，恶报的内容必须是恶害，恶报必须与恶行相均衡。“因为有犯

罪而科处刑罚”是报应刑理论的经典表述。① 报应主义下的罪刑均衡所设定的罪刑关系将刑罚的分量奠基于客观实质的危害行为及其带来的危害结果之上，超出这个范围的刑罚被视为违背罪刑均衡的、非人道的和残酷的刑法。② 罪刑均衡是刑与客观之罪、刑与已然之罪相均衡。目的刑论则认为，刑罚本身并没有什么意义，只有在为了实现一定目的及预防犯罪的意义上才具有价值，因此，在预防犯罪所必要而且有效的限度内，刑罚才是正当的。“为了没有犯罪而科处刑罚”是目的刑论的经典表述。③ 目的刑下的罪刑均衡已不再着眼于刑罚与已然的客观的犯罪行为相均衡，而是实现预防未然之罪的目的。这个意义上的罪刑均衡意味着：罪刑均衡应当是刑与个体之罪相均衡、刑与主观之罪相均衡、刑与未然之罪相均衡。国家对预防效果的追求可以作为罪刑之间之所以应当均衡的解释与跟进，预防目的本身就是罪刑之间应当均衡的根据。④ 并合主义认为刑罚的正当化根据一方面是为了满足恶有恶报的正义要求，同时也必须是防止犯罪所必需且有效的，应当在报应刑的范围内实现一般预防与特殊预防的目的。“因为有犯罪并为了没有犯罪而科处刑罚”是这一刑罚理念的经典表述。⑤ 并合主义下的罪刑均衡是一种二元的均衡，即在考虑刑罚的分量时，兼顾报应和预防的双重需要，将行为与行为人进行整合，刑罚实际上是与已然之罪与未然之罪相均衡。

现代刑法中的罪刑均衡是一种二元的均衡，其中的“罪”包

---

① 张明楷著：《外国刑法纲要》，清华大学出版社 2007 年版，第 364 页。

② 刘守芬等著：《罪刑均衡论》，北京大学出版社 2004 年版，第 8 页。

③ 张明楷著：《外国刑法纲要》，清华大学出版社 2007 年版，第 364 页。

④ 白建军著：《罪刑均衡实证研究》，法律出版社 2004 年版，第 54 页。

⑤ 张明楷著：《外国刑法纲要》，清华大学出版社 2007 年版，第 364 页。

括已然之罪与未然之罪，以已然之罪为主、未然之罪为辅。“刑”包括报应之刑与预防之刑，以报应之刑为基础，预防之刑为引申。[①] 因为根据并合主义，报应应该限制功利，是报应主导下的报应与功利的并合。并合主义下的罪刑均衡的基本蕴涵是：（1）罪质与刑质相均衡。罪刑均衡系统中的罪质应该是社会危害性和人身危险性的统一。[②] 而所谓的刑质指的即是不同的刑罚种类，如生命刑、自由刑、财产刑、资格刑等。罪质与刑质的均衡即是罪刑的同质性，对某种犯罪适用某种刑罚，刑罚与该类犯罪的性质应大体上相当，具体表现为：无罪无刑；轻罪轻刑；重罪重刑；同罪同刑。（2）罪量与刑量相均衡。除死刑外，自由刑、财产刑、资格刑在量上均可划分出轻重不等的量刑档次。相均衡的罪量与刑量，应当是较轻的犯罪处以较轻的刑罚；较重的犯罪处以较重的刑罚，形成犯罪与刑罚之间轻重有序的对应关系。对此，意大利刑法学家贝卡里亚早在其名著《论犯罪与刑罚》中就独具匠心地提出了罪刑阶梯论：对于无穷无尽、暗淡模糊的人类行为组合可以应用几何学的话，那么也很需要有一个相应的、由最强到最弱的刑罚阶梯。[③]

（二）竞合形态处理原则之设定应遵循罪刑均衡原则

罪刑均衡原则作为刑法的一大基本原则，对整个刑事立法、司法都具有重要的指导与制约作用，要求立法者、司法者要综合衡量行为的社会危害性和行为人的人身危险性的大小来确定刑罚的轻重比例。罪数与犯罪竞合问题的处理同样要遵循这一刑法的基本原则。

单罪单罚、数罪数罚，这是从罪刑的个数角度对罪刑均衡关系

---

① 张小虎：《罪刑均衡意蕴探究》，载《现代法学》2002 年第 6 期，第 26～27 页。

② 刘守芬等著：《罪刑均衡论》，北京大学出版社 2004 年版，第 46 页。

③ ［意］贝卡里亚著：《论犯罪与刑罚》，黄风译，中国大百科全书出版社 1993 年版，第 66 页。

的一种叙述。[①] 单罪单罚也就是一罪一刑，数罪数罚在现代刑法中表现为数罪并罚。刑法是规定犯罪及刑罚的法律，刑法法条的内容包括罪状描述部分和法定刑设置部分。也就是说，立法者对每一个罪都配置了一个刑罚，对不同的罪配置了不同的刑罚。因而一般地，应当一罪一罚、数罪并罚，不管是一罪数罚（主要是重复评价）还是数罪一罚（如目前对牵连犯的处理原则）都是对罪刑均衡的背离。在犯罪竞合领域贯彻罪刑均衡原则，要求以行为的社会危险性和行为人的人身危险性大小为根据来设定各种竞合形态的处理原则，做到罪质与刑质相均衡、罪量与刑量相均衡。

1．处理原则的设定应以实现罪刑均衡为目标

由于刑法分则条文是以一罪一刑为基本罪刑关系规范的，对于实现数个犯罪构成的犯罪竞合形态而言，必须另外创设一定的理论解决其如何科处刑罚的问题。而确定各种竞合形态的处理原则无疑需要遵循罪刑均衡原则，以各个竞合形态中犯罪行为的社会危害性和行为人的人身危险性为依据，以能够保证刑法适用的公正性，实现罪刑均衡、罪责刑相适应为目标。

这就要求，对想象竞合犯、牵连犯、连续犯乃至同种数罪等诸种竞合形态选择何种处理原则，首先需要考虑的就是这种处理原则能不能实现罪刑均衡，与其他处罚方式相比是否更有利于实现罪刑均衡。如果答案是否定的，那该种处理原则就不是公正、恰当的处理原则。

2．对本质相同的竞合类型应设定同样的处理原则

罪刑均衡中的“均衡”有两种意义，即绝对的均衡和相对的均衡。绝对的均衡是刑罚要符合公正性、谦抑性、人道性这些价值准则的均衡。相对的均衡就是同等情况同等对待。[②] 同罪同刑即是

---

① 白建军著：《罪刑均衡实证研究》，法律出版社2004年版，第3页。

② 参见陈兴良主编：《法治的言说》，法律出版社2004年版，第183页。

同等情况同等对待的同义语，是相对的均衡的具体表现之一，也就是对社会危害性、人身危险性大致相同的犯罪应设置大体上相同的刑罚。这一原则贯彻于竞合论领域，就要求对本质上相同的竞合形态设定同样的处理原则。本质上相同的竞合形态，只有设定相同的处理原则，才有可能实现竞合形态之间的罪刑均衡。处理原则若是不同，即使在个别的案例中量刑相近或完全相同，这种相近或相同也只是偶然性的产物而并不具有常态性。竞合形态相同而处理原则不同，是罪刑失衡的一大表现。在此可以思考的是：牵连犯与并罚的数罪本质上是否相同，所谓的牵连关系是否足以将其与并罚数罪从本质上区别开来？如果二者本质相同，是否应设置同样的处理原则？

3. 对不同的竞合类型的处罚应能体现差别、拉开档次

同罪同刑的另一种表达就是异罪异刑，即对不同社会危害性和人身危险性的犯罪适用不同的刑罚，这也属于相对的罪刑均衡的应有之义。就竞合论而言，如果竞合形态之间存在结构上的本质性差异，以至于其所体现的社会危险性、人身危险性有重大差别的话，就适宜设定不同的处理原则，使对其的处罚能体现出不同竞合形态之间的结构性差异。这里之所以说是“适宜”而非“必须”，是因为不论是从一重处罚还是数罪并罚或其他的处罚方法都具有一定的可分割性、具有较大的量刑空间，在某种处罚方式内部也可以实现量刑上的区别对待，体现差别性。但是，尽管可以做到量刑上有所区别，但同一处理原则这种“相同”的标签本身，往往更容易导致对不同情况的相同处理，更何况同一种处理原则内部之间的量刑差别空间也很有限。因此，对不同的竞合类型设置不同的处理原则，更有利于实现罪刑的均衡。

二、模式的选择——区分制还是同一制

（一）犯罪竞合法律效果的两种立法模式

对犯罪竞合的法律效果即刑罚规定，有区分制和同一制两种

模式。

1. 区分制的内涵与立法例

所谓区分制，是指对犯罪竞合的法律效果采取区分处理的原则，即根据不同的竞合形态、种类而采取不同的法律效果确定方法。在立法明确规定或理论上承认牵连犯和连续犯的国家，区分制体现在对想象竞合犯、牵连犯、连续犯等真正犯罪竞合形态，原则上采取“从一重处断”的方式，而对实质竞合则采取数罪并罚的方式；在立法上未规定理论上亦不承认牵连犯和连续犯的国家，区分制主要指对想象竞合犯采取“从一重处断”的方式，而对实质竞合采取数罪并罚的方式。因此，可以说，区分制的根本特征，在于承认想象竞合犯，并据此区别一行为触犯数罪名（的犯罪单数）与数行为触犯数罪名（的犯罪复数）两种基本情形的处罚。①

虽然各国对“从一重处断”的具体规则规定的并不完全一致，但其基本含义都是并不就数罪分别宣告其刑罚，而以所触犯的数个法规中刑罚最重的法规的法定刑为基准确定其最终的执行刑。而对数罪并罚的规定，各国基本上大同小异，即在对一人所犯数罪分别定罪量刑的基础上，再根据法定原则与方法决定应当执行的刑罚。各国刑罚所采取的数罪并罚的原则主要有：（1）吸收原则：即将数罪分别定罪量刑，然后选择最重的一种刑罚作为执行的刑罚，其余较轻的刑罚都被最重的刑罚吸收；（2）并科原则：也称相加原则、累加原则或合并原则，其内容是将数罪分别定罪量刑后，将各罪所处的刑罚相加在一起全部执行；（3）限制加重原则：又称为限制并科原则、加重主义，是指以被告人所犯数罪中法定或者已被宣判的最重刑罚为最低度，以全部合并之刑为最高度，然后法官在此限度之间选择一恰当的刑度加以执行的刑罚制度；（4）折中原

---

① 参见林钰雄著：《新刑法总则》，元照出版公司 2008 年版，第 546 页。

则：兼采以上三种原则，视所犯各罪之性质、种类等不同而分别采取适当合并处罚的原则。

采取区分制的有下列国家或地区的刑法：

（1）德国刑法。德国刑法规定的犯罪单数仅规定了想象竞合犯，而犯罪复数仅规定了实质竞合。牵连犯与连续犯均未规定于刑法之中。其刑法第52条第1款规定，同一行为触犯数个刑法法规，或数次触犯同一刑法法规的，只判处一个刑罚。第2款规定，触犯数个刑法法规的，依规定刑罚最重的法规确定刑罚。所判刑罚不得轻于其他可适用法规所规定的刑罚。第53条第1款规定，因犯数罪同时受审判，因而被判处数个有期自由刑或罚金刑的，应宣告总和刑。也就是说，德国刑法对想象竞合犯采取了从一重处罚的原则，而对实质竞合则按数罪并罚制度处理。

（2）日本刑法。日本刑法第45条规定："未经确定裁判之数罪为并合罪，如对某罪已有处禁锢以上之刑之确定裁判时，则仅以该罪与其裁判确定前所犯之罪为并合罪。"对并合罪的处理要适用数罪并罚规则。第54条第1款规定："一个行为触犯数个罪名，或犯罪之手段或结果行为，触犯他罪名时，以其最重之刑处断之。"根据该条规定，对想象竞合犯和牵连犯以最重之刑处断。另外，日本1974年的《改正刑法草案》将并合罪改称为"竞合犯"，并删除了牵连犯的规定，从而使得其刑法关于犯罪竞合的规定如德国刑法般只有竞合犯和想象竞合犯两种。

（3）意大利刑法。意大利刑法第73条第1款规定，如果数项犯罪可能导致判处同种类有期监禁刑，只适用一种刑罚，其刑期相当于对各项犯罪本应科处的总和刑期。第74条第1款规定，如果数项犯罪可能导致判处不同种类的监禁刑，各种监禁刑分别地和全部地予以适用。第75条第1款规定，如果数项犯罪可能导致判处不同种类的财产刑，各种财产刑分别地和全部地予以适用。该条规定的是对犯罪的实质竞合的处理。而第81条第1款则规定，对于以单一的作为或者不作为触犯不同的法律条款或者实施违反同一法律的数项侵害行为的人，按照对最严重的侵害行为本应科处的刑罚处罚，并且可在3倍的幅度内增加刑罚。[①] 第2款规定，如果某人为执行同一犯罪计划，以数个作为或者不作为，造成包括在不同的时间造成对同一法律或者该法律的不同条款的数项触犯，依照第1款规定的方式处罚。该条规定的是对想象竞合犯和连续犯的处理。据此，意大利刑法对犯罪的实质竞合采取的是并科原则。对想象竞合犯和连续犯采取的则是从一重加重处断的原则。

（4）我国台湾地区“刑法”。我国台湾地区原“刑法”规定了想象竞合犯、牵连犯、连续犯和狭义之实质竞合（数罪并罚的并合罪），对想象竞合犯、牵连犯均从一重处断，对连续犯以一罪论，但得加重其刑至二分之一，而对狭义之实质竞合则采取数罪并罚的方式。而2005年“刑法”修订后，删除了牵连犯和连续犯的规定，从而刑法中关于犯罪竞合的规定仅包括实质竞合和想象竞合，对前者采取数罪并罚的方式，对后者采取从一重处断的方式。其“刑法”第50条规定，裁判确定前犯数罪者，并合处罚之。第53条规定，一行为而触犯数罪名者，从一重处断。但不得科以较轻罪名所定最轻本刑以下之刑。

2. 同一制的内涵与立法例

所谓同一制，是指不区分犯罪竞合的形式与种类，不管是想象竞合犯、牵连犯、连续犯还是实质竞合，只要是行为人实质上触犯数罪名，也不论是一行为还是数行为犯之，不做区别，在刑法上做同样的处理。也就是说，采取同一制的立法例，并不区别犯罪单数与犯罪复数，也不管是行为单数还是行为复数，均一视同仁地采取相同的处理原则。

---

① 对想象竞合犯和连续犯“在3倍的幅度内增加刑罚”的译法，参照黄风译注：《最新意大利刑法典》，法律出版社2007年版，第33～35页。但在陈忠林译注的《意大利刑法学原理》一书中，翻译的是“加重该刑罚的三分之一”。

根据对犯罪竞合所采取的具体的处罚方式，同一制又可分为两种立法体例：

第一，均采取单一刑罚（基本上是从一重处断）的方式，即不论一行为触犯数罪名还是数行为触犯数罪名，不论是想象竞合犯、牵连犯、连续犯还是实质竞合，都一样直接宣告一个刑罚；至于如何界定这个单一刑罚的上下限，各国的处理方式虽有差异，但基本上皆是以最重刑罚的法规为基准，在此基础上再为一定的加重或限制。采取这种方式的主要有：

（1）奥地利刑法。奥地利刑法第 28 条第 1 款规定，行为人单一行为或独立之多数行为，违犯数个同种或异种之可罚行为，而同时接受裁判时，如其所竞合之法律，仅规定自由刑或罚金刑者，仅处以一个唯一之自由刑或罚金刑，此一刑罚依科以最重刑罚的法律定之。除了有特别减轻其刑之规定外，其处罚不得低于各竞合法律所规定最低刑罚之最高度。

（2）瑞士刑法。瑞士刑法第 68 条规定，因一行为或数行为可能被科以数个自由刑的，法官可就其最严重行为科处自由刑，并适当提高该自由刑的期限，但所提高之刑期不得长于应科处自由刑最高限之一半。判刑时法官应受刑种最高限的约束。行为人可能被科以数个罚金刑的，法官科处与行为人罪责相适应之罚金刑。

第二，均采取数罪并罚的方式，即不论是一行为触犯数罪名还是数行为触犯数罪名都采取数罪并罚的方式，即先对各罪分别定罪量刑，在此基础上再依据法定原则与方法决定执行刑。采取这种立法方式的主要有：

（1）俄罗斯刑法。俄罗斯刑法第 17 条第 1 款规定，实施两个或者更多个犯罪，而犯罪人未因其中任何一个被判刑的，是数罪合并；现行刑法典分则的条文将实施的两个或者更多个犯罪规定为加重刑罚的情节的，不是数罪合并。第 2 款规定，一行为包含被现行刑法两个或者更多个条文规定的犯罪要件的，也是数罪合并。根据该条的规定，不论是实际的数罪合并（即实质竞合）还是想象的数罪合并（即想象竞合犯），在俄罗斯刑法中都属于数罪合并，一律按照数罪并罚的方式处罚。

（2）英美法系国家刑法。英美法系国家无论是一行为触犯数罪名或数行为触犯数罪名，都采取数罪并罚，都是就所犯数罪分别宣告其刑罚。例如，美国刑法中没有牵连犯和想象竞合犯的概念，同一行为构成两个以上犯罪的，对各罪均应追诉。“同一行为构成两个以上罪”有多种含义：一个被告人在一次打斗中伤了几个人，可定几项伤害罪；开一枪打死打伤各一人，构成杀人和伤害两项罪；某人殴打并威逼一妇女令她跟随到其家中，并强行实施了性行为，这一行为过程构成了殴打、绑架和强奸三项罪。复合行为（手段行为与目的行为）构成的罪，如果手段行为超过限度而构成罪的，则可以与目的行为实行数罪并罚；而犯罪结果超过限度而构成罪的，则可以与犯罪行为实行数罪并罚。①

（二）我国刑法采取的模式

对于犯罪竞合问题，我国刑法只规定了数罪并罚的原则与方法，对其他竞合形态和种类并未作出规定。但是，在理论与实践中，均详尽地探讨了想象竞合犯、牵连犯、连续犯等真正犯罪竞合形态；并且传统理论认为，上述三种形态均不实行数罪并罚，而是从一重处断或按一罪从重或加重处罚。因此，我国刑法在犯罪竞合的法律效果问题上也是采取了区分制的做法，通过区分不同的竞合形式和种类而规定不同的法律效果。

（三）处罚模式之选择

在各国刑法自身不断发展以及互相借鉴交流的过程中，不少学者在犯罪竞合的处罚问题上，对于本国刑法所采取的体例模式并非毫无异议。不少学者提出疑问：区分不同的犯罪竞合形式、种类有

---

① 参见储槐植著：《美国刑法》，北京大学出版社 2005 年版，第 115 页。

意义吗？对不同的犯罪竞合种类应该采取不同的（或相同的）处理原则吗？为什么其他国家采取了不同的做法？所有的这些疑虑其实都可以归结为一个根本的问题：区分制与同一制孰优孰劣、应如何选择呢？

在这个问题上，从主要国家刑法学界的动向来看，主要有以下两种趋势：一是有学者建议对所有的犯罪竞合形态一律采取单一刑（即从一重处罚）的模式，二是有学者提倡所有的犯罪竞合形态一律采取数罪并罚的模式。

1. 是否应当一律采取单一刑的模式

其实这一问题在德国刑法于20世纪60年代进行改革的时候，就曾引起相当热烈的讨论。不少学者主张采用单一刑，对于即便是构成了数个独立的犯罪行为的，也只宣告一个单一刑，并建议对触犯多个法规的适当提高要科处的刑罚。最后立法者经过讨论，仍然保留了根据细分原则的竞合规定。[①] 其实不仅在德国刑法理论界，在我国、日本等国家的刑法学界这一问题也存在颇多争议。因此，让我们不得不深入思考的是：对于犯罪竞合的不同形式与种类尤其是对于一行为触犯数罪名与数行为触犯数罪名，在刑法上是否应该做区别处理，还是一视同仁地一律从一重处罚？

（1）观点的对立。提倡单一刑者主张对于犯罪竞合的法律效果问题并没有区分处理的必要，而应采取相同的处理原则。其理由是：首先，犯罪行为系源自行为人之人格，而人格亦系借由行为加以表现。故而整个犯罪情状，实乃行为人症状之表现，所以相关之判断标准，应不在个别行为，而是在行为人。而行为人人格，系一不可分割之整体，故有必要为单一之处理。[②] 其次，透过单一刑的

① ［德］约翰内斯·韦塞尔斯著：《德国刑法总论》，李昌珂译，法律出版社2008年版，第459~460页。

② 参见柯耀程著：《刑法竞合论》，中国人民大学出版社2008年版，第35~36页。

规定，可以达到诉讼经济的目的。“单一刑比较简单，在实践中易于操作”,[①] 因为采纳单一刑，既不需要分辨行为的个数，也不需要分别是哪种竞合形态。最后，对于想象竞合以及实质竞合的区别处理，并不是立法上的通例。例如，在奥地利，对于一行为触犯数罪名与数行为触犯数罪名做相同的处理，都是采取单一刑罚，并且采取吸收原则；瑞士的情况也是如此，只不过在单一刑罚上采取加重原则。北欧国家大抵上对于一行为与数行为也不做区分。

而反对者针对单一刑的缺陷指出：单一刑并不若个别刑对科刑的正确性，提供更有效之保证。此外，于实质竞合之处理上，若仅基于简化诉讼程序及舒缓法院之工作量的原因，而导入单一刑制度，则于法理之妥当性与合理性，颇令人怀疑。因为一方面必不能免除刑罚裁量上失虑及欠缺准确性之隐忧，且亦难以担保法官之一般化处理，即定型化之科刑，而忽略个别上之差异。另一方面，因未对个别刑予以宣告，而使得不法之程度及罪责轻重之认定易流于恣意。[②]

（2）单一刑模式之否定。与区分制的模式相比，单一刑模式在贯彻刑法的基本立场、诉讼经济、保证罪行的均衡与量刑的公正性等方面做得并不好。

首先，单一刑模式与行为刑法的基本立场不甚相符。提倡单一刑模式者所提出的第一条理由，实际上立于行为人刑法的基本立场，反映了行为刑法与行为人刑法两种基本观点的对立。行为刑法与行为人刑法的区分源于刑法上古典学派与近代学派之争。行为刑法概念是一种法定的规则，根据这个规则，刑事可罚性是与在行为构成方面加以限定的单一行为（或者可能情况下的多个行为）相

---

① ［德］约翰内斯·韦塞尔斯著：《德国刑法总论》，李昌珂译，法律出版社 2008 年版，第 459～460 页。

② 参见柯耀程著：《刑法竞合论》，中国人民大学出版社 2008 年版，第 36 页。

联系的，同时惩罚仅表现为对单个行为的反应，而不是表现为对行为人整体生活导向的反应，更不是表现为对一种行为人所期待的未来危险的反应。行为人刑法则相反，刑罚是与行为人的人格性相联系的，同时，刑罚是由行为人对社会的危害及其程度决定的。行为人不是因为实施了一个行为而有罪，而是因为他是“一个这样的人”而成为法定责难的对象。[①] 根据李斯特的说法，“应受处罚的不是行为而是行为人”。[②] 虽然行为人刑法对现行法律存在有效的影响，如累犯、惯犯、常习犯、常业犯以及保安处分等规定反映着行为人刑法的思想精神，但是无法无罪和无法无罚这个宪法的基本原则，对于行为刑法的发展是比对行为人刑法的发展更有利的；建立在自由的法治国家基本原则基础上的一种法律制度，总是倾向于行为刑法的。[③] 绝大多数国家的刑法基本上采取了客观主义的立法原理，是一部“行为刑法”。从这一立场出发，单一刑倡导者所谓的“整个犯罪情状，实乃行为人症状之表现，所以相关之判断标准，应不在个别行为，而是在行为人”的论断并不正确，从而其所谓“行为人人格，系一不可分割之整体，故有必要为单一之处理”的结论也失去了立论根据。

我国刑法主要采行的是行为刑法，换句话说，是否该给予刑罚，以及应该给予如何之刑罚，其标准是建立在犯罪行为本身的质与量上。在行为刑法的体系下，法律依其犯罪行为内容而分别有其法定刑，易言之，如果没有犯罪竞合的情况，其刑罚是依其各个犯罪行为之内容而定的。现在在行为人的行为触犯数罪而发生竞合的

---

① ［德］克劳斯·罗克辛著：《德国刑法总论》（第 1 卷），王世洲译，法律出版社 2005 年版，第 105～106 页。

② 参见张明楷著：《刑法的基本立场》，中国法制出版社 2003 年版，第 38 页。

③ ［德］克劳斯·罗克辛著：《德国刑法总论》（第 1 卷），王世洲译，法律出版社 2005 年版，第 106 页。

情况下，不管是一行为触犯数罪名还是数行为触犯数罪名，这一个基本立场还是没有变，所以刑罚的决定依然不能不以各个犯罪行为的内容以及其评价为基础，否则一来欠缺量刑的客观标准，二来也有背离行为刑法的嫌疑。① 而在行为刑法的基本立场下，一行为触犯数罪名与数行为触犯数罪名的不同情况，在刑法上理应进行不同的处理，赋予不同的法律效果。

其次，单一刑的模式并不一定比区分制具有诉讼经济的优势。采取单一刑罚，并不是只就数罪中最重的一罪加以审理就可以了，基于罪行均衡原则和量刑公正性的要求，必须也对重罪以外的其他犯罪进行实质上的审理与量刑工作。因此，希望以单一刑罚的立法方式省去诉讼上对各个独立行为的审理工作，而达到所谓诉讼经济的目的，事实上不可能，法理上也不应该。② 也就是说，一行为触犯数罪名与数行为触犯数罪名的不法、责任内涵毕竟有所不同，即使采取单一刑的模式，对于一行为触犯数罪名与数行为触犯数罪名的不同竞合类型仍然要在量刑时予以区别，从而仍然要区分行为的个数、确定属于何种竞合种类。所做的实质审理工作并未比区分制减少，很难说存在诉讼经济的优势。

再次，一律采取单一刑的模式，在数行为触犯数罪名的情况下，因未对个别刑予以宣告，而使得不法之程度及罪责轻重之认定易流于恣意，容易导致“在一定的情况中不同的被相同处理”。③ 虽然在单一刑的模式下，对于不同的竞合形态也可以在量刑上有所差别，但是单一刑一般皆是依最重之刑罚规定来处断，且往往量刑

---

① 黄荣坚：《犯罪的结合与竞合》，载《刑法问题与利益思考》，元照出版公司2003年版，第470页。

② 转引自黄荣坚：《犯罪的结合与竞合》，载《刑法问题与利益思考》，元照出版公司2003年版，第471页。

③ ［德］约翰内斯·韦塞尔斯著：《德国刑法总论》，李昌珂译，法律出版社2008年版，第460页。

上有最高限制（如瑞士刑法规定最重不得超过应科处自由刑最高限之一半，且受法定刑最高限之限制），因而在差别处理的空间上，单一刑相对于区分制要狭窄得多。

最后，虽然对于想象竞合以及实质竞合的区别处理并不是立法上的通例，但同样地，单一刑的模式也不是立法上的通例。其他国家如何规定，并非是采取某种做法的充分理由。对犯罪竞合形态到底要不要区分不同的竞合种类而在法律效果上采取不同的处理原则，关键还是要看各种模式本身的利弊以及本国的法治实际状况，既要与本国刑法理论具有体系上的一贯性，也要考虑本国的法治传统及司法实践。

2．是否一律采取数罪并罚的模式

与德国情况不同的是，近来我国越来越多的学者对罪数和犯罪竞合问题进行了深刻的探讨与反思，并对想象竞合犯等诸种竞合形态提出了新的处理原则，认为对想象竞合犯、牵连犯、连续犯都应当实行数罪并罚。如此一来，不管是哪种犯罪竞合形态，都只需数罪并罚了。由此引发的问题是：对于犯罪竞合形态，是否应当一律采取数罪并罚的模式？

由于我国传统刑法理论仍然认为想象竞合犯、牵连犯、连续犯只需从一重处断，因此就我国刑法而言，是否一律采取数罪并罚的模式需要特别讨论的就是想象竞合犯、牵连犯、连续犯是否应数罪并罚。一律采取（或者不采取）数罪并罚的模式，在各种竞合形态中当然存在共性的根据或原因，但是由于上述不同的竞合形态的各自结构特征不尽相同，因而在处理原则的确定上，不同竞合形态的各自特性就更为重要。因此，对这一问题的探讨将在下篇的各章节中具体展开。

下篇　分　论

第四章　想象竞合犯

第一节　想象竞合犯的概念与结构特征

一、想象竞合犯的概念

（一）通说对想象竞合犯的概念界定

想象竞合犯，也称想象的数罪、观念的竞合。尽管各国对想象竞合犯的立法规定不尽相同、理论阐释也有所出入，但在对想象竞合犯概念的界定上却是基本一致的。例如，日本学者认为，所谓观念的竞合，是指一个行为触犯两个以上的罪名的场合。[①] 我国通说也认为，想象竞合犯是指一个行为触犯数个罪名的犯罪形态。[②]

---

① ［日］大塚仁著：《刑法概说》（总论），冯军译，中国人民大学出版社 2003 年版，第 421 页；［日］大谷实著：《刑法讲义总论》，黎宏译，中国人民大学出版社 2008 年版，第 441 页；［日］西田典之著：《日本刑法总论》，刘明祥、王昭武译，中国人民大学出版社 2007 年版，第 348 页。

② 高铭暄、马克昌主编：《刑法学》，北京大学出版社、高等教育出版社 2007 年版，第 203 页；王作富主编：《刑法》，中国人民大学出版社 2007 年版，第 207 页；吴振兴著：《罪数形态论》，中国检察出版社 2006 年版，第 59 页。

（二）对通说定义的进一步阐释——“触犯数罪名”的实质含义

数罪名的最终评价标准仍然是具体犯罪的犯罪构成。所谓触犯两个以上的罪名，是指一行为触犯数个法条，数次接受构成要件评价。[①] 因此，“触犯数罪名”的实质含义是实现了数个具体的犯罪构成。如此一来，想象竞合犯可界定为：一行为实现数个犯罪构成的犯罪形态或一个事实行为产生数个构成要件该当性的犯罪形态。

二、想象竞合犯的结构特征

（一）一个行为

单一行为不但是想象竞合成立的根本前提条件，更是决定想象竞合单一可罚性性质的基础，可谓想象竞合可罚性认定的基石，[②] 是想象竞合犯与实质竞合形态的关键区别所在。此处所谓的“一个行为”，并非经过法的评价，而是根据自然观察、社会的一般观念所得到的事实现象之概念，其与经过法规范评价的“数罪名”、“数构成要件”之概念相对应，即“一个行为”对应于数个构成要件行为、数个主观罪过、数个犯罪客体，实现了数个犯罪构成。在此可以看出，社会观念上的行为个数与犯罪构成意义上的行为个数在想象竞合犯中存在不一致的现象，而之所以会产生二者的不一致，是因为事实情况变幻无穷而法规范数量有限，构成要件作为对事实的一种规范评价标准，有时必须依赖相互作用才能完整地对事实的不法、责任内涵进行评价。例如，行为人欲枪杀甲，不料不但

---

① ［日］大谷实著：《刑法讲义总论》，黎宏译，中国人民大学出版社2008年版，第441页。

② 柯耀程著：《刑法竞合论》，中国人民大学出版社2008年版，第186页。

打死了甲，同时也不慎将过路人乙打死了，必须依赖故意杀人罪和过失致人死亡罪这两罪的犯罪构成才能完整地评价其行为，从而在规范评价上产生两个构成要件行为、两个主观罪过、两个犯罪客体。

至于如何判断行为的个数，已在第二章进行了详细的探讨，在此不再重复。

（二）数个犯罪构成

1. 基本含义

想象竞合犯是一行为触犯数个犯罪构成的形态，数个犯罪构成被实现是想象竞合犯成立的又一个前提条件。并且，一行为所实现的数个犯罪构成，必须是“在构成要件的评价上，实质性地符合数个构成要件，成立数罪，只是外形上符合数个罪名的场合，是法条竞合，而不是观念竞合”。①

2. 是否包括数个相同的犯罪构成

想象竞合犯中的“数个犯罪构成”是数个相同的犯罪构成还是数个不同的犯罪构成，涉及是否承认同种想象竞合犯的问题。依据行为所触犯的数罪名是不同种罪名还是同种罪名或者说是不同种的犯罪构成还是同种犯罪构成，学说上将想象竞合犯分为异种想象竞合犯与同种想象竞合犯。前者指行为人的同一行为，实现数个不同种罪名的构成要件，如对执行公务的检查人员施以暴力加以伤害的，就构成了妨害公务罪和故意伤害罪。后者指行为人所为的同一行为实现数个同种罪名的构成要件，如行为人开一枪而击毙两人，触犯了两个杀人罪。是否承认同种想象竞合犯在我国仍是一个存有争议的问题。

（1）域外学说与判例的考察。德国刑法第 52 条（1）明确规

① ［日］大谷实著：《刑法讲义总论》，黎宏译，中国人民大学出版社 2008 年版，第 444 页。

定，同一行为触犯数个刑法法规，或数次触犯同一刑法法规的，只判处一个刑罚。此条即是对想象竞合犯的立法规定，该条已明确了想象竞合犯包括异种类的竞合和同种类的竞合两种情况。并且，在很久以前判例和主流理论对此就表示赞同。德国学者认为，行为同时触犯了数个法律，既可以适用不同的刑法法规，也可以数次适用同一刑法法规，两者均是可能的。第一种情况被称为不同种类的想象竞合犯，第二种情况被称为相同种类的想象竞合犯。① 因而在德国，学者们并不讨论是否承认同种想象竞合犯的问题，确切地说这根本不是个问题，因为立法已明确作出了规定：想象竞合犯当然包括同种类的竞合。

在日本，曾有少数学者否定同种类的想象竞合犯，如牧野英一认为，在该场合中因为犯罪意思只有一个，所以应作为本来的一罪。② 但是，现行通说与判例还是认为，犯罪个数是由符合构成要件的次数所决定的，只要一个行为受到数个构成要件上的评价，即便是相同的构成要件，也应看成是"一个行为触犯两个以上罪名"的情况。所以，不管是异种类的观念竞合还是同种类的观念竞合，在所不问。③ 由此看来，目前在日本刑法学界，想象竞合犯自然也包括同种类的想象竞合犯。

在我国台湾地区刑法学界，同种竞合应否包括于想象竞合犯范围内，学者间也曾颇有争议，有学者认为同种竞合系单纯一罪、有单一法条可以适用，毋庸认为想象竞合犯。但是，通览台湾地区现在的通说及实务，则不认为有如此限制，无论同种竞合或异种竞

---

① ［德］汉斯·海因里希·耶赛克、托马斯·魏根特著：《德国刑法教科书》（总论），徐久生译，中国法制出版社2001年版，第874页。

② ［日］牧野英一著：《日本刑法》（上），有斐阁1939年版，第507页。

③ ［日］大谷实著：《刑法讲义总论》，黎宏译，中国人民大学出版社2008年版，第441页。

合，均是刑法上之想象竞合犯。[1]

由此可见，在国外及我国其他地区，即使曾经有过争论，但在现今理论与判例上，想象竞合犯包括异种类的想象竞合犯和同种类的想象竞合犯已是一个毫无争议的结论。

（2）我国学说的争议。与国外情况不同，是否承认同种想象竞合犯在我国是一个仍存有争议的问题。肯定说认为，想象竞合犯既包括异种类竞合，也包括同种类的竞合。例如，陈兴良教授认为，想象竞合犯具备数罪特征，在承认同种数罪和异种数罪的前提下，应当合乎逻辑地引申出同种类的想象竞合犯和异种类的想象竞合犯。[2] 但是，我国绝大多数学者还是持否定说的观点，认为想象竞合犯不包括同种类的竞合，理由是：第一，只有数个不同的罪名才是数罪名；第二，承认想象竞合犯的目的在于行为触犯的数罪名中，解决应按哪一个罪名定罪量刑的问题，同种类的想象竞合，在确定行为的罪名上不发生任何疑问，把它作为想象的数罪，对审判工作也没有什么实际意义。[3]

（3）本书的立场。在是否承认同种想象竞合犯的问题上，我国与德日等国家之所以存在如此大的差异，最根本的原因还在于刑法典罪刑的规定方式不同以及司法实践习惯的不同，这与我国对同种数罪原则上不按刑法第 69 条进行数罪并罚，而德日等国刑法无论对异种数罪还是同种数罪都一律数罪并罚，实际上是出于相同的原因。

德日等国之所以承认同种想象竞合犯是因为在理论上、逻辑上

---

① 参见韩忠谟著：《刑法原理》，中国政法大学出版社 2002 年版，第 241～242 页。

② 陈兴良著：《刑法适用总论》（上卷），法律出版社 1999 年版，第 659 页。

③ 参见马克昌主编：《犯罪通论》，武汉大学出版社 2005 年版，第 676 页。

想象竞合犯本应当包括异种类的竞合和同种类的竞合。构成要件是确定罪数的标准，触犯数个构成要件或数次触犯一个构成要件的，都无疑属于数罪的范畴。同种类的想象竞合也是一行为数次触犯同一个构成要件的情况，当然也属于数罪的范畴之内。而犯罪竞合者是在行为实现了数个犯罪构成的情况下，确定如何定罪量刑、如何科处刑罚的问题。同种类的想象竞合，虽然在罪名确定上不产生异种类的想象竞合的问题，但在如何科处刑罚上，仍然要依据一定的规则确定一个最终的刑罚。除了在实现的数个犯罪构成要件的性质上存在差异外，同种类的想象竞合犯与异种类的想象竞合犯并不存在实质性的差别，关于异种想象竞合犯的处理原则仍可以适用于同种想象竞合犯。

而我国刑法学界之所以普遍地不承认同种想象竞合犯，还在于我国刑法的特殊性。不管在理论上、应然上同种数罪应采取何种处理原则，大家不得不承认的事实是，在实践中、实然上我国刑法中的同种数罪原则上是不并罚的。同种数罪这一概念在德日等国家的刑法中因不具有独立的意义而被归于实质竞合（并合罪）中。但在我国，由于在实践中其与异种数罪的处理原则明显不同，在理论上关于同种数罪的处理原则也争论颇多，不论从理论上还是实践上看，这一概念都具有了独立的存在意义。在司法实践中遇有同种数罪的情况时，往往就将同种数罪的情况作为数额犯、情节加重犯、多次犯等直接确定与其相应的法定刑幅度，而不按照数罪并罚规则来处理。这样，在对同种数罪不实行并罚的情况下，同种想象竞合概念在区分罪数上可能是无意义的。[①] 因为既然连同种数罪都不需要数罪并罚，则区分同种数罪与同种想象竞合犯也就没有了意义。例如，行为人开一枪，打死了两个人，可以将其作为情节严重的情况而在杀人罪的第一个量刑幅度内裁量刑罚，从而不需要再依据想象竞合犯的处罚规则来解决这一问题，这就使得承认同种的想象竞合

① 陈兴良：《刑法竞合论》，载《法商研究》2006 年第 2 期，第 108 页。

犯在我国就没有了多大的现实意义。但是，一旦同种数罪也适用数罪并罚规则，则承认同种想象竞合犯就可以将一行为触犯数个同种罪名的情况与数行为触犯数个同种罪名的情况区别对待，从而具有了重大意义。

由此可见，我国刑法学界之所以不承认同种想象竞合犯，根源还在于传统理论认为同种数罪无须数罪并罚。因此，是否承认同种想象竞合犯，还要看同种数罪的处理原则。本书的立场是，除了属于数额犯的同种数罪可以适用累计数额处罚方式外，其余的同种数罪都应当适用刑法第 69 条规定的数罪并罚。如此一来，除了数额犯以外，承认同种的想象竞合犯就具有了重大价值。

第二节　想象竞合犯与法规竞合的区分

如何区分想象竞合犯与法规竞合，不但是困扰着广大刑法学者的一大疑难问题，而且也是令实务工作者深感棘手的问题之一。对于想象竞合犯的处罚不管是采取从一重罪处断的模式还是数罪并罚的模式，其与法规竞合的处罚都迥然有异、差别悬殊。从而，合理地界定想象竞合犯与法规竞合的界限、正确地判断罪数形态的类别归属，就成为非常重要的问题。

一、法规竞合的概念与类型

（一）法规竞合的概念

法规竞合又称为法条竞合、法律单数、法规单数、法条单一、假性竞合、不纯正竞合等。不同国家的不同学者从不同的视角出发，对法规竞合的定义可谓林林总总、不尽一致。有侧重于法律效果者，如德国学者韦塞尔斯指出，法规单数是这样的情况，从法律条文看是满足了数个犯罪行为构成要件，但实际上是首先要适用的那个刑罚法规定，排斥对其余规定的适用，在行为单数的范围内，这个“非纯正竞合”的表现形式被归纳在法规单数的概念之下。[①]日本的大塚仁认为，法规竞合是一个行为在外表上可以认为相当于数个构成要件，但实际上只适用某一个构成要件，其他的构成要件当然应该被排除的场合。[②] 也有的学者除了指出法规竞合的效果外，还指出竞合的原因，如日本的吉川经夫认为，法规竞合是指某一行为虽然从外观上看与数个刑罚法规相符合，但实际上，由于这些刑罚法规的构成要件内容是重复的，所以只能从这些法规中适用含着对该行为包括评价的一条法规，而排除其他条文适用的情况。[③] 我国刑法理论认为，所谓法规竞合，或称法条竞合，指行为人实施一个犯罪行为同时触犯数个在犯罪构成上具有包容关系的刑法规范，只适用其中一个刑法规范的情况。[④] 法条竞合是指因刑法条文对同一犯罪行为的错综规定，造成该行为的性质与数个所规定的构成要件具有包容或者交叉关系的情景。[⑤]

尽管上述国内外学者对法规竞合的定义不尽相同，但从上述定义中可反映出学界在以下几点上基本达成了共识：

第一，法规竞合是行为单数的情况，即一行为与数个构成要件相符的情况。正是因为法规竞合也以行为单数为前提，才与同以行为单数为前提的想象竞合犯产生难以辨别的问题。当然，刑法学界尤其是国外的刑法学界对此仍有异议，认为行为复数也能成立法规竞合。例如，德国学者耶赛克认为，想象竞合和实质竞合通过行为

---

① ［德］约翰内斯·韦塞尔斯著：《德国刑法总论》，李昌珂译，法律出版社 2008 年版，第 477 页。

② ［日］大塚仁著：《刑法概说》（总论），冯军译，中国人民大学出版社 2003 年版，第 418 页。

③ ［日］木村龟二主编：《刑法学词典》，顾肖荣、郑树周等译，上海翻译出版公司 1992 年版，第 397 页。

④ 高铭暄、马克昌主编：《刑法学》，北京大学出版社、高等教育出版社 2007 年版，第 204 页。

⑤ 王作富主编：《刑法》，中国人民大学出版社 2007 年版，第 224 页。

单数和行为复数的基本概念就可以清楚地加以区别，法条单一可出现于上述两种情况下，因此既可以表现为“表面上的（非真正的）想象竞合”，也可以表现为“表面上的（非真正的）实质竞合”。[①] 日本的团藤重光也认为，即使数行为符合数个不同的构成要件，其中一个构成要件能够包括地评价其他构成要件时，也是法条竞合。[②] 这些学者之所以也将行为复数的情况一并归纳在法规竞合的概念之下，是因为他们认为，即使是行为复数，若只是表面上符合数个刑法法规的，其处理方式与行为单数的情况并无不同，即都是只适用其中一个构成要件而排斥其他构成要件的情况。但是，尽管有上述不同声音的存在，大多数刑法学者还是将法规竞合界定为一个行为在表面上、外观上符合数个犯罪构成的情况。至于数个行为表面上触犯数个构成要件而最终只适用一个构成要件的情形，则归纳于共罚的事前事后行为的概念之中。

笔者认为，将共罚的事前事后行为与法规竞合予以区分，有利于以行为单复数为前提建立清晰明确的有关罪数的判断体系，即在行为单数的情况下，排除法规竞合的不真正竞合的情形，即为想象竞合犯；在行为复数的情况下，排除共罚之行为的不真正竞合的情形，即为实质竞合。

第二，表面上、外观上触犯数个刑法法规，满足数个构成要件。这包含两层含义：其一，法规竞合触犯了数个刑法法规，实现了数个构成要件。之所以会产生法规竞合的现象，首先在于立法者为准确地反映行为的不法内涵、充分地保护法益，刑法往往在基本规范之外，另行制定出特别规范。通常所形成之规范，均有其最根本的基本形态，也就是基本规范。在基本规范中，通常均为单型的形态，其内容都以评价客体的最单纯形态作为规范之对象。例如，

① ［德］汉斯·海因里希·耶赛克、托马斯·魏根特著：《德国刑法教科书》（总论），徐久生译，中国法制出版社2001年版，第893～894页。

② ［日］团藤重光著：《刑法纲要总论》，创文社1990年版，第445页。

剥夺他人生命法益之行为，即以单纯之“杀害”作为基本规范。[1]但是，犯罪行为具有无限性、多样性。例如盗窃有一般盗窃和入室盗窃之分，有盗窃一般物品和盗窃枪支弹药之别；再如诈骗，可以是一般的诈骗，当然也可以利用合同、票据等不同手段来诈骗。具体形态不同，社会危害性自然就有所差别。刑法规范为准确地反映出这些不同形态行为的不法内涵、充分地保护法益，往往在基本规范或一般犯罪构成中，特别加入犯罪主体、行为手段、对象、目的、危害结果等要素，从而形成特别规范或特别犯罪构成。从而就使得基本规范与特别规范间形成重合。其次，随着刑事立法的发达、刑法分则条文的细密化，抽象的、具有较广涵盖内容的犯罪构成之间往往存在此一构成的一部分可能成为彼一构成的一部分乃至全部的现象。最后，刑事立法技术的发达与否也是法规竞合现象存在的原因之一。其二，法规竞合只是表面上、外观上触犯数个刑法法规，满足数个构成要件。由于适用于同一行为的数个法条之间存在重合的现象、数个构成要件之间存在互相包容或互相交叉的逻辑关系，在法规竞合的情形下，适用其中一个构成要件即足以对行为进行完全的评价、对法益进行充分的保护，若将数个构成要件同时适用，则必然存在对行为的重复评价，违法禁止重复评价原则。因而在法规竞合中，其余构成要件的该当也只是“疑似”该当，实际上并未被实现。因此，法规竞合所谓的实现数个犯罪构成只是表面上同时符合数个犯罪构成，可以适用数个法律条文，而实质上只符合一个犯罪构成，仅有一个法律条文可以适用。[2] 这与想象竞合犯不同，想象竞合犯是确实地、真正地触犯了数个刑法法规、实现数个构成要件。

---

① 柯耀程著：《刑法竞合论》，中国人民大学出版社 2008 年版，第 42 页。

② 刘明祥：《论法条竞合的范围和适用原则》，载《中国刑事法杂志》1996 年第 4 期，第 16 页。

第三，在法规适用上，只适用其中某一个构成要件，其他构成要件当然被排除。法规竞合的情形，适用其中一个构成要件即可对行为进行全面充分的评价：在罪名宣告上，用一个构成要件就可以涵盖整个犯罪事实；在刑罚裁量上，用一个罪名的法定刑就可以做到罪刑相当。其他构成要件自始至终并不发挥作用，并不出现在判决书主文中，对定罪量刑也不产生影响。

（二）法规竞合的类型

1. 德日刑法中法规竞合的类型

（1）特别关系。特别关系是指某项刑法条文在概念上必然也包容另一条文的所有特征，以至于实现了特别的犯罪构成要件的，也就必然实现了一般构成要件。也就是相竞合的两个以上的法条之间存在一般法和特别法的关系。在这种场合，适用相当于特别法的法条，如杀害尊亲属罪与杀人罪、保护责任人遗弃罪与遗弃罪之间即存在特别法与一般法的关系。

（2）补充关系。补充关系是指相竞合的两个以上的法条之间是基本法和补充法的关系，适用基本法规时，补充规定即不再适用；仅在基本规定不能适用时，补充规定才补充地加以适用。例如，在适用伤害罪时，就不适用暴行罪。补充关系包括明示的补充关系（形式的补充关系）和默示的补充关系（实质的补充关系）。前者是法律字面上明确规定只有在不适用其他规定时才适用本规定的场合，后者是产生于数个刑法法规意义上的联系的解释的场合。一般认为，默示的补充关系存在于对同一法益侵害强度不同（如既遂罪与未遂罪、杀人罪与伤害罪、侵害犯与危险犯之间）和侵害阶段不同（如正犯与共犯、作为犯与不作为犯、故意犯与过失犯之间）这两种类型之间。

（3）吸收关系。吸收关系是指在可能适用于行为的数个构成要件中，其中一个构成要件对于行为的判断，已足以涵盖整个行为的不法内涵与罪责内涵，仅适用该构成要件即已足够，其他构成要件被排斥而不适用，此时即是吸收法优于被吸收法。吸收关系的类型包括典型的伴随犯和共罚的事后行为，前者如在杀人而毁损衣服的场合，毁损器物罪被杀人罪所吸收，后者如盗窃后占有他人财物的，不构成独立的侵占罪。

（4）择一关系。择一关系是指竞合的数个构成要件相互为排他性关系，只适用其中的某一个构成要件，排除其他构成要件的适用。例如，适用诡计妨害业务罪的话，就不适用威力妨害业务罪。德国刑法已普遍地否认择一关系是法规竞合的类型，日本通说虽然仍承认择一关系，但目前否定说的倾向正变得有力。[①] 例如，大塚仁认为，所谓择一关系的场合，对具体的事例应适用哪一法条，实际上只不过是事实认定的问题，各法条本身并没有竞合。所以，认为择一关系是法条竞合的一种是不妥当的。[②] 西田典之也认为，并无必要认为法条竞合还包括择一关系。[③]

2. 我国刑法中法规竞合的类型

我国刑法学者对法规竞合的类型表述不太一致。陈兴良教授主张两类四种说，首先根据竞合法条之间的从属或交叉的逻辑关系，将法条竞合划分为两类：从属关系的法条竞合和包容关系的法条竞合。前者指两个罪名概念中，其中一个罪名概念的外延为另一个罪名概念的外延的一部分。根据从属关系的表现不同，又可分为独立竞合（也称局部竞合，是指一个罪名概念的外延是另一个罪名概念的外延的一部分，而犯罪行为正适合于这一部分的情形，如诈骗罪和集资诈骗罪）和包容竞合（也称全部竞合，是指一个罪名概念的内涵是另一个概念的内涵的一部分，但犯罪构成的内容已超出

① ［日］中山研一等编：《现代刑法讲座》（第3卷），成文堂1982年版，第289页。

② ［日］大塚仁著：《刑法概说》（总论），冯军译，中国人民大学出版社2003年版，第418页。

③ 参见［日］西田典之著：《日本刑法总论》，刘明祥、王昭武译，中国人民大学出版社2007年版，第345页。

内涵窄的罪名概念的情形，如放火罪与故意杀人罪）。后者指在两个罪名概念中，其外延各有一部分相交。根据交叉关系的表现不同，又可分为交互竞合（指两个罪名概念之间各有一部分外延相互重合，如诈骗罪和招摇撞骗罪的法条之间）与偏一竞合（指两个法条交叉重合，但犯罪行为已经超出重合范围的情形）。[①] 此外，还有许多其他学者主张的五类型、四类型等各种不同观点。但是，尽管存在着多种不同的见解，我国的通说仍持二类型说的观点，即认为法条竞合分为两种，即包容竞合和交叉竞合。

（1）包容竞合。包容竞合是指不同的条文所确定的犯罪构成之间具有包容与被包容的关系，如盗窃罪与盗伐林木罪之间，诈骗罪与保险诈骗罪之间就是一种包容性的竞合，盗窃罪、诈骗罪完全可以包容盗伐林木罪、保险诈骗罪。

（2）交叉竞合。所谓交叉竞合，是指在竞合的法条中，一个法条的部分内容与另一法条的部分内容相重合。例如，刑法第 266 条规定的诈骗罪和第 279 条规定的招摇撞骗罪。诈骗罪包括冒充国家工作人员骗取财物的内容，但不限于此，还可以是采取其他虚构事实、隐瞒真相的方法骗取财物；招摇撞骗罪也包括冒充国家工作人员骗取财物的内容，但除此之外，还可以是冒充国家工作人员骗取其他非法利益。因此，二者在冒充国家工作人员骗取财物这一点上就有重合。

二、区分想象竞合犯与法规竞合的学说及其评析

关于想象竞合犯与法规竞合的区分问题，首先需要澄清的是，这里所说的二者的区分并不等同于二者的区别。关于二者的区别，我国通说认为，主要有以下几点：第一，想象竞合犯是犯罪行为或犯罪行为所触犯的不同罪名的竞合，属于犯罪数之单复的形态；法

---

① 陈兴良著：《刑法适用总论》（上卷），法律出版社 1999 年版，第 747 ~ 793 页。

规竞合是法律条文的竞合，属于法条之关系的形态。第二，想象竞合犯是观念的竞合，其以一个犯罪行为触犯的数个不同种罪名由于观念因素或主观认识的影响而产生竞合；而法规竞合是由于客观存在着的法律条文的错综规定而致不同罪名的数个法条发生竞合。第三，想象竞合犯所触犯的数个法条之间不存在重合或交叉的关系；对于法规竞合所涉及的规定，不同种罪名的数个法条之间必然存在重合或交叉关系。第四，想象竞合犯中数个法条发生关联，是以行为人实施特定的行为为前提，而法规竞合所涉及的不同种罪名的数个法条之间的重合或交叉关系不以犯罪行为的发生为转移。第五，想象竞合犯的处断原则是从一重处断，而法规竞合只能选择适用一个法条。第六，想象竞合犯所解决的是罪数问题和如何处罚问题；法规竞合所解决的是法律适用问题。[①] 上述几点可谓概括全面，除了第四点是否以行为的发生为前提遭到了多数学者的批判外，其他几点基本上为绝大多数学者所赞同。但是，在想象竞合犯与法规竞合的关系问题上，重要的是在一个犯罪事实发生后（前提当然是在行为单数的情况下），判断其到底是想象竞合犯还是法规竞合。上述通说固然指出了想象竞合犯与法规竞合的不同之处，但这些所谓的区别并不能都起到有效地界定二者的界限的作用。二者法律性质、产生原因、处理原则等的不同固然是其区别，但是从二者法律性质、产生原因以及处理原则的不同上，并不能判断出某个犯罪事实到底是想象竞合犯还是法规竞合，更何况所谓处理原则的不同更是在界定了想象竞合犯或法规竞合之后的事情，也就是区分二者在前，法律后果差异在后，在还未断定属于何种罪数形态之前，又如何判断其处理原则呢？

因此，所谓想象竞合犯与法规竞合的区分，重点并不在于二者有哪些方面的不同，而是指如何合理、有效地界定二者的界限，从

① 赵秉志主编：《犯罪总论问题探索》，法律出版社 2003 年版，第 607 页。

而判断某种犯罪形态到底属于想象竞合犯还是法规竞合。

关于区分二者的学说，国内外主要有以下几种不同观点：

(一) 法条逻辑关系说

这种观点认为，想象竞合犯与法规竞合的根本区别，在于二者所触犯的数个法条之间的逻辑关系不同：想象竞合犯所触犯的数个法条之间不存在重合或交叉的关系；法规竞合所涉及的规定不同种罪名的数个法条之间必然存在重合或交叉关系。

这种观点是我国刑法学界的通说。例如，我国权威性教材《刑法学原理》指出：想象竞合犯与法规竞合的根本差别是，两者所属的一个犯罪行为同时触犯的规定不同罪名的数个法条之间的关系不尽一致。当一个犯罪行为同时触犯的数个法条之间存在重合或交叉关系时，是法规竞合；当一个犯罪行为同时触犯的数个法条之间不存在重合或交叉关系时，是想象竞合犯。[①] 马克昌教授指出，法规竞合，一法条的全部内容为他法条的内容的一部分；想象的数罪，所触犯的数法条不存在这种关系。[②] 陈兴良教授认为，想象竞合与法条竞合的根本区分应从事实与法律的关系入手。想象竞合是一种犯罪竞合，因而是一个事实问题；而法条竞合是一种法律竞合，因而是一个法律问题。确切地说，当一个行为触犯的两个法条之间存在罪名之间的从属或交叉的逻辑关系时，为法条竞合；如果不存在这种逻辑关系，则为想象竞合。[③] 张明楷教授指出，“或许存在这样的标准：触犯一个法条便必然触犯另一法条时，属于法条竞合；触犯一个法条并不必然触犯另一法条时，属于想象竞合

---

① 高铭暄主编：《刑法学原理》（第二卷），中国人民大学出版社 1993 年版，第 529 页；黄京平：《罪数与并罚制度研究》，中国人民大学 1995 年博士学位论文，第 34 页。

② 马克昌：《想象的数罪与法规竞合》，载《法学评论》1982 年第 1 期，第 5 页。

③ 陈兴良：《刑法竞合论》，载《法商研究》2006 年第 2 期，第 108 页。

犯。……果真如此，法条竞合的范围将大量减少”。[①] 张教授的主张虽与通说的主张有异，但仍然立足于法条之间的逻辑关系来探讨想象竞合犯与法规竞合的界限。

在国外，同样有学者通过确定概念之间逻辑关系的不同类型来区分想象竞合犯和法规竞合。例如，意大利学者杜里奥·帕多瓦尼认为，要区分异种数罪的形式竞合（即异种想象竞合犯）与法条竞合的问题，必须分析行为触犯的多个法条间是否有包容关系，即事实上应该适用的是否只有一个法条。[②]

对于法条之间的逻辑关系，阐释得较为明确的是德国学者克卢格（U. Klug）。他特别重视构成要件相互间的关系，认为概念相互间的关系具有异质、同一、包摄与交叉四种关系。并通过上述概念的分析，认为异质与同一关系并无法条竞合存在，法条竞合概念论理构成的可能性仅是包摄与交叉两种关系而已。[③] 我国通说所主张的重合或交叉其实也是建立在上述四种概念逻辑关系的基础上，与克卢格所称的包摄与交叉关系如出一辙。这种通过分析概念的形式逻辑的分析方法，对于阐明法规竞合的本质以及类型都具有重大的意义，并能够在一定程度上将想象竞合犯与法规竞合区分开来。

但是，仅仅从法条或犯罪构成之间的逻辑关系并不足以区分想象竞合犯与法规竞合。其原因在于：法条之间具备重合或交叉的逻辑关系是构成法规竞合的必要条件，却非充分条件。从而，法条之间具备重合或交叉的逻辑关系时，并不一定就是法规竞合。虽然几

---

① 张明楷著：《刑法分则的解释原理》，中国人民大学出版社 2004 年版，第 285 页。

② ［意］杜里奥·帕多瓦尼著：《意大利刑法学原理》，陈忠林译评，中国人民大学出版社 2004 年版，第 358 页。

③ ［日］虫明满著：《包括一罪的研究》，成文堂 1992 年版，第 32～34 页。

乎没有学者反对以上述形式逻辑的分析方法来理解法条竞合，但同时很多学者又认为这种方法过于形式化，应该从实质的角度对法规竞合进行进一步的限制。一般地，学者们采用了“法益同一性”的概念对上述形式逻辑的法规竞合进行限制，如日本学者山火正则指出：法条之间具备包含（或者交叉）的逻辑关系只是认定法条竞合的第一阶段，只有进一步判定该数个法条是为了保护同一法益而设立时，才可能发生二重评价的问题，因此才会为了避免二重评价，优先适用某一法条，而排除其他法条。① 即便是克卢格本人也指出，交叉关系的场合，不仅存在法条竞合，也可能是想象竞合。这时要具体认定法条竞合，就必须结合目的论的观点。② 也就是说，法条之间存在着包摄或交叉的逻辑关系，并不一定就是法规竞合，也有可能是想象竞合犯。例如，行为人开一枪，打死了其尊亲属和其他人，触犯了杀害尊亲属罪和普通杀人罪。虽然在杀害尊亲属罪和普通杀人罪之间存在明显的包容关系，但显然地，上述例子是典型的想象竞合犯而非法规竞合。再如，明知他人的包内有大量现金和枪支而抢劫其包，触犯了抢劫枪支弹药罪和普通的抢劫罪，虽然两法条之间也存在包容关系，但二者也是想象竞合形态而非法规竞合。因此，仅仅从法条之间的逻辑关系并不足以区分想象竞合犯与法规竞合。

（二）犯罪构成要件说

这种学说主要是我国一些学者的观点，认为想象竞合犯与法规竞合的根本区别就在于二者犯罪构成要件的不同。例如，吴振兴教授指出：二者的根本区别在于犯罪构成要件的不同。法规竞合只有一行为、一罪过和一个结果。正是由于这一点，它虽然是一行为符

---

① ［日］山火正则：《法条竞合的诸问题（一）》，载《神奈川法学》第7卷1号，第42页以下。

② ［日］山火正则：《法条竞合的诸问题（一）》，载《神奈川法学》第7卷1号，第6页。

合数个犯罪构成，但仅仅是形式上的符合，是单纯形式意义上的数罪特征。想象竞合犯则不同，它往往是一行为、数罪过和数个结果。正是由于这一点，它只需一行为扮演双重角色，就可以符合数个犯罪构成，是具有实质内容的形式数罪。① 这一观点也得到了一些学者的赞同，如刘士心在其博士论文中指出，想象竞合犯与法规竞合的根本区别就在于二者犯罪构成事实的不同。想象竞合犯中包括一个危害行为、数个罪过、侵犯数个客体；而法规竞合犯整体看都只有一个危害行为、一个主观罪过、侵犯单一客体。②

想象竞合犯与法规竞合的事实结构确实不同，但是从法律结构来看，不管是表面上还是实质上，二者皆是一个行为触犯数罪名、实现数个犯罪构成的情况，皆以实现数个犯罪构成为前提。根据我国的犯罪构成理论，犯罪构成是决定某种行为的社会危害性及其程度而为该行为构成犯罪所必须具备的主观要件与客观要件的有机统一，各构成要件之间相互依存，一存俱存，一无俱无，形成紧密结合的有机整体。据此，犯罪构成整体与四个犯罪构成要件应当是一一对应的关系，即一个犯罪构成对应于一个构成要件行为、一个主观罪过、一个犯罪客体；数个犯罪构成对应于数个犯罪构成行为、数个主观罪过、数个犯罪客体。就想象竞合犯和法规竞合来说，既然都符合了数个犯罪构成，则在形式上也必然存在数个构成要件行为、数个主观罪过、数个犯罪客体。例如，冒充国家工作人员骗取财物的情况普遍地被认为是法规竞合的情况，但是从表面上看，行为人既有诈骗行为、诈骗故意，又存在招摇撞骗行为、招摇撞骗的故意。因此，从犯罪构成要件的数目上并不能有效地区分想象竞合犯与法规竞合。

---

① 吴振兴著：《罪数形态论》，中国检察出版社 2006 年版，第 180 页。

② 刘士心著：《竞合犯研究》，中国检察出版社 2005 年版，第 131 页。

（三）犯罪形态类型说

日本学者小野清一郎认为，构成要件最终是被刑法分则相应条款规定的犯罪类型，但是将各个被法律定型的概念加以分析和比较观察，就会发现它们中间有某种一般的形式，比如侵害犯和危险犯。再有，在两种或两种以上的构成要件之间，可以发现它们有形态性的或更广的类型性，如暴行罪、伤害罪和杀害致死罪，它们之间各自都有独自的构成要件，但在较广泛的意义上，又可以划分为同一类型。在此基础上，小野指出行为作为自然的或社会的行为，虽然只有一个，却因其形态类型不同而符合了两种构成要件，即所谓“观念竞合”，在法律评价上定为二罪，但在量刑时只作为一罪。有时一个行为在形态上符合了类型相同的两种构成要件，这是所谓的“法条竞合”。[①] 根据小野的主张，想象竞合犯与法规竞合的区分在于符合的构成要件类型是否相同，类型不同的是想象竞合犯；类型相同的是法规竞合。

根据小野的主张，想象竞合犯指的是符合的构成要件类型不同的情况，如此则同种想象竞合犯势必予以否定。但是，在德日刑法中，通说是承认同种的想象竞合犯的。况且，符合的构成要件类型相同的情况也并不一定就是法规竞合，如行为人一枪打死自己的尊亲属与他人时，是典型的想象竞合犯。因此，依据构成要件类型是否相同来区分想象竞合犯与法规竞合不具有可行性。

（四）全面评价说

该说认为，区分想象竞合犯与法规竞合的关键就在于能否以其中一个法规或犯罪构成对行为进行全面充分的评价，即法规竞合可以其中一个法规或犯罪构成对行为作出完整的评价，而想象竞合犯则否。我国学者姜伟认为，由一个犯罪构成可以最恰当、最全面地

① ［日］小野清一郎著：《犯罪构成要件理论》，王泰译，中国人民公安大学出版社2004年版，第178～179页、第195～196页。

评价犯罪行为，是法条竞合犯的本质特征。法条竞合犯在形式上符合数个犯罪构成，并不意味着行为人的犯罪行为要接受数个犯罪构成的多重评价。在数个犯罪构成中只有一个犯罪构成可以最恰当地评价行为人的整个犯罪行为，这是法条竞合犯区别于想象数罪的根本标志。想象竞合犯也触犯数罪名，符合数个犯罪构成，但用哪一个犯罪构成都无法全面评价其犯罪行为。[①] 这一观点也在新近发表的学术论文中得到支持，如有学者指出：一个法条就足以进行全面评价行为人所实施的犯罪行为，是法条竞合的法律特征之一，是区别于想象竞合的关键所在。如果该犯罪行为不是一个法条所能够全面评价的，则说明该犯罪行为客观上需要数个法条的介入才能得到全面评价，那就不属于法条竞合。[②]

与我国的上述学说相似的是国外的不法内涵包含说。德国学者默斯尔（Mösl）认为，法规竞合虽同是充足数个刑罚法规的构成要件，但以一个刑罚构成要件的不法内涵足以完全包含为前提。[③] 多纳（Dohna）进一步指出，想象竞合中行为的不法内涵无法排他性地包含于一个构成要件来评价；而法规竞合则是在数个法规中，其中之一已足以将行为的不法内涵充分包含在内。[④] 据此，行为的不法内涵是否可依一个刑法法规的构成要件加以评价，即成为确认想象竞合犯或法规竞合的标准。

全面评价说从想象竞合犯和法规竞合不同的事实结构和法律结构出发，以犯罪构成对行为评价的完整充分与否来区分二者，既与想象竞合犯和法规竞合的不同的结构本质相连，又与其不同的法律

① 姜伟著：《犯罪形态通论》，法律出版社 1994 年版，第 413 ~ 414 页。

② 付强：《合理界定法条竞合的基本范围》，载《法学》2009 年第 10 期，第 145 页。

③ ［日］虫明满著：《包括一罪的研究》，成文堂 1992 年版，第 39 页。

④ ［日］山火正则：《法条竞合的诸问题（一）》，载《神奈川法学》第 7 卷 1 号，第 14 页。

适用原则相关。想象竞合犯虽是行为单数的情形，但确确实实地侵犯了数个法益、实现了数个犯罪构成，以一个犯罪构成来评价尚有不足，而必须结合数个构成要件才能完整地对行为进行评价；而法规竞合的产生是基于刑事立法对同一法益的重复保护，实际上仅侵犯了一个法益，数个犯罪构成的实现仅是表象而已，因而只用其中一个犯罪构成即可对行为进行充分的评价。因此，以一个犯罪构成能否充分评价对想象竞合犯和法规竞合具有较好的区分意义。例如，为泄愤故意烧毁他人的汽车，却将车内的人也烧死了的情况，这一行为既触犯了故意毁坏财物罪，又触犯了过失致人死亡罪。但是，故意毁坏财物罪的主观方面是故意，侵犯的是公私财产所有权；过失致人死亡罪主观上则是过失，侵犯的是他人的生命安全。对行为人的这一行为，无论以故意毁坏财物罪论处还是过失致人死亡罪论处，都无法全面评价其行为，因此该犯罪形态是想象竞合犯而非法规竞合。该说以能否完全评价来区分两种犯罪形态，“既能满足自然行为理论的基础，也吻合犯罪构成理论的要求，对有关行为人的评价也能够较好地考虑到罪刑关系的平衡”,① 并可以有效地将想象竞合犯与法规竞合区分开来。

（五）行为形态说

我国学者庄劲在其博士论文中指出，法条竞合犯与想象竞合犯的根本区别在于，二者的行为形态是不相同的。前者是从外观到内在都具有单一刑法意义的行为，后者是内在的多个刑法行为竞合于外观上同一的自然行为。把握住想象竞合犯是行为的竞合，是区别二者的关键。由此出发，二者的区别在于以下几个方面：（1）二者包含的具有刑法意义的行为数量不同。（2）二者触犯的犯罪构成的客体特征不同。前者所实现的多个犯罪构成，其客体具有重合

① 周建军：《法条竞合犯抑或想象竞合犯——法条竞合犯与想象竞合犯的界限之争》，载《刑事法评论》第22卷，第492页。

性；后者则不具有重合性。(3) 二者的罪数本质不同。①

该说试图以行为形态的不同为起点找出想象竞合犯与法规竞合的界限。确实，从行为形态上看，想象竞合犯具有多个刑法意义的行为（或者说是构成要件行为），而法规竞合实质上只有一个刑法意义的行为。但是，如前所述，不论想象竞合犯还是法规竞合，在表象上均触犯了数个罪名、实现了数个犯罪构成，因此至少在形式上，二者均有数个主观罪过、数个构成要件行为、数个犯罪客体。行为形态说所主张的二者行为形态的不同，则是从实质性的视角出发来看的。然而，这种实质的视角很难在一开始就被容易地判断出来，而往往是在确定了是想象竞合犯还是法规竞合之后，才能从实质上论及其刑法意义上的行为有几个。因此，从行为形态的区别上并不能有效地区分二者。另外，该学者所提出的二者的区别，还提到了二者的客体特征与罪数本质不同。笔者认为，罪数本质是否相同对于判断一个犯罪事实究竟是想象竞合犯还是法规竞合并不具有有效性，因为这与法律效果类似，是在确定了到底是想象竞合犯还是法规竞合之后才能确定的事情。犯罪事实发生后，并不是首先判断其罪数本质，而后根据罪数本质再确定其是想象竞合犯还是法规竞合。至于二者触犯的犯罪构成的客体特征的不同，则类似于下面的法益说。

（六）法益说

该说以一行为所侵犯的是否是复数的法益来区分想象竞合犯和法规竞合，认为法规竞合只有一个法益侵害事实，而想象竞合犯则存在数个法益侵害事实。

这种观点在大陆法系国家中可谓是强有力的学说。德国学者毛拉赫（Maurach）指出，争议中的数个构成要件包含同一法益的全

① 庄劲著：《犯罪竞合——罪数分析的结构与体系》，法律出版社 2006 年版，第 216～217 页。

部情形，应认定为法规竞合；侵害不同法益的情形，则应认定为想象竞合。[①] 日本学者在对法条竞合概念、特征或本质的探讨中，一般也强调“法益同一性”。例如，前田雅英指出，法条竞合是实质的一罪的理由，就在于其只不过侵害了一个法益。[②] 山口厚认为，一个行为引起一个法益侵害结果，是一个构成要件的该当事实，是单纯一罪；其中，对于一个法益侵害事实看似可能适用数个刑罚法规，但基于这些法条的相互关系只有一个法条可能被适用，只成立一罪的场合就是法条竞合。而观念的竞合却是一个行为（意思决定）引起复数的法益侵害。[③]

法益说在我国台湾地区刑法学界也获得了大量学者的支持。例如，黄荣坚认为，法条单一是指一行为触犯数罪名，而该数罪名之间具有保护法益的同一性。想象竞合系指一行为侵害数法益而该当于数罪名。因此，所侵害之法益是否同一，就成为区分想象竞合与法条单一的界限之所在。[④] 甘添贵指出，法条竞合与想象竞合在犯罪评价上分别是一罪与数罪。在犯罪评价上所以有如此差异，其核心点即在于其所侵害法益之个数（或次数）不同，亦即法条竞合仅对一个法益予以一次性之侵害；而想象竞合，则系侵害数个法益。因此，唯有以其所侵害法益之个数（或次数）为标准，始能将法条竞合与想象竞合明确加以区别。[⑤] 此外，许玉秀也认为：“法益数应该成为决定法条竞合是否存在的依据，而法条竞合以一

---

① ［日］山火正则：《法条竞合的诸问题（一）》，载《神奈川法学》第7卷1号，第13～14页。

② ［日］前田雅英著：《刑法总论讲义》，东京大学山版会2006年版，第497页。

③ ［日］山口厚著：《刑法总论》，有斐阁2007年版，第365、379页。

④ 黄荣坚著：《基础刑法学》（下），元照出版公司2006年版，第960、974页。

⑤ 甘添贵著：《罪数理论之研究》，元照出版公司2006年版，第92页。

行为或数行为侵害单一法益为必要。”①

这一观点也为我国大陆的一些学者所提倡，如王志祥教授指出，想象竞合犯构成特征的核心内容是一行为同时侵犯数个法益。② 还有学者指出，我们在判断是否存在法条竞合时，不能摆脱形式逻辑的分析方法，但也不能仅仅依靠形式逻辑，还必须通过“法益的同一性”限制法条竞合的范围，并区别法条竞合与想象竞合。③

犯罪的本质是对法益的侵害，刑法的最终目的就是要保护法益。对于只侵犯了一个法益的犯罪行为，当然只能适用一个犯罪构成予以评价为一罪，而对侵犯了数个法益的犯罪行为，当然有必要运用数个犯罪构成综合评价从而对所侵犯的数个法益进行完整的保护。法益说从法规竞合与想象竞合犯的本质出发，认为法规竞合的实质就在于一个法益被侵害，从法益侵害的一个或数个来区分法规竞合与想象竞合犯，确实可以达到良好的效果。

但是，法益说也并非没有任何问题。刑法中的许多法条并非仅保护单一的法益，数个不同类型的法益往往会成为同一法条的保护内容，最典型的如抢劫罪，此即为复数法益的情况。那么，在抢劫罪与他罪发生法规竞合的情况下，这里存在的就不是一个法益被侵犯，从而上述“侵犯一法益为法规竞合，侵犯数法益为想象竞合犯”的模式就难以适用了。之所以会有如此多的学者将法规竞合理解为侵犯一个法益的情况，大概是因为历来“认为在一个刑法法规中存在一个保护法益是当然的前提”，或者说历来的学说都是

---

① 许玉秀著：《当代刑法思潮》，中国民主法制出版社2005年版，第775~776页。

② 王志祥：《结果加重犯的未遂问题新论》，载《法商研究》2007年第3期，第121页。

③ 吕英杰：《刑法法条竞合理论的比较研究》，载《刑事法评论》第23卷，第472页。

将一个刑法法规中只存在一个保护法益作为当然的前提。[①] 但是，实际上在一个刑法法条中存在着复数法益并存的情况并不少见。对此，日本学者团藤重光就曾指出：一个刑法法规的保护法益并不限于一个，数种类的保护法益具有同样的重要性而并列，或者具有不同的重要性而主从竞合的情况并不少见。[②] 我国台湾地区学者柯耀程也指出，法益同一性的观点……在诠释假性竞合的基本性质时，仍有其不足之处，所疑虑者，乃在于不同类法益成为同一规定的保护内容时，与单一法益保护之规定间，是否可谓为假性竞合存在。[③] 另外，如果完全按照"侵犯一法益为法规竞合，侵犯数法益为想象竞合犯"模式的逻辑，"同一行为触犯了那些具有单向包容关系的法律规范（也就是具有包容、从属关系的规范，如盗窃罪和盗伐林木罪），也可能不具有法条竞合的性质。因为，某一构成要件的特殊化，往往意味着法律保护的犯罪客体的变化。例如，作为侮辱罪的特殊规定，侮辱公务员罪保护的客体除了人的名誉外，还维护国家行政的尊严"。[④]

概括而言，由于一个刑法法规保护数个不同法益（即复数法益）情况的客观存在，法益说还存在需要完善的地方。首先，在表述上，由于存在复数法益、复数犯罪客体的情况，"侵犯一个法益的是法规竞合，侵犯数个法益的是想象竞合犯"这种表述就不严格。相对地，我国台湾地区学者黄荣坚的表述更为准确一些，即看所侵害的法益是否同一，以区分想象竞合犯和法规竞合。其次，可能还需要对"法益同一"或"同一个法益"的含义进行进一步

---

① ［日］关哲夫：《法益概念与多元的保护法益论》，王充译，载《吉林大学社会科学学报》2006年第3期，第72、67页。

② ［日］团藤重光著：《刑法纲要各论》，创文社1990年版，第8页。

③ 柯耀程著：《刑法竞合论》，中国人民大学出版社2008年版，第117页。

④ ［意］杜里奥·帕多瓦尼著：《意大利刑法学原理》，陈忠林译评，中国人民大学出版社2004年版，第362页。

的阐释。

三、全面评价说和法益说表里结合区分想象竞合犯与法规竞合

想象竞合犯和法规竞合的区分历来是理论上与实务中的一大难点之一，由此也导致了上述林林总总学说的出现。笔者认为，对于一个犯罪事实到底是想象竞合犯还是法规竞合的判断而言，全面评价说与法益说能够起到有效的区分作用。

全面评价说从犯罪构成对行为的评价全面与否而展开，是较为形式的区分方法；而法益说则深入法规竞合与想象竞合犯的本质，从其侵犯的法益上来入手，是更为实质的区分方法。并且，所谓全面评价，可以说就是对犯罪行为所侵犯的一个或数个法益作出全面的评价。例如，甲欲枪杀乙，不料误射中丙，致其重伤。这里就侵犯了他人的生命法益和身体健康法益。如果仅用故意杀人罪（未遂）评价行为人的行为，则忽略了丙的身体健康法益被侵害的事实，不是全面评价；如果仅用过失致人重伤罪评价其行为，又忽略了乙的生命法益被侵害的事实，也不是全面评价。因此，全面评价说与法益说其实是互为表里、互相说明的关系。

（一）全面评价说

在一个行为触犯的数个犯罪构成中，能够用其中一个犯罪构成完全评价行为的是法规竞合；数个犯罪构成中任何单独的一个犯罪构成都不足以评价行为而必须依赖数个犯罪构成的共同作用才能完整评价行为的，则为想象竞合犯。也正因如此，在法律适用上法规竞合只适用一个法条，被排除的法条没有任何的法律作用与意义；而想象竞合犯必须在判决书中宣告全部适用的法条，并且所有的法条对定罪量刑也都产生影响。当然，这里的行为是在广义上使用的，指的是行为人的犯罪行为或犯罪事实。所谓对行为的全部评价，指的是适用某一个法条的犯罪构成就能全面地评价行为人所实施的所有危害行为、主观罪过、危害结果、法益侵害以及与犯罪事

实相关的各种量刑情节。例如，在刑事诉讼中，辩护人以威胁的方法指使证人作伪证的，既触犯了妨害作证罪，又触犯了辩护人、诉讼代理人妨害作证罪。但是，以辩护人、诉讼代理人妨害作证罪这一个罪名完全可以对行为人的所有犯罪事实进行全面的评价，因而属于法规竞合形态。

（二）法益说

如前所述，法益说虽然存在着不足，但经过修正完善后在区分法规竞合与想象竞合犯上确实可以收到良好的效果，即一行为侵害同一个法益的是法规竞合；侵害的不是同一个法益的则为想象竞合犯。那么，这里重要的就是对“同一个法益”的判断。

首先，所谓“同一个法益”，在个数上必须是一个法益被侵害。依据大多数学者对法益的分类，法益可分为个人法益、社会法益和国家法益。对于社会法益和国家法益来说，应依据刑法条文所保护的具体法益类别来确定是否是一个法益。例如，侮辱罪侵犯的是他人的名誉权，杀人罪侵犯的是他人的生命权，自然不是一个法益。至于个人法益，又可分为个人专属法益和个人非专属法益。前者是以属于个人人格尊严为基础，且与个人密不可分之生命、身体、自由、名誉等为内容的法益。由于此类法益具有独立之价值，因而应以其被害者之数来确定法益之数。例如，行为人欲杀甲，开了一枪，不料恰有另一人乙经过，不但打死了甲，还打死了乙。这里虽然侵犯的都是他人的生命权，但因是专属法益，甲的生命权与乙的生命权不能被视为一个法益。因此，该案例中仍然是数个法益被侵犯，应成立想象竞合犯而非法规竞合。至于个人非专属法益，因其与个人人格无关，在某种程度上可予以包括地评价，一般认为应以其持有状态或财产监督权的个数来认定法益之数。

其次，所谓“同一个法益”，还必须是规定不同犯罪构成的数个法条之间具有保护法益同一性。① 对于法规竞合的情形而言，由于刑法条文大多数并没有明确保护客体，因而一行为所触犯的规定不同犯罪构成的数个罪名间是否具有保护法益的同一性，有时并非一目了然，往往需要参考所属类罪、立法理由、立法沿革以及刑法对具体犯罪的规定等多种因素来判断。具体来说，规定不同的犯罪构成的数个法条之间具有保护法益同一性的一般包括以下两种情况：

（1）完全相同的法益。此处所谓完全相同的法益，当然是结合具体犯罪事实来说的。例如，行为人销售假药，足以严重危害人体健康，且销售金额达5万元以上的情况，其行为既符合生产、销售假药罪的犯罪构成，又符合生产、销售伪劣产品罪的犯罪构成。生产、销售伪劣产品罪的犯罪客体是国家对产品质量的管理制度和消费者的合法权益，生产、销售假药罪的犯罪客体是国家对药品的管理制度，以及消费者的生命、健康的安全。两个法条所保护的法益从表面上看并不相同，但在行为人销售假药且销售金额达5万元以上的情况下，两个法条所保护的法益其实是一样的：因为所谓国家对产品的质量管理制度和消费者的合法权益，在销售假药的情况下，即具体表现为国家对药品的管理制度和消费者的生命、健康的安全，二者实际上是同一个法益。

（2）具有包含关系的法益。这种情况通常是一行为触犯的数罪名中，其中的一个刑法法条保护的是复数法益，而另一个刑法法条只有一个保护法益，这往往出现在具有包容关系（即德日刑法

---

① 这里所说的“保护法益的同一性”的判断是在一行为触犯数罪名的前提下展开的，也就是说，是在一个行为至少在形式上符合数个犯罪构成的情况下，进一步判断是否具有保护法益的同一性，从而判断其是法规竞合还是想象竞合犯，而非笼统地判断“法益的同一性”。例如，今天盗窃、明天诈骗，侵犯的都是他人的财产所有权，但是此种情况已不是“一个行为”了，因而首先就不符合我们这里讨论的前提。

中的特别关系）的两个法条或犯罪构成中。某一构成要件的特殊化，往往意味着法律保护的犯罪客体的变化。例如，盗窃罪保护的是公私财产所有权，而相对于普通盗窃罪来说犯罪对象特殊化的盗伐林木罪则不仅侵犯了公私财产所有权，还侵犯了国家的林业管理制度。这两个法条或犯罪构成所保护的法益就是一种包含的关系，同样属于规定不同犯罪构成的数个法条之间具有保护法益同一性的情况。

据此，只要一行为触犯的数个法条或犯罪构成所保护的法益是同一个法益的，就属于法规竞合的范畴；反之，则是想象竞合犯。

第三节　想象竞合犯的处理原则

对想象竞合犯处理原则的探讨可谓是一个老生常谈的话题。但是，刑法理论到最后确实是要铺陈通往刑罚之路，犯罪竞合的根本问题就在于在行为触犯了数个犯罪构成的情况下解决其如何科处刑罚的问题；对想象竞合犯所有问题的探讨，归根结底是为了确定一个恰当合理的处理原则。因此，虽然是老生常谈的话题，却仍是想象竞合犯中不得不谈且最为重要的问题。

我国刑法未对想象竞合犯作出立法规定，司法实践中一般采取的是从一重处断的原则，但近年来理论上对想象竞合犯处理原则的争论与探讨如火如荼。总结起来，学者们提出的原则包括：从一重处断、从一重重处断、数罪并罚。这几种原则基本上涵盖了主要国家和地区对想象竞合犯的处理方式。但是，这几种原则其实并非处于同一个层次：从一重处断、从一重重处断都是就数罪中规定刑罚最重的法规确定刑罚，即按最重之刑处断。从本质上说，都是从一重处断或者说是按一重罪处断，即都不并罚。而数罪并罚则是先就数罪分别定罪量刑，然后再根据一定的规则确定应当执行的刑罚，刑罚的形成过程与前两种原则显然有别。据此，笔者认为，对想象竞合犯处理原则的探讨应分两个层次、两个步骤来进行，首先是并罚与非并罚的选择，这两种不同的处理原则是大方向上的选择，在最终的量刑结果上差异较大；其次，若是采取并罚原则，则直接按照刑法规定的数罪并罚规则来量刑即可；若是采取非并罚的原则，则还需要进一步探讨如何从一重处断，在从一重的基础上是否还要从重或加重以及如何确定重罪轻重等问题。

一、按一重罪处断还是数罪并罚——不同立法实践与理论观点的对立与选择

（一）按一重罪处断的根据

这一原则是对想象竞合犯不实行数罪并罚，而是按照所触犯的数罪名中最重之罪的刑罚处断。这一原则是从与数罪并罚原则相对应的意义上来说的，具体又包括从一重处断、从一重重处断、结合刑等不同的处断原则。从一重处断是以数罪中处刑最重的罪进行定罪量刑；从一重重处断是在从一重的基础上再为一定的加重；结合刑是以数罪中处刑最重的罪进行定罪量刑，同时在轻罪之最低刑高于重罪之最低刑的情况下，所判刑罚不得低于轻罪的最低刑。可见，后两种原则其实就是在从一重处断的基础上进行一定的限制或再为一定的加重，性质上仍属于从一重处断原则。采取这一原则的有德国、日本、意大利、瑞士、奥地利、韩国、保加利亚等国。例如，德国刑法第 52 条规定："同一行为触犯数个刑法法规，或数次触犯同一刑法法规的，只判处一个刑罚。触犯数个刑法法规的，依规定刑罚最重的法规确定刑罚。所判刑罚不得轻于其他可适用法规所规定的刑罚。"日本刑法第 54 条第 1 款规定："一个行为同时触犯二个以上的罪名，或者作为犯罪的手段或者结果的行为触犯其他罪名的，按照其最重的刑罚处断。"

从现有资料来看，对想象竞合犯不实行数罪并罚而是按一重罪处断的原则是大陆法系多数国家采取的做法。那么，从一重处断的实质根据是什么呢，对此学者们从不同角度进行了不同的阐释，主要有：

（1）从违法评价的角度。此说从行为的违法性方面寻求一罪论的根据，认为想象竞合犯的评价对象仅有一个行为，在违法评价上，对于该行为之同一内容予以重复评价，因此违法性减少、处罚也就较轻，仅能予以一罪处断。[①]（2）从责任评价的角度。此说从行为人主观方面寻求将想象竞合犯以一重罪处断的根据。认为想象竞合犯是基于一个意思活动，仅系一次规范意识的突破，与数罪并罚系复数意思活动而为数次规范意识的突破之情形有所不同，因而其责任减少，仅能予以一罪处断。[②] 例如，甘添贵教授指出，想象竞合犯系基于一个意思决定，而为一个行为，可谓基于一个意思活动而为一次规范意识之突破，故在科刑上，始能依一罪处断。[③]（3）从违法评价和责任评价两个角度。此说主张想象竞合犯与数罪并罚相比，在违法性和责任两方面都受轻的评价，所以应科处轻的刑罚。例如，张明楷教授认为，客观上的一个行为与主观上的一个或准一个意思，应是科处一个刑罚的最主要根据。[④]（4）从行为单一性的角度。此说从想象竞合犯的行为单数上寻求从一重处断的根据，认为想象竞合犯虽是数罪，但该数罪是由其评价对象的一个行为所统一展现，即所存在的法的敌对行为仅有一个，因而在科刑上应作为一罪处理。例如，中山善房认为，一行为＝一处罚这一观念已经形成法的确信。想象竞合犯既是一行为，所以从一重处罚。[⑤] 严格说来，此说也可归入违法性说的行列，但此说特别强调“一个行为”在想象竞合犯处理原则中发挥着关键作用，因而将其

---

① ［日］中野次雄：《共犯的罪数》，载植松正等编：《齐藤金作博士还历祝贺 现代的共犯理论》，有斐阁1964年版，第352页以下。

② ［日］平野龙一著：《刑法总论Ⅱ》，有斐阁1975年版，第420页。

③ 参见甘添贵著：《罪数理论之研究》，元照出版公司2006年版，第183～184页。

④ 张明楷著：《刑法学》，法律出版社2003年版，第368页。

⑤ 参见［日］大塚仁等编：《大注解刑法》（第4卷），青林书院2005年版，第193页。

从违法性说单列开来。我国大多数学者都认为，想象竞合犯的“一个行为”是以一罪处断的根据所在。[①] 也有学者基于罪数本质的观点，认为想象竞合犯是实质一罪，这是处断原则中从一罪处断的合理性根源。[②] 不过进一步来看，理论上认为想象竞合犯属于实质一罪的原因还在于行为的一个性，因此最终仍是以“一个行为”作为想象竞合犯按一罪处罚的根据。

（二）数罪并罚的理由

这一原则主张对想象竞合犯按照数罪并罚的原则进行处断，即先对触犯的各罪分别进行定罪量刑，然后根据并罚规则决定应当执行的刑罚。采取这一原则的有俄罗斯刑法、美国刑法、我国澳门地区刑法等，法国的司法判例也倾向于对想象竞合犯实行数罪并罚。例如，俄罗斯刑法第 17 条第 2 项规定：“一个行为（不作为）含有本法典两条或更多条规定的犯罪构成要件的，亦视为数罪”，实行数罪并罚。

主张对想象竞合犯进行数罪并罚的理由是：（1）在罪数本质上，想象竞合犯是实质数罪，理所当然应受数罪之刑罚，唯此方能体现其罪数本质。（2）从罪刑均衡上看，想象竞合犯既然符合多个犯罪的主客观要件，则意味着具有多个犯罪的社会危害性。理应处以数罪之刑罚，唯此才能实现罪刑均衡。而从一重处断说无条件地免除了其余罪行的刑罚，有失罪刑均衡。（3）从国外立法与理

---

① 参见吴振兴著：《罪数形态论》，中国检察出版社 2006 年版，第 76 页；陈兴良著：《口授刑法学》，中国人民大学出版社 2007 年版，第 387 页；林亚刚：《论想象竞合犯的若干问题》，载《法律科学》2004 年第 1 期，第 35 页；张小虎：《想象竞合犯的理论探究》，载《法律科学》2005 年第 4 期，第 81 页。

② 参见黄京平：《罪数与并罚制度研究》，中国人民大学 1995 年博士学位论文，第 31 页。

论来看，对想象竞合犯实行数罪并罚亦为相当国家刑法所支持。[①]（4）即使一行为触犯数罪名与数行为触犯数罪名，量刑上一定要有所区别，这个区别上的要求，通过数罪并罚的方式，也是完全可以达到目的。因此，一行为触犯数罪名与数行为触犯数罪名，法律上并没有区分处理的必要，而且都应该用数罪并罚的方式来处理。[②]

（三）立场选择：想象竞合犯应当按一重罪处断

仔细分析上述主张按一重罪处断和数罪并罚各自的根据与理由，可以发现二者都以罪数本质与罪刑均衡作为论证的依据，但得出的结论却截然相反。数罪并罚的支持者认为想象竞合犯为实质数罪，理应数罪并罚；并且想象竞合犯具有多个犯罪的社会危害性，按一重罪处断违背了罪刑均衡，只有数罪并罚才能实现罪刑相当。而提倡按一重罪处断的学者们则认为想象竞合犯的罪数本质是实质一罪，自然不应并罚；并从违法性、有责性、行为的一个性等方面论证其违法或责任有所减轻，理应得到较轻之刑罚，言外之意按一重罪处断是符合罪刑均衡原则的。由此可见，二者争论的主要焦点其实有两个：一是想象竞合犯到底是实质数罪还是实质一罪；二是按一重罪处断或数罪并罚哪一个能实现罪刑均衡。要想解决想象竞合犯的处理原则问题，关键还在于对上述两个争论焦点作出恰当的分析与评判。

（1）处理原则与罪数本质——能从实质一罪说或实质数罪说推导出处理原则吗？

关于想象竞合犯的罪数本质，向来有实质一罪说与实质数罪说的尖锐对立，并且基本上实质一罪说认为想象竞合犯虽然在形式上

---

① 参见庄劲著：《犯罪竞合——罪数分析的结构与体系》，法律出版社2006年版，第210～215页；蔡英：《想象竞合犯的批评与再认识》，载《西南大学学报》2007年第4期，第113页。

② 参见黄荣坚：《犯罪的结合与竞合》，载《刑法问题与利益思考》，元照出版公司2003年版，第83～84页。

符合数个犯罪构成，但因其只有一个行为，所以是实质一罪，既然是实质一罪，理应按一罪处断；而实质数罪说则认为从以构成要件的评价次数为标准的立场看，想象竞合犯是实质上的数罪，既然是实质数罪，理应予以数罪并罚。不论是从一重罪处断的观点还是数罪并罚的观点，论者往往先论证其罪数本质，再以罪数本质为根据说明其处理原则。但是令人不解的是，为什么二者争论如此之久，却谁也不能否定谁、谁也不能说服谁呢？笔者认为，其原因在于以实质一罪说或实质数罪说推导想象竞合犯的处理原则不是一个可行、具有说服力的思路。

首先，实质数罪或实质一罪与最终法律效果的确定没有必然的联系。什么叫做“罪数本质”，其确切含义到底是什么？“罪数本质”中的“罪数”到底是在犯罪构成的意义上讲还是在最后法律效果的意义上讲？学者们的理解似乎并不一致。想象竞合犯实质的一罪与实质数罪的对立源于德国早期单数理论和复数理论的争议。单数理论者认为想象竞合犯的评价客体仅有单一行为，从而想象竞合犯的本质仅为一个犯罪。而复数理论者认为，犯罪者应指规范之侵犯或构成要件之实现，想象竞合犯虽为单一行为，却必须以复数构成要件来评价，从而其本质应为犯罪复数。而德国刑法中犯罪单复数的概念直接对应于按一重罪处罚还是数罪并罚的法律效果，即犯罪单数就是在数个刑法法规中依规定刑罚最重的法规处断，犯罪复数就要依数罪并罚来处断。从而德国单复数的争论其实是在想象竞合犯最终法律效果的意义上来讨论的。但是，对想象竞合犯的本质这个问题的理解却在漫长的发展过程中悄然地发生了改变。日本刑法学界基本上都认为想象竞合犯是实质数罪、科刑上的一罪。例如，福田平、大塚仁指出：“站在以构成要件的评价次数为标准的立场上来看，观念的竞合就是实质上的数罪，它只不过是以一个行为作出的。”① 显然，日本学

① ［日］福田平、大塚仁著：《日本刑法总论讲义》，李乔等译，辽宁人民出版社1986年版，第197页。

者并不是在法律效果的意义上谈其本质，而是从犯罪构成的意义上来界定的。这样，就使得实质一罪——从一重罪处罚、实质数罪——数罪并罚的对应关系产生了改变，即使认定为实质数罪也不一定要数罪并罚，是实质数罪还是实质一罪与最终法律效果的确定没有必然的联系。

其次，在区分实质一罪与实质数罪的判断标准未能统一的前提下，以其为根据论证想象竞合犯的处理原则无异于缘木求鱼。区分实质一罪与实质数罪的判断标准到底是什么？从上述两种学说的含义来看，实质一罪说显然将其标准立于行为之上，认为只有一行为，所以是实质一罪；而实质数罪说则将标准置于法益或犯罪构成之上，既然有数个法益侵犯或数个构成要件被实现，所以是实质数罪。既然立足点不同，得出的结论自然不同。那么，这里存在的问题是，罪数本质的判断标准应该是什么？行为、法益还是犯罪构成？这个前提问题不解决，实质一罪说与实质数罪说必然会无休止地争论下去。而目前的实质一罪说与实质数罪说在对这一前提问题没有达成统一认识的情况下，径直地根据自己预设的前提各自得出实质一罪说与实质数罪的结论，无异于自说自话，得出的结论自然不具有说服力。而在实质一罪说与实质数罪说自身还没有得到充分论证、没有说服力的情况下，再以其为根据，论证想象竞合犯的处理原则，显然是无源之水、无本之木，当然得出的结论自然也不具有说服力。

再次，实质一罪与实质数罪争论的意义仅在于对想象竞合犯成立条件或结构本身的诠释上，而不具有推导出处理原则的功能。实质一罪说与实质数罪说对想象竞合犯的诠释，其着重点或者在于一行为、或者在于数个法益或犯罪构成，而对想象竞合犯的整体结构的认知都各有所偏。也难怪作为单复数理论发源地的德国却基本上不再进行单复数的论争，他们认为两种理论的论争仅是文字或词语之争，毫无实际意义存在。例如，耶赛克认为，理论上的争论只涉及构成上的问题，并没有实际意义，这种争论并不比玩文字游戏好多少，因为从结果来看，两种理论是一致的，即只存在一个行为，对该一个行为可适用数个刑法法规。① 这一评价或许过于严厉，但指出了问题的所在：实质一罪说与实质数罪说其实对想象竞合犯的成立条件各执其一，均有所偏；二者虽然对深入认识想象竞合犯的结构具有重要的意义，但其意义也仅止于此，试图以此为根据来说明想象竞合犯的处理原则必然又陷入到两者的文字之争当中。

因此，笔者认为，从实质一罪说或实质数罪说来试图论证想象竞合犯的处理原则，并不是一个恰当的、值得推崇的研究路径，无论从哪一种学说来推导想象竞合犯的处理原则，都不能得出否定另一方的、令人信服的结论。

（2）处理原则与罪刑均衡——按一重罪处罚和数罪并罚哪个违背了或实现了罪刑均衡?

如前所述，罪刑均衡原则作为刑法的一大基本原则，对整个刑事立法、司法都具有重要的指导与制约作用，罪数与犯罪竞合问题的处理同样要遵循这一刑法的基本原则；各种竞合形态处理原则的确定，以能体现各个竞合形态中的犯罪行为的社会危害性和行为人的人身危险性为宗旨，以能够保证刑法适用的公正性、实现罪刑均衡、罪责刑相适应为目标。

那么，对想象竞合犯而言，按一重罪处罚和数罪并罚哪一个处理原则违背了或实现了罪刑均衡呢？这个问题在绝对的意义上并不好回答，但在相对的意义上，即与典型数罪相比较而言的意义上就容易得多。因此，首先要弄清的是想象竞合犯与典型的并罚数罪有没有区别、区别重不重要，也就是一行为触犯数罪名是否应该比数行为触犯数罪名受到较为轻微的处罚？罪刑均衡系统中的“罪”是社会危害性和人身危险性的统一；刑罚对应于犯罪而存在，影响刑罚大小的因素包括犯罪行为本身的社会危害性和犯罪行为人的人

---

① ［德］汉斯·海因里希·耶赛克、托马斯·魏根特著：《德国刑法教科书》（总论），徐久生译，中国法制出版社 2001 年版，第 874 ~ 875 页。

身危险性。因此，要判断一行为触犯数罪名是否应该比数行为触犯数罪名受到较为轻微的处罚，就要从社会危害性和人身危险性两方面着手。

一般来说，人身危险性就是指犯罪人再次犯罪的可能性（即再犯可能性），它所表现的是犯罪人主观上的反社会性格或危险倾向。[①] 人身危险性在想象竞合犯与实质典型数罪的情况下并没有明确的可比较性，即想象竞合犯中的人身危险性不一定就比典型数罪的情况大或者小。想象竞合犯与典型数罪的差别主要体现在社会危害性上。

社会危害性是客观危害和主观恶性的统一。对客观危害经常存在的一个认识偏差是：只有犯罪客体或法益侵害能够决定客观危害的大小，既然想象竞合犯也侵犯了数个法益、具有数个犯罪客体，因而其社会危害性与典型数罪是一样的。但是，根据我国刑法理论，除了行为侵犯的客体外，行为的客观危害大小主要还取决于行为的手段、后果以及时间、地点等因素。换言之，客观危害评价内部存在着犯罪时间评价、犯罪地点评价、犯罪手段评价、犯罪对象评价、犯罪结果评价、犯罪形态评价等的水平排列指标。[②] 犯罪客体、犯罪结果、法益侵害对客观危害的评价当然很重要，但是除此之外，行为本身的样态对于客体危害的大小也具有重要的作用。想象竞合犯是一个行为触犯数个罪名符合了数个犯罪构成的情况，典型数罪则是数个行为触犯了数个罪名符合了数个犯罪构成的情况，想象竞合犯的“一个行为”是其与典型数罪结构上的重大差异。因此，虽然侵犯了数个法益，造成了数个犯罪结果，但所有的法益侵犯都由一个行为统一展现，此与实施数个行为侵犯数个法益的情况有明显不同，因而同是侵犯了数个法益，但从行为样态本身来

---

① 高铭暄著：《刑法问题研究》，法律出版社 1994 年版，第 156 页。

② 参见马荣春、韩丽欣：《论犯罪社会危害性评价机制的确立》，载《中国刑事法杂志》2007 年第 4 期，第 14 页。

看，想象竞合犯与典型数罪在客观危害上仍具有明显的区别。另外，就行为无价值与结果无价值而言，主张将行为无价值和结果无价值结合起来考虑行为违法性的“二元论”，作为行为无价值的变种，在德日刑法学界非常有力。根据这种学说，行为是否违法，是否具有社会危害性，不能只考虑结果无价值，也不能只考虑行为无价值，而要将二者结合起来，综合考虑行为所造成的结果、行为方式和方法、行为人的身份、行为人在行为时的主观意思等。① 想象竞合犯存有复数的法益侵害，在结果反价值上并无减轻之理由，但在行为反价值上只有一个行为，可自违法评价之观点获得减轻之依据。②

其次，从主观上考察。一般来说，想象竞合犯是基于一个意思决意而为一个行为，尽管其包含了两个或两个以上的主观罪过，但这数个主观罪过由一个意思决意一个行为统一展现，总体上是一次法规范意识的突破，即由于行为不可分割的一个性、基于一个意思决意而实施，使得其行为与典型数罪下的基于数个意思决意而实施的数个行为相比，其可非难性相对减少。对此德国学者耶赛克指出：“因为一个行为，无论它是触犯了数个刑法法规还是数次触犯同一个刑法法规，在罪责内容上均必须作出比数个行为较轻的评价。”③

持相反态度的见解认为，对行为人到底是依想象竞合而从一重处断，或依实质竞合而数罪并罚，往往是决定于偶然的因素。例如，一个父亲要杀死两个小孩，如果他是先后把婴儿车里的小孩抱

---

① 黎宏著：《刑法总论问题思考》，中国人民大学出版社 2007 年版，第 1 页。

② 参见甘添贵著：《罪数理论之研究》，元照出版公司 2006 年版，第 183 页。

③ ［德］汉斯·海因里希·耶赛克、托马斯·魏根特著：《德国刑法教科书》（总论），徐久生译，中国法制出版社 2001 年版，第 874 页。

出来丢到水里，那么在区分一行为或数行为的竞合体系中，他必须被数罪并罚。相对地，如果这个父亲是把坐着两个小孩的婴儿车推进水里，那么只会被从一重处断。① 不管如何，行为人都是杀死两个人，至于是分别把小孩丢到水里，还是直接把车子推到水里，也很难说是区别行为人的刑事责任的理由。更不合理的是，有所计划的行为人反而可以利用一行为侵害数法益的方式，以单一刑罚的轻微代价而制造大量的实害。②

行为人的每一个行为都是相对意志自由下的决定，每一个违法决定都是一次对法规范的违反，即客观上每重新进行一个新的行为、主观上每重新作出一个意思决定，都要重新违反法规范一次。在不同的行为间，具有相对自由意志的行为人都有一次重新选择合法与违法的机会，但行为人仍选择了违法，因此对于这种典型数罪下的数个行为，其主观上的可非难性就较高。而在一行为触犯数罪名的情况下，行为具有不可分割的统一性，是在行为人的一个意思决定下作出的，行为人不存在重新进行意思决意、重新选择新的合法或违法行为的机会，因此虽然侵害了数个法益，但其可非难性较数个行为的情况有所减轻。

当然，反对者所提出的“有所计划的行为人利用一行为侵害数法益的方式，以单一刑罚的轻微代价而制造大量的实害”的批评，确有一定道理。有些犯罪经常性地以想象竞合犯的形态发生，有些则不一定。若在常态上本为数行为数罪的情况，行为人却有所计划地故意以一行为而达成侵害数法益的目的，其主观上的可非难

---

① 这是德国学者所举的案例，但我国刑法实务对这个案例的处理与之不同。由于我国刑法通说不承认同种想象竞合犯，实务中同种数罪也不并罚，对上述例子中的两种情况处理模式基本是一样的，量刑上或有差别但也不会差别很大。

② 黄荣坚：《犯罪的结合与竞合》，载《刑法问题与利益思考》，元照出版公司 2003 年版，第 81 ~ 82 页。

性确实不比数行为侵害法益的情况减轻。但是，如此熟知法律、利用法律规定来规避法律上的重结果且能达成其犯罪目的的情况毕竟是少数。因而对于绝大多数的想象竞合犯来说，一行为侵犯数罪名比数行为侵犯数罪名的主观非难性有所减轻。

因此，一行为触犯数罪名与数行为触犯数罪名的情况相比，在客观危害上，从行为形态本身或行为无价值角度看，确实有所减轻；在主观上，除了少数有计划地利用一行为侵害数法益的情况外，其主观上的可责难性也通常较数行为侵害数法益的情况为轻。从而综合起来看，与典型数罪相比，想象竞合犯之社会危害性可以得到较轻的评价。罪刑均衡既包括绝对的均衡，也包括相对的均衡，相对的均衡就是同等情况同等对待。同等情况同等对待的另一种言说就是不同情况不同对待。既然想象竞合犯与典型数罪相比，其社会危害性有所减轻，那么根据相对的罪刑均衡，就应该对两者区别对待，在处理原则的设置上体现出差别。况且，即使在美国，虽然无论是一行为触犯数罪名或数行为触犯数罪名，都采取并罚，但在执行的技术上，对于一行为触犯数罪名的情形，可以同时执行两个刑罚，对于数行为触犯数罪名的情形则否，因此在最后的实际结果上，对于一行为触犯数罪名以及数行为触犯数罪名，也等于是分别处理。① 而我国乃至大陆法系的其他诸多国家的刑法的刑事执行制度并不存在同时执行与分别执行的区分，因而对想象竞合犯与典型数罪的区别对待只能在立法、司法阶段予以解决，而不能后推到执行阶段来处理。

从而，认为想象竞合犯应与典型数罪毫无差别地一律数罪并罚的观点并没有体现二者在社会危害性上的差别，不符合相对的罪刑均衡原则。

数罪并罚说中的最后一种理由与前几种略有不同，认为“即

① 转引自黄荣坚著：《基础刑法学》（下），元照出版公司2006年版，第983页。

使一行为触犯数罪名与数行为触犯数罪名，量刑上一定要有所区别，这个区别上的要求，通过数罪并罚的方式，也是完全可以达到目的的。因此，一行为触犯数罪名与数行为触犯数罪名，法律上并没有区分处理的必要，而且都应该用数罪并罚的方式来处理”。这是我国台湾地区学者黄荣坚的观点。确实在数罪并罚范围内也可以实现量刑上的区别对待。但是，尽管可以做到量刑上有所区别，但同一处理原则这种“相同”的标签本身，不论在观念上还是实务上往往更容易导致对不同情况的相同处理。因而，对不同的竞合类型设置不同的处理原则，更有利于实现罪刑的均衡。

至此，可以得出如下结论：对想象竞合犯按一重罪处断的处理原则更有利于体现其与典型数罪的差别，更好地实现罪刑均衡。

二、按一重罪处断的具体模式——从一重处断还是从一重重处断或其他

按一重罪处断又具体表现为两种处罚方式：从一重处断与从一重重处断，两者都是就数罪中规定刑罚最重的法规确定刑罚，即按最重之刑处断，而与数罪并罚的方式不同。在确定了对想象竞合犯不能数罪并罚而应该按一重罪处断的大原则后，接下来还要进一步确定其具体的处理原则，究竟是从一重处断还是从一重重处断或是其他的处理原则。这首先需要准确地理解从一重处断与从一重重处断的确切含义，因为学界对术语解释的混乱已经严重干扰了对处理原则的选择。

（一）从一重处断与从一重重处断的确切含义

1. 域外刑法中的从一重处断与从一重重处断

一般认为，从一重处断就是在想象竞合犯所触犯的数罪名中，选择一个重罪定罪。这可从规定想象竞合犯处断原则的法律条文中直接推出。但是，这一界说其实过于简单化了。因为“从一重处断”这几个字仅涉及了重罪的内容，而并未提及轻罪的评价作用。但从采取这一原则的国家和地区来看，并没有只管重罪内容而完全

忽视轻罪的存在与评价作用。例如，德国采取的即是“从一重处断”原则，[①] 但在同种想象竞合的情况下，“一般会在该犯罪构成要件规定的法定刑上限范围内向加重处罚的方向考虑”；在异种想象竞合的情况下，“在量刑时，触犯数个刑法法规通常可在结合的量刑范围内考虑加重处罚”。[②] 我国台湾地区同样采取了“从一重处断”，但台湾地区学者亦指出：量刑之轻重上应兼顾行为人该一行为已经同时侵害其他法益，因此应该在法定刑范围内宣告较重之处罚。[③] 在采取这一原则国家的司法实务中，法官在量刑上也必定会考虑到侵害数法益、具有数罪过的事实。例如，对于行为人开一枪打死一人并不慎打伤另一人的情况，法官在量刑上决定不会跟只打死一人的情况等同视之。也就是说，其实“从一重处断”原则也会在重罪的法定量刑范围内适当从重，这一原则的确切内涵其实是“从一重从重处断”。

而“从一重重处断”原则是指在想象竞合犯所触犯的数罪名中，选择适用处刑最重的罪名定罪，并在此基础上加处一定的刑罚，即在从一重的基础上再为一定的加重。这其实指的是瑞士刑法、意大利刑法所采取的处理原则。例如，瑞士刑法第 68 条规定：“一行为或数行为触犯数自由刑之罪者，从一重处断并适当加重刑期。法官除得加重其刑至原定刑罚二分之一外，并应受该种刑种法定最高限之限制。”因此，“从一重重处断”原则实际上指的是“从一重加重处断”。

---

① 也有学者称德国采取的原则为结合刑原则，但如前所述，所谓结合刑不过是在从一重的基础上有所限制，即在轻罪的最低刑高于重罪的最低刑的情况下，所判刑罚不得低于轻罪的最低刑。实际上仍属于从一重处断原则。

② ［德］汉斯·海因里希·耶赛克、托马斯·魏根特著：《德国刑法教科书》（总论），徐久生译，中国法制出版社 2001 年版，第 882 ~ 883 页。

③ 黄荣坚著：《基础刑法学》（下），元照出版公司 2006 年版，第 981 页。

2. 我国刑法中的从一重处断与从一重重处断

我国刑法学界少数学者认为，“在刑法没有明文规定限制加重或数罪并罚的情况下，不能突破法定刑的规定对想象竞合犯从重或加重处罚”，① 也有学者认为，从一重处断原则“只断一重罪之刑，实际上是无条件地免除了其余罪刑的刑罚，有失罪刑均衡”，② 其言外之意都是从一重处断只能按重罪定罪量刑，不能再从重或加重。但是，我国大多数学者乃至通说认为，想象竞合犯的从一重处断“并非对行为人所触犯的其他轻罪置之不论，按最重之罪定罪量刑，但其余的轻罪可作为量刑的情节考虑”。③ 也就是说，通说中的“从一重处断”并未忽视轻罪的评价作用，轻罪可作为从重情节来考虑。并且在审判实践中，也不可能不考虑想象竞合犯对其他犯罪客体的侵犯，量刑上必然也会适当从重。这样，通说中的“从一重处断”实际上包含着从重的意思在内，确切地说是“从一重从重处断”。但是，由于这种表述对轻罪的评价作用及是否“从重”不够明确、不够强调，有许多教材甚至根本未予提及，造成了一些学者的误解。这一缺陷也是从一重重处断原则日渐兴起的原因。

对于从一重重处断原则，不同学者的解释也不统一。吴振兴教授是提倡从一重重处断原则的先驱者，吴教授在批判性地指出传统从一重处断原则的缺陷的基础上大力提倡从一重重处断原则，但吴教授主张的“从一重重处断”与国外刑法中指称的“从一重重处

---

① 杨阅：《想象竞合犯处罚原则新探》，载《黑龙江省政法管理干部学院学报》2006 年第 4 期，第 43 页。

② 庄劲著：《犯罪竞合——罪数分析的结构与体系》，法律出版社 2006 年版，第 211 页；蔡英：《想象竞合犯的批评与再认识》，载《西南大学学报》2007 年第 4 期，第 113 页。

③ 参见高铭暄主编：《刑法专论》（上编），高等教育出版社 2002 年版，第 398 页。

断”含义并不一致，他指出，想象竞合犯中的重处断理应是从重。[1] 赵丙贵博士也提倡从一重重处断原则，并指出：“应当在重罪所确立的刑度内，将轻罪作为从重量刑情节予以适当考虑”。[2] 刘士心博士同样倡导从一重重处断原则，指出在重罪的法定刑幅度内再从重追究刑事责任、从重惩处就是从一重重处断原则。[3] 可见，上述几位学者所指的从一重重处断原则的实际含义是“从一重从重处断”。然而，其他学者却从比较法的视角对其进行了不同的阐释，如张小虎教授认为“从一重重处”即为“加重处罚”，是突破该法定刑幅度（包括虽未突破具体犯罪整体上的最高法定刑，但突破了所应当适用的罪刑单位）的情况，[4] 即张教授界定的从一重重处断原则的实际含义是“从一重加重处断”。当然，我国刑法学界对“从一重重处断”的理解虽然存在上述的不一致，但总体来说的状况是，基本上凡是提倡从一重重处断原则的学者，都不约而同地将其界定为“在重罪的法定刑范围内从重处罚”，即“从一重从重处断”。

由此看来，我国学者在介绍国外刑法指称“从一重重处断原则”时，一般指的就是瑞士刑法采取的做法，即从一重加重处罚。但在我国提倡从一重重处断原则时，却往往将其界定为“在重罪的法定刑范围内从重”。这样在我国刑法中在相当的程度上从一重处断与从一重重处断两者的含义就同一化了，都是在重罪的法定刑范围内从重处罚，即“从一重从重处断”。若说二者有何不同的话，就是传统的从一重处断没有特别强调“从重”，而从一重重处

---

① 参见吴振兴著：《罪数形态论》，中国检察出版社 2006 年版，第 76、80 页。

② 赵丙贵著：《想象竞合犯研究》，中国检察出版社 2007 年版，第 209 页。

③ 刘士心著：《竞合犯研究》，中国检察出版社 2005 年版，第 158 页。

④ 张小虎：《想象竞合犯的理论探究》，载《法律科学》2005 年第 4 期，第 81 页。

断则特别明确地指出仅以重罪定罪量刑还不够，必须在此基础上进一步“从重”。①

（二）从一重从重处断原则的确立

从上文的论述可知，我国大多数学者其实都主张对想象竞合犯从一重从重处断，但是也有主张加重处断者。例如，马克昌教授在列举了各国对想象竞合犯的不同处罚规定后指出：想象竞合犯毕竟侵害了数个法益，根据罪刑相适应的原则，当以瑞士刑法的立法例为妥，② 即应从一重处断并适当加重刑罚。那么，为什么在从一重的基础上还要从重或加重呢？二者孰优孰劣，应如何选择呢？

想象竞合犯具有行为的单一性，但这只是想象竞合犯的结构特征之一，想象竞合犯的另一个结构特征是触犯了数罪名，实现了数个犯罪构成，侵害了数个法益。虽然其社会危害性比典型数罪的情况有所减轻，但与单纯一罪相比，从数法益、数罪过的角度而言，无论是其客观危害还是主观可非难性，都比单纯一罪要大得多，即从社会危害性上看，想象竞合犯是介于单纯一罪与典型数罪之间的独立类型，既不能与一行为侵犯一法益的一罪相提并论，也不能与数行为侵犯数法益的数罪同日而语。对想象竞合犯实行数罪并罚，没有考虑到其与典型数罪的差别，违反了罪刑均衡；同样地，仅处以重罪之刑既没有将其与单纯一罪的情况区别对待，也不足以对想象竞合犯的整个行为事实进行完整而充分的评价，无疑也违反了罪刑均衡原则。想象竞合犯是一行为真实地触犯了数个罪名、侵犯了数个法益、实现了数个犯罪构成，这一基本结构决定了必须发挥数个犯罪构成的共同评价作用，才能完整而充分地评价其整个行为事

① 由此看来，在大方向上，提倡从一重处断与从一重重处断的学者们的主张基本上是一致的，但纠结在名称的不同上，造成了本可以避免的一些困扰。

② 马克昌著：《比较刑法原理》，武汉大学出版社 2002 年版，第 797 页。

实。因此，对想象竞合犯处断原则的确立，必须重视轻罪所具有的评价作用。

轻罪的评价作用的体现方式主要是从重与加重。从重指在法定刑范围内判处较重的刑罚，但不能超过法定刑的上限；加重指在法定刑的上限判处适当的刑罚，即可以超过法定刑的限制。在目前我国刑法体系下，轻罪的评价作用只能体现为从重的方式，不能也不必选择加重的模式。这是因为：其一，瑞士、意大利等国家刑法采取加重处断的方式，是以其立法上的明确规定为前提的，而我国1979年刑法虽曾有加重处罚的规定，但1997年刑法在相应提高法定刑的同时废除了加重处罚的规定，即现行刑法中的从严量刑情节只包括从重处罚情节，而从重处罚必须在法定刑的限度内判处刑罚，加重处罚制度已经退出了历史舞台。如此，在想象竞合犯的处理原则上，自然也不能再适用加重处罚制度，否则即是对罪刑法定原则的严重背离。其二，我国刑法之所以废除加重处罚制度，一方面是基于限制法官过大的自由裁量权、保障人权的考量，另一方面也是因为现行刑法规定的法定刑幅度范围相对较大，从重处罚基本上就能满足从严惩处的需要。也就是说，在我国现行刑法法定刑幅度较大的情况下，也无须再适用加重制度即能基本实现罪责刑的相适应。

因此，从一重从重处断原则既能体现想象竞合犯的整体结构特征，使其与单纯一罪和典型数罪在处罚上体现出各自在社会危害性上的差别，实现罪刑均衡原则；又符合我国刑事立法的规定，不违背罪刑法定原则。在现存的几种处罚方式中，可谓最为恰当的处断原则。

三、从一重从重处断原则的具体适用

（一）重罪与轻罪的判断标准

从一重从重处断首先需要解决的是“从一重”的问题，也就是在触犯的数罪名中，哪个罪是重罪。对此，主要存在以下两种不同的做法：

一是以法定刑为标准，即判断哪个是重罪哪个是轻罪以数罪中规定较重的法定刑为标准来确定。例如，日本刑法第 54 条第 1 款规定的“按照其最重的刑罚处断”，指的是“比较所成立的犯罪的法定刑，其上限、下限均在相对更重的范围之内予以处断”。[①] 我国刑法理论界一般也认为，所谓最重的罪名或最重的犯罪，一般应以法定刑为基础作出判断，即法定刑高者为重罪，法定刑低者为轻罪。[②]

二是以宣告刑为标准，即法官先对触犯的数罪分别判处刑罚，然后再在数罪中选择处刑最重的一个刑罚作为宣告刑。保加利亚刑法即采取这种做法，其刑法第 23 条规定：“如果以一个行为实施了几个犯罪，或者一个人实施了几个独立的犯罪，并且对其中任何一个罪所作出的判决都没有产生法律效力的情况下，法院先对这些罪中的每一个都分别决定刑罚，然后判决执行其中最重的一个。”

两种方法的不同在于：第一种方法是先比较法定刑的轻重，然后再确定应判处的刑罚；而第二种方法是先分别决定刑罚，然后再比较刑罚的轻重。我国学者将前者称为“先比后定法”，后者称为“先定后比法”。[③]

客观地说，法定刑重者，在实际的案件事实中不一定处刑也最重。“先定后比法”先对数罪中的每一犯罪决定刑罚，然后比较罪之轻重，以最重者为最后执行的刑罚，与单纯以法定刑的轻重为标准相比，自然更为精确，由此得出的刑罚可谓名副其实的“最重的刑罚”，应当更符合“从一重”的宗旨。

---

① ［日］西田典之著：《日本刑法总论》，刘明祥、王昭武译，中国人民大学出版社 2007 年版，第 348 页。

② 高铭暄主编：《刑法学原理》（第二卷），中国人民大学出版社 1993 年版，第 533 页。

③ 吴振兴著：《罪数形态论》，中国检察出版社 2006 年版，第 72 页。

但是，大多数国家包括我国选择了以法定刑为标准的做法。究其原因，可能在于以下两点：第一，以法定刑为标准的做法更符合诉讼效益原则。以宣告刑为标准的做法，需要法官先对触犯的每一个罪都作出精确的量刑，即触犯几个罪，就要进行几次由法定刑到处断刑再到宣告刑的量刑过程，然后才能确定出哪个是重罪。而以法定刑为标准的做法，只需比较几个罪名的法定刑，就能确定哪个是重罪。与以法定刑为标准的做法相比，运用“先定后比法”所做的实质审理工作显然较多。第二，当然也是重要的一点，就是以法定刑为标准的做法能够达到罪刑均衡的要求，这是其实质合理性所在。刑法规定的绝大部分罪名都是相对确定的法定刑，都具有一定的量刑范围，包括单一量刑幅度和多个量刑幅度。对于单一量刑幅度的犯罪来说，即使采取以法定刑为标准选择的重罪与以宣告刑为标准选择的重罪不一致，但由于想象竞合犯所触犯的数罪对最后刑罚的确定均有实质性的作用，法官在以重罪为基础确定最后的宣告刑时，必然会斟酌其所触犯的各罪的轻重，从而在最后的量刑上确定一个与罪质、罪量相均衡的刑罚。通过这样的裁判过程获得的最后的量刑与以宣告刑为标准的情况不会有大的差别。而在法定刑具有多个量刑幅度的情况下，法定刑标准说也主张，具体犯罪应最终适用哪个刑度的法定刑，要根据刑法对具体犯罪所规定的法定刑的具体情况以及行为人所犯的具体罪行来确定，而并非一律按最高的量刑幅度来确定。这样就具有了一定的对具体犯罪事实的针对性。例如，故意伤害罪有三个量刑幅度，一般情况下的量刑幅度是“三年以下有期徒刑、拘役或者管制”，致人重伤的量刑幅度是“三年以上十年以下有期徒刑”，致人死亡或者以特别残忍手段致人重伤造成严重残疾的量刑幅度是“十年以上有期徒刑、无期徒刑或者死刑”。在故意伤害罪与他罪发生竞合的情况下，不是一律以“十年以上有期徒刑、无期徒刑或者死刑”作为法定刑轻重的比较标准，而是根据具体犯罪事实适用哪个量刑幅度，即以哪个量刑幅度作为法定刑轻重的比较标准。若是一般的故意伤害没有造成他人重伤的，即适用“三年以上十年以下有期徒刑”的量刑幅度，即以此与他罪的法定刑来比较轻重。这就具有了一定的针对性，从而可以保证罪刑均衡的实现。

当然，在法定刑标准无法适用或不宜完全适用时，一般也对其进行了下列修正，包括：

（1）数个罪名的法定刑完全相同时的处理。通说主张，当一个犯罪行为触犯的数个罪名的法定刑完全相同时，则参照各罪的犯罪事实、情节、危害程度等进行轻罪和重罪的比较。其实，这种情况下的判断已具有了以（可能的）宣告刑为标准来判断重罪与轻罪的意味。

（2）其中一罪或数罪具有从重、从轻、减轻情节时的处理。对于刑法分则所规定的加减情节，因属于法定本刑之规定（即具有不同量刑幅度的情况），应以相应之法定本刑或量刑幅度为比较之标准。对此，理论界与实务界都不存在异议。

但是，对刑法总则规定的加减情节则态度不一。我国大陆、台湾理论界一般认为刑法总则之加减，属于科刑之范围，不能以此影响法定刑的轻重，不得在加减之后，再行比较。[①] 日本判例与实务也以加重或减轻前的法定刑为标准；但是其理论上的通说则认为，科刑的一罪在广义上也被包括在并合罪之中，所以在适用刑法第72条[②]时，应该准并合罪加重来考虑，因而在对各构成要件所规定的法定刑进行了再犯加重和法律上的减轻之后，根据上限、下限都是最重的刑来处断。[③] 这两种不同做法的区别可从下面的案例来体

---

① 参见马克昌主编：《犯罪通论》，武汉大学出版社1999年版，第679～680页；林钰雄著：《新刑法总则》，元照出版公司2006年版，第579页。

② 日本刑法第72条规定：同时加重和减轻刑罚时，按照下列顺序：一、再犯加重；二、法律上的减轻；三、并合罪的加重；四、酌量减轻。

③ ［日］大塚仁著：《刑法概说》（总论），冯军译，中国人民大学出版社2003年版，第425页。

现：甲罪法定刑是 3 年以下自由刑，乙罪法定刑是 5 年以下自由刑，乙罪具有法律上的减轻事由。那么，如果根据判例的见解，选择法定刑重的乙罪，然后对此予以法律上的减轻，最后的处断刑是 2 年零 6 个月以下的自由刑。而如果根据通说的见解，由于是以法律上的减轻之后的刑罚进行比较，乙罪比甲罪轻，甲罪的 3 年以下自由刑就成为处断刑。

对于刑法总则规定的加减事由，为什么不能在加减之后再行比较？我国通说并没有提供一个具有说服力的“不能”的理由，也未见日本判例对此展开论证。笔者认为，其实其深层次的原因还是在于传统的完全以法定刑为重罪轻罪比较标准的固有思维模式。本来，只要同样能实现罪刑均衡与公正，采取这一个具有诉讼效益优势的标准并无不可。但是，在遇有刑法总则规定的加减事由的情况下，这一标准应适当地加以修正。因为：其一，法定的加减事由对量刑的轻重影响较大，法定刑较重的罪名如同时具有法定加减事由，实际上其往往不是最重的犯罪。例如，甲罪法定刑为 5 年以下有期徒刑，乙罪法定刑为 5 年以下有期徒刑或拘役，根据法定刑标准说，甲罪为重罪，应以其法定刑作为从一重从重处断的基准。但是，甲罪具有防卫过当的情节，根据刑法规定，应当减轻或免除处罚。在这种情况下，以甲罪的法定刑为从一重的基准显然较以乙罪的法定刑为基准轻得多。这种结论与实际中的重罪轻罪的认定差别过大，并不符合想象竞合犯“从一重”的精神实质。其二，理论界普遍公认，在数个罪名的法定刑完全相同时，则依据具体犯罪的情节来确定哪个是重罪。实际上，这已经是以可能的宣告刑为比较标准了。这也说明，完全以法定刑为重罪轻罪比较标准并非牢不可破的必然方式。因此，从量刑的精致化与想象竞合犯“从一重”的精神实质出发，在各罪具有刑法总则规定的加减事由时，在加减之后比较轻重是更为妥当的选择。

综上，一般情况下，重罪轻罪的判断应以法定刑为标准；在各罪中不论是具有刑法分则的加减情节，还是刑法总则的加减情节时，都应该在加减之后再比较轻重，以重者为从一重从重处断的基准。这一方法可以称为修正的法定刑标准说。

（二）结合刑原则与轻罪的封锁作用

德国刑法第52条第2款后半段规定：所判处刑罚不得轻于数法规中任何一个可适用法规的刑罚。根据该条的规定，刑度的上限与下限根据竞合法条所规定的最高标准而定，即从一重处断的范围以最重之法定刑为基准，但如果较轻罪名的最低刑还重于较重罪名的最低刑时，则其所处刑罚不得低于较轻罪名的最低刑。此原则即被称为结合原则，即结合数罪中最重之最高刑与最重之最低刑而成；而轻罪之最低刑所起的限制作用被称为“轻罪的封锁作用”。日本刑法并未明确规定轻罪最低刑的封锁作用，实务上关于“最重之刑”的含义也有争议。大审院的判例认为“是指应该使用其数个罪名中规定最重之刑的法条来处断”，而最高裁判所认为，其中“同时也包含着不能轻于其他法条的法定刑的最下限之刑来处断的旨趣”。理论界大多数学者支持最高裁判所的见解，认为最重的刑指所规定的上限和下限都是最重的法定刑。

这项原则的主要价值就在于在轻罪的最低法定刑高于重罪的最低法定刑的情况下，防止在轻罪的最低法定刑以下判处刑罚。因为若允许上述情况的出现，则对想象竞合犯实际上的处刑比轻罪还要低，与单纯违反轻罪的情况相比，就出现了行为人多犯了一个重罪反而处刑更低的严重不合理的局面，既违反罪刑均衡原则，也有悖于想象竞合犯“从一重从重”处断的宗旨。此项原则显现出想象竞合犯所实现的各个犯罪构成对最终法律效果的确定均有实质性的作用存在，避免了在重罪之最低刑轻于轻罪的最低刑时所可能产生的量刑上的失衡，较之完全以重罪法定刑为量刑范围的做法，显然要更为合理，值得我国刑法借鉴。

第四节 特论：想象竞合犯中的夹结现象及其处理

一、夹结现象与夹结理论的概念

两个本属于实质竞合关系的犯罪行为，如果分别与第三个犯罪行为成立想象竞合关系，此种现象即是夹结现象。在夹结现象中，A罪与C罪是想象竞合的关系，B罪与C罪也是想象竞合的关系，但A罪与B罪间并非想象竞合而属于实质竞合的关系。这种罪数形态与纯粹的想象竞合犯不同的是，在纯粹的想象竞合犯中，所有的犯罪行为之间（A罪与B罪、A罪与C罪、B罪与C罪）都处于想象竞合的关系，如行为人开一枪，打死了一人，打伤了一人，还毁坏了他人的贵重物品，故意杀人行为、故意毁坏财物行为、过失致死行为两两处于想象竞合的关系，此时对全体犯罪依据想象竞合犯的规则来处理自然无异议。而在夹结现象中，只是被夹结之犯罪行为与夹结之犯罪行为之间处于想象竞合的关系，数个被夹结犯罪行为之间则处于实质竞合的关系。

所谓夹结理论（Klammerwirkung）①，乃德国学界与实务界所发展的处理上述夹结现象的理论，指两个本属实质竞合关系的犯罪行为，分别与第三个犯罪行为成立想象竞合关系，则可以透过第三个

① 这一术语还有许多其他译法，如夹结作用、夹结效应、联结理论、联结效果、涵摄效应、夹锁现象、“插销”现象、搭扣现象、“纽带”现象、括弧作用等不一而足。本书采用了“夹结理论”这个译法；并且需要注意的是，夹结现象与夹结理论是内涵不同的概念，前者指的是一种客观的现象存在，后者实际上是一种理论，指的是对这种客观现象的一种处理方式。

犯罪行为加以夹结，而得将三罪依想象竞合之例来处断，[①] 即第三个犯罪行为具有夹结作用，而将本属犯罪复数关系的两罪，视为犯罪单数。[②] 该第三个犯罪行为可能是状态犯，也可能是继续犯、集合犯。这一理论后被日本、韩国刑法所借鉴，如根据日本刑法，行为人在非法持有枪械（甲罪）的过程当中，分别两次用所持枪械恐吓他人（乙罪）和杀人（丙罪），行为人的持有枪械和恐吓他人的犯罪行为是想象竞合的关系，持有枪械和杀人的犯罪行为也是想象竞合的关系，因此虽然恐吓他人行为和杀人行为是分别独立的实质竞合关系，却也因非法持有枪械行为的所谓夹结理论而全部串联成一个行为，形成一个完整的恐吓、杀人与非法持有枪械罪的想象竞合犯。再如，在韩国刑法中，公务员受贿后制作、使用虚假的公文书，除受贿后不正处事罪（甲罪）外，另外还成立虚假公文书制作罪（乙罪）和虚假公文书行使罪（丙罪），因后两者分别与受贿后不正处事罪处于想象竞合的关系，从而可将此三罪依想象竞合处断。也就是说，夹结理论将本来属于实质竞合关系而应数罪并罚的乙、丙两个独立犯罪，因其分别与第三罪之甲罪具有想象竞合关系，于是将甲、乙、丙三罪依想象竞合犯之例处断。

此类问题的难点在于所触犯的各罪间的复杂关系，一方面要避免对具有夹结现象的行为重复评价，另一方面又要全面反映所有行

---

① 在日本刑法中，另外还承认牵连犯中的夹结理论。例如，侵入他人住宅，依次杀死3人的场合，3个杀人罪之间本来应当是并合罪，但是由于各个杀人罪和侵入住宅罪之间分别具有牵连关系，因此根据侵入住宅罪将他们结合在一起，整体上作为科刑一罪加以处罚。参见［日］大谷实著：《刑法讲义总论》，黎宏译，中国人民大学出版社2008年版，第450页。但是，由于本书认为牵连犯的概念并无独立存在的价值，理应废除，从而也就无所谓牵连犯中的夹结理论问题。因此，这里只讨论想象竞合犯中的夹结现象及其处理。

② 林山田著：《刑法通论》（下册），作者发行2005年版，第274页。

为的不法内涵而全面评价。若依想象竞合犯之例处断，何以本应数罪并罚的数罪间因有第三行为的介入而得以作为一罪处理？若否认夹结理论，而径直将数个犯罪依实质竞合数罪并罚，则对于夹结行为与被夹结行为之间的想象竞合关系没有兼顾。

二、学说及判例

是否承认夹结理论而认为所有之罪均依想象竞合犯之例处断，向来争议颇多。

（一）德国的理论与实务见解

1. 通说及判例

德国学界与实务界是最早提倡、运用夹结理论者。他们认为，就夹结现象而言，一方面整体事实的结构，是由贯穿行为所整合起来，即其他行为与构成要件实现，均发生在贯穿行为之中，而各行为都与贯穿行为具有连带关系存在；另一方面，如要将各行为分开评价，则对于贯穿行为特别是（作为贯穿行为的）继续犯的法律性质无法兼顾，恐怕还会造成对于贯穿行为重复评价的疑虑。① 德国学者宾丁曾将常习犯构成之个别行为，另外触犯他罪名的竞合问题，认为成立全体的想象竞合；又如，于实施强盗之际，杀死两人时，亦将强盗罪及两个杀人罪，依想象竞合处理。② 但是，两个杀人罪如果与强盗罪无关时，原应成立实质竞合而数罪并罚，现在却因强盗罪的关系，而将其全体认为成立想象竞合，不仅有违罪刑的均衡，也缺乏实质的合理性："数个严重的，本身处于实质竞合关系的行为，不能因为它们与一个在严重程度上要轻一些的犯罪行为有部分上的相同，就被相互连接成想象竞合；这样的连接，将颠倒

---

① 柯耀程著：《刑法竞合论》，中国人民大学出版社 2008 年版，第 222 页。

② ［日］山火正则：《科刑上一罪——以观念的竞合和夹结理论为中心》，载《刑法杂志》第 23 卷 1、2 号，第 1 页。

对于人之举止的社会伦理角度上的评价。”[①] 基于上述类似案件产生的不合理性，通说与实务对夹结理论的成立进行了限制，要求具有夹结理论之犯罪不法内涵不能比被夹结之犯罪轻，因为不法内涵较轻的犯罪不具有夹结力，无法将各别与之局部同一的不法内涵较重的犯罪夹结成一个犯罪单数，“两个自身独立的行为，并不能因其中之一与同一个较轻微的犯罪相竞合，而躲过第 53 条较为严厉的量刑”。[②] 换言之，承认夹结理论需要夹结之罪最重；只要有一个被夹结之罪比夹结之罪更严重时，即排除夹结作用。不过，新的司法判决已经脱离了过去的这个指导思想，现在的意见是，某个各与其他两项犯罪重合的犯罪行为，在即便是其中的一个要比它们之间居间的连接单元更为严重的情况中，也能够成立这两个其他犯罪上的犯罪单数。[③] 也就是说，只要夹结之罪比其中一个被夹结之罪更严重，就能承认夹结理论的存在；只有当两个被夹结之罪都比夹结之罪严重时，才排除这种夹结作用。依据这种限制意见，在非法持有枪支而杀害数人的情况下，因为非法持有枪支罪轻于杀人罪，所以原本处于实质竞合关系的数个杀人罪并不会因为各别与非法持有枪支罪存在想象竞合关系，而被非法持有枪支罪夹结成一个犯罪单数。

2. 反对见解

虽然在德国实务上认为继续行为的夹结理论应为处理的原则，而否定将夹结理论仅视为例外情况，却有渐渐倾向否定夹结理论的

---

① ［德］约翰内斯·韦塞尔斯著：《德国刑法总论》，李昌珂译，法律出版社 2008 年版，第 474 页。

② ［德］汉斯·海因里希·耶赛克、托马斯·魏根特著：《德国刑法教科书》（总论），徐久生译，中国法制出版社 2001 年版，第 878 页。

③ ［德］约翰内斯·韦塞尔斯著：《德国刑法总论》，李昌珂译，法律出版社 2008 年版，第 474 页。

见解。[①] 尤其是在理论界对这种观点的批评越来越多，有不少学者，如雅科布斯（Jakobs）、普珀、施米德霍伊泽等完全反对所谓的夹结理论。否定该理论的见解认为，第一，原本行为人基于实质竞合关系违犯数项犯罪，如果因行为人多犯了一项犯罪，就被论以想象竞合，这是有违事理的。为何多一项犯罪行为却可以免除实质竞合之处罚加重，也令人难以理解。第二，按夹结犯罪之轻重，不同的两个行为成为想象竞合或实质竞合也没有说服力。

至于否认夹结理论后如何处理这类案件，在反对者间意见也不一致。雅科布斯认为应首先根据实质竞合的规则确定本身相互独立的数罪应该判处的刑罚，然后再根据想象竞合的规则对这些刑罚联结起来的犯罪进行量刑。[②] 韦勒则详加分析继续行为的法律性质，在其“解离方式”中，特别将各独立行为个别地先与继续行为形成想象竞合关系，再依实质竞合处理。[③] 例如，对于醉酒驾驶，途中发生交通事故致人死亡，行为人于肇事后逃逸的场合，行为人触犯了醉酒驾驶罪、过失杀人罪和肇事逃逸罪，且过失杀人罪和肇事逃逸罪分别与醉酒驾驶罪处于想象竞合的关系。根据“解离方式”的处理，醉酒驾驶是一种继续犯，但是在发生交通事故的情况下，被认为发生了一个重大的转折，从而继续行为的单一性被否定，也就是说，在发生交通事故的情况下，虽然醉酒驾车行为仍在继续，但规范上认为其主客观状况都已改变，应视为继续行为已经被截断，而为另一个新的继续行为。从而，应先将过失杀人罪和醉酒驾驶罪、肇事逃逸罪和醉酒驾驶罪分别依想象竞合处理，然后再将上

---

① 参见柯耀程著：《刑法竞合论》，中国人民大学出版社 2008 年版，第 227 页。

② ［德］冈特·施特拉腾韦特、洛塔尔·库伦著：《刑法总论 I ——犯罪论》，杨萌译，法律出版社 2006 年版，第 444 页。

③ 转引自柯耀程著：《刑法竞合论》，中国人民大学出版社 2008 年版，第 227 页。

述结果依实质竞合处理。

（二）日本的判例及学说

1. 判例的态度

在日本实务上，对夹结理论，自明治四十二年三月八日大审院判决开始，到目前之最高裁判所，均采相同的态度，除少数案例外，均认为本来属于并合罪关系的数罪，因其各别与第三罪具有想象竞合犯或牵连犯之关系，全体乃结合成一罪而从一重罪处断。[①]例如，在未经许可，经营古董买卖，数十次有偿购入被盗物品的场合，判例认为成立触犯未经许可经营古董买卖罪和有偿受让罪一个行为，从而整体上作为观念的竞合处理。这种场合，经营古董买卖罪就发挥了夹结作用，将本为并合罪的数罪连接在一起成为想象竞合犯。

2. 学说的分歧

在学说上，日本学界在德国各种学说及判例的影响下，对此问题可谓意见纷纭，各持己见。

（1）肯定夹结理论之积极说。在学说上全面承认夹结理论的，是通说，如团藤重光、平野龙一、大塚仁、大谷实、中山研一等均持此说。[②] 大谷实认为，承认该理论的话，虽说会有从轻处罚的不当，但是，在现行刑法之下，不得不承认它。另外，刑法典所规定的法定刑的范围很广，在实际的处理上，也并不会有太大的麻烦。[③] 当然，同德国的情况类似，肯定论者也对夹结理论的范围进行了类似德国所进行的限制。并且，对日本实务上的判例，即使肯

---

① ［日］中野次雄：《并合罪与科刑一罪的竞合》，载《刑法杂志》第22卷3、4号，第322～323页。

② 参见马克昌著：《比较刑法原理》，武汉大学出版社2002年版，第810页。

③ ［日］大谷实著：《刑法讲义总论》，黎宏译，中国人民大学出版社2008年版，第450页。

定论者，往往也有不同意见。例如，对前述案例，大谷实认为，判例过于广泛地理解了一个行为的范围，因此，造成了过于广泛地认定夹结现象的结果。这种场合，倒不如说，各个行为均成立一个行为，分别成立观念竞合。[①]

（2）否定夹结理论之消极说。在该说中又有全面并合罪说、捷足先登说等种种不同的观点。全面并合罪说认为具有联结关系的数罪应予以数罪并罚。该说还认为，想象竞合犯之一个行为，是在自然的观察下行为的单一性，为法的评价对象。此种单一的自然行为可成立数罪，故在数罪中，既可作为其中一罪之法的评价对象，也可作为他罪之法的评价对象，即作为此数罪之法的评价对象之自然行为，必须具有全部一致性或重合性。但是，在集合犯之例（如前述非法经营古董罪），其构成集合犯之各个行为，另外触犯他罪时，此各个行为，并非完全一致或重合之自然行为，自无法成立想象竞合，只能予以数罪并罚。同理，在想象竞合犯之情形，甲罪构成之个别行为，另外触犯乙、丙两罪时，应依数罪并罚予以处理。[②]

捷足先登说认为夹结之罪仅与最先成立之他罪成立科刑一罪，[③] 即在处于实质竞合关系而应数罪并罚的乙、丙两个独立犯罪，分别与第三罪之甲罪具有想象竞合关系时，仅甲罪与乙罪成立想象竞合犯，而对丙罪则依数罪并罚予以处理。

（3）一部承认夹结理论之折中说。学者中野次雄承认罪数问题之夹结作用，但在处断刑上，则认为应比较夹结罪之法定刑与他罪（即被夹结之罪）之并合刑，而依较重之刑处断。具体来说，

---

① ［日］大谷实著：《刑法讲义总论》，黎宏译，中国人民大学出版社2008年版，第451页。

② ［日］山火正则：《科刑上一罪——以观念的竞合和夹结理论为中心》，载《刑法杂志》第23卷1、2号，第30~35页。

③ ［日］大塚仁等编：《大注解刑法》（第3卷），青林书院1990年版，第134页。

想象竞合犯等科刑一罪，其之所以较并合罪科处较轻的刑罚，是因为在其构成数罪间，其可罚评价具有部分重复。就夹结现象之事例而言，A 罪与 C 罪、B 罪与 C 罪间各具有想象竞合的关系，其可罚评价部分重复，故各得从一重处断。至于 A 罪与 B 罪，则为独立之二罪，其间并无可罚评价重复的情形存在，因而应予数罪并罚。因此，其妥当之处断刑，乃由 A、B 罪之并合刑与 A、C 罪及 B、C 罪中各自之最重刑组合而成，即应以并合刑与两个最重刑中之最重者为判断标准。①

三、夹结理论之否定

如前所述，所谓夹结理论，是将本处于实质竞合关系的数罪，因其与第三罪具有想象竞合关系，而将全体依想象竞合犯加以处断。如此的处理方式，本意是避免对第三行为双重评价的不合理的结果。但是，本应数罪并罚的数罪，为何仅因与其具有想象竞合关系的另一行为的介入，就可以将全体依想象竞合犯来处理？夹结理论对此并没有作出具有说服力的说明，反而是在罪刑的均衡、既判力范围等方面，这种处理方式凸显出了种种的弊端。

（一）夹结理论有违罪刑的均衡、违背公平正义观念、缺乏实质的合理性

在具有夹结现象的犯罪形态中，各被夹结之行为在自然的观察、社会的一般观念上是各别独立的行为。例如，在上述未经许可经营古董买卖、数十次有偿购入被盗物品的案例中，各个购入赃物的行为在自然的观察、社会的见解上是各别的、独立存在的行为。② 对于这些独立的、原本应数罪并罚的行为，“究竟为什么一

① ［日］中野次雄：《并合罪与科刑一罪的竞合》，载《刑法杂志》22 第3、4号，第327～328页。

② 参见［日］大塚仁等编：《大注解刑法》（第4卷），青林书院2005年版，第218页。

个重罪在其中，就可以夹结？夹结效果这个用语并不能提供解答”。[①] 更为重要的是，原本处于实质竞合关系应数罪并罚的数个犯罪却因为另外多犯了一罪，反而可以避免数罪并罚的适用而该依较轻的想象竞合犯来处理，这也极不合理。“既已增加别个法益之侵害，理该加重其刑，始为合理，却因与其中之一罪具有牵连之关系，其处断刑反而发生下降之逆转现象，实非妥适。”[②] 因此说夹结理论严重违背了刑法的罪刑均衡的原则，严重抵触社会的一般公平正义观念，从根本上即不具有合理性。

（二）肯定论者对夹结理论所作的限制并没有从根本上解决问题，本身也与夹结理论的理论根据相矛盾

肯定论者对夹结理论所设定的夹结之罪不能予以最轻的限制，也仅仅使上述的弊端得以缓解，并没有从根本上解决其缺乏实质合理性的问题。况且，依据这种限制，就会对同一现象进行不同的处理：当夹结之行为并非最轻时，即可依想象竞合犯处理，而当夹结行为最轻时，则回归实质竞合的处理方式，而这种区分处理既没有说服力，也与夹结理论的理论根据相矛盾。因为夹结理论之所以被创立，在于其认为就夹结现象而言，其他行为与构成要件的实现均发生在夹结行为之中，而各行为都与夹结行为具有想象竞合的关系存在，如要将各行为分开评价，则对于夹结行为特别是（作为夹结行为的）继续犯的法律性质无法兼顾，并且，恐怕也会造成对于夹结行为重复评价的疑虑。那么，依照肯定论者的这种思路，不管夹结行为是不是最轻，分开评价，都没有顾及夹结行为的法律性质、有重复评价的疑虑。既然如此，当夹结行为最轻时回归实质竞合的处理方式，依照上述思路仍然是重复评价的，为什么肯定论者

---

① 许玉秀：《一罪与数罪之分界——自然的行为概念》，载《台湾本土法学》2003 年第 5 期，第 95 页。

② 甘添贵：《数罪并罚与科刑一罪之竞合》，载台湾刑事法学会编：《现代刑事法与刑事责任》，新学林出版股份有限公司 1997 年版，第 569 页。

又容忍了这种情况呢？显然是因为在这种情况下依照夹结理论得出的结论明显不合理，肯定论者才不得已作出了限制。也因此，肯定论者作出的这种限制本身，其实也从侧面表明了夹结理论的不合理性。

（三）在程序上，夹结理论会不当地扩张既判力的范围

原本数罪并罚的数罪，在既判力上互不影响，但因为夹结之罪的夹结作用，使得其中一个被夹结之罪确定裁判的既判力也及于另一被夹结之罪和夹结之罪，显然不适当地扩大了既判力的范围。对此，山中敬一指出，起初仅仅集合犯 A 罪与另一 B 罪被发觉，确定判决后，C 罪被发觉，由于 A 罪的夹结作用，不仅仅 B 罪，而且包含 C 罪，作为观念的竞合被认为一罪，既判力也及于 C 罪，对 C 罪起诉、处罚成为不可能，实不合理。①

四、夹结现象之处理

剩下来的问题是，对于具有夹结现象的诸多犯罪形态，在刑法上到底应如何处理呢？在讨论这个问题前，或许首先需要对我国刑法中夹结现象的可能存在范围进行一下检讨：存在范围的不同，直接影响到讨论的实际意义；虽在国外存在夹结现象，但在我国根本不存在所谓的夹结现象的情况，讨论起来就没有实际意义。

（一）夹结现象在我国刑法中的可能存在范围

1. 影响夹结现象是否存在的因素

第一，具体犯罪设定的不同，影响夹结现象的存在范围。

德日及我国台湾地区刑法理论认为，会发生夹结现象的情形主要所涉及的形态，一是继续犯的类型，二是具有时间延续性的行为类型，如持续犯、集合犯等。经常为学界所探讨的案例是：行为人

---

① ［日］山中敬一著：《刑法总论》，成文堂 2008 年版，第 1008 ~ 1009 页。

醉酒后驾车，致发生交通事故致人死亡，而后肇事逃逸。依据我国台湾地区“刑法”，行为人于此场合触犯了醉酒驾驶罪、过失杀人罪、肇事逃逸罪。其中，过失杀人罪和肇事逃逸罪分别与醉酒驾驶罪处于想象竞合的关系，产生夹结现象。但是，在我国大陆地区刑法中，在《刑法修正案（八）》出台前，醉酒驾驶本身并不构成一项犯罪，在由于醉酒驾驶致发生交通事故致人死亡的场合，则正是交通肇事罪所规范的形态。交通肇事后逃逸本身也不构成一项犯罪，而只是交通肇事罪的严重处罚情况，在较高的量刑档次内判处刑罚。从而，产生夹结现象的上述案例，在我国大陆地区刑法中，直接被交通肇事罪一罪所包括评价，而不涉及他罪的问题，根本无从产生夹结现象。在《刑法修正案（八)》出台后，醉酒驾驶在我国大陆地区也构成犯罪，从而有可能发生与交通肇事罪竞合的问题。但此种情况只涉及危险驾驶罪和交通肇事罪两个罪名，也无从发生夹结现象。

第二，行为单复数认定的不同，影响夹结现象的存在范围。

夹结现象的存在，是由于本属实质竞合关系的数罪与第三个犯罪行为各自处于想象竞合犯的关系。而想象竞合犯是一行为触犯数个犯罪构成的犯罪形态，其成立首先要求具有“一个行为”。因此，若否定了行为的一个性，则根本就不成立想象竞合犯，从而也无从发生夹结现象。对此，笔者认为，外国刑法中所讨论的一些案例，有重新检讨的必要。例如，行为人非法持有武器，并且使用持有的武器故意杀人、胁迫他人的，德国刑法理论认为，“各一体行为实现的违反武器法的轻罪，对于自身是独立行为的故意杀人和胁迫行为，产生夹结作用，合成犯罪单数”。① 但是，非法持有武器并用其杀人或胁迫的，果真是一个行为吗？行为单复数的判断，应从事实的层面，以自然的观察、社会的一般观念为判断基准。在具

① ［德］约翰内斯·韦塞尔斯著：《德国刑法总论》，李昌珂译，法律出版社 2008 年版，第 475 页。

体判断上，“一个行为”应当包含主观因素的单一性和客观因素的单一性。在客观因素是否单一的判断上，实行行为的全部或局部同一是重要的判断方法，如果实现行为连局部同一性都不具备的话，则客观行为不具有单一性，从而也就不是一个行为。而仅仅时间、场所上的重合不足以证明实行行为的全部或局部同一性，除此之外，还需要构成要件之内容、形态上具有一致性。在上述案例中，杀人行为和非法持有枪支行为仅仅是在杀人的时点上时间、场所的重合，但不能认为杀人行为是非法持有行为的一部分或者非法持有行为是杀人行为的一部分，二者在构成要件的内容、形态上并不具有重合性，因而二者不具有实行行为的部分同一性，不能被视作一个客观上的事实行为。既然这里并不存在以行为单数为成立前提的想象竞合犯，自然也无法产生所谓的夹结现象。

2. 夹结现象在我国刑法中的存在范围

由于刑事立法、理论上的不同，初步认为，夹结现象在我国刑法中的可能存在范围或许要小于德日刑法。但是，这并不是说我国刑法中不存在想象竞合犯的夹结现象。本为独立的数个行为，皆与第三个行为产生想象竞合犯的关系的情况，并非不能想象。例如，甲未经许可经营烟草买卖，在此期间又购入明知是他人盗窃所得的烟草，数月后又直接向烟草走私者非法收购大量的走私进口的烟草。这里甲长时间内未经许可经营烟草买卖的行为，在社会一般观念上也只是一个非法经营烟草买卖的行为，构成非法经营罪（A罪），在此期间购入明知是他人盗窃所得的烟草的行为又触犯了掩饰、隐瞒犯罪所得、犯罪所得收益罪（B罪），直接向烟草走私者非法收购大量的走私进口的烟草的行为又触犯了走私普通货物、物品罪（C罪）。其中，购入明知是他人盗窃所得的烟草的行为与直接向烟草走私者非法收购大量的走私进口的烟草的行为各自独立，在社会观念上并非一个行为，但两者各自与非法经营烟草的行为构成想象竞合犯的关系，这种情况下就存在着夹结现象。

（二）夹结现象之处理方式

对夹结现象处理的难点在于：一方面要考虑其他犯罪行为与起夹结作用的犯罪行为的关联性，另一方面又要避免对起夹结作用的犯罪行为的重复评价。反对夹结理论的学者在批判该理论的过程中也提出了对这一疑难问题的处理方式。概括起来，主要有以下几种：

1. 可能的处理方式之一

否定夹结理论后，对夹结现象可能会这样处理：夹结之罪与被夹结之罪分别依想象竞合处断，然后再依实质竞合处理，[①] 即在A罪与C罪、B罪与C罪分别处于想象竞合的情况下，A罪与C罪、B罪与C罪先分别依照想象竞合犯从一重处罚，然后再按照实质竞合来数罪并罚。这种处理方式的最大疑问在于对起夹结作用的C罪进行了双重的评价。因为想象竞合犯虽然是从一重处罚，但也并非对轻罪置之不理，触犯的数罪名对最终法律效果的确定都有实质性的影响与作用。也就是说，其实对触犯的数罪名都已经进行了刑法上的评价。而在这种处理方式中，由于两次按照想象竞合犯处断，对于起夹结作用的C罪就评价了两次。这在以下的情况下最为明显：假设A罪与C罪按想象竞合犯从一重处罚，其中C罪为重罪；B罪与C罪按想象竞合犯从一重处罚，其中也是C罪为重罪。那么，接下来就是两个C罪数罪并罚了。这样的处理结果实在难以令人认同。

2. 可能的处理方式之二

在日本反对夹结理论的观点中，全面并合罪说认为具有联结关系的数罪应予以数罪并罚。这种处理方式虽简洁，但并未兼顾到想象竞合犯的性质；若对想象竞合犯采取从一重处断的处罚方式，上

① 参见柯耀程著：《刑法竞合论》，中国人民大学出版社2008年版，第224页。

述全面并合罪说就不能说具有合理性。

3. 可能的处理方式之三

捷足先登说认为夹结之罪仅与最先成立之他罪成立科刑一罪，与后成立之他罪则数罪并罚。这种观点避免了对夹结之罪的双重评价，但让人不明白的是，对于另外触犯的他罪而言，为什么同样是与夹结之罪成立想象竞合的关系，却仅仅是最先成立之他罪与夹结之罪成立想象竞合，而后成立之他罪却是实质竞合。

4. 可能的处理方式之四

德国学者韦勒专门讨论了继续犯作为夹结之罪时的处理方式。他根据继续行为的法律性质，在其“解离方式”中，将各独立行为个别地先与继续行为形成想象竞合关系，再依实质竞合处理。其实质是将起夹结作用的继续犯行为予以分割，进而否定继续行为的一个性，将分割后的继续行为视为一个新的继续行为，从而所触犯的他罪应各自先与分割后的继续行为形成想象竞合关系，再依实质竞合处理。

这种方式与第一种方式的不同在于：这种方式是将起夹结作用的行为予以分割，认为在夹结行为持续中出现了他行为的，在法律上是一个独立的新的行为，其实质是否认了起夹结作用的行为的一个性。而第一种处理方式并没有将起夹结作用的行为进行分割。

5. 可能的处理方式之五

德国学者雅科布斯教授完全反对所谓的夹结理论，并提出了自己的处理方式，即首先根据实质竞合的规则确定本身相互独立的数罪应该判处的刑罚，然后再根据想象竞合的规则对这些刑罚联结起来的犯罪进行量刑。

6. 本书的立场

在诸多的处理方式中，德国学者韦勒的“解离方式”是将夹结行为中与被夹结行为有关联者依据想象竞合犯处断，而彼此无关联的部分则分别论断；在处理顺序上，先将关联部分依想象竞合犯处理，再将彼此不关联的部分依实质竞合处理。这种方式既考虑到了数个被夹结之行为与夹结行为分别构成想象竞合犯的事实，又兼顾到相互独立的数罪本应数罪并罚的情况，兼顾到了实质竞合犯和想象竞合犯的性质，既没有给犯罪人不当的利益，也没有对夹结行为重复评价的疑虑，可谓是最为妥当的处理方法。但是，如前所述，这种方法的实质是对起夹结作用的行为进行了分割。而这里的关键是对夹结行为能否进行分割。若可以，则这种“解离方式”无疑最为理想；若不能分割，这种处理方式也就失去了存在的基础。

前文已述，起夹结作用的犯罪行为可能是状态犯、继续犯，也可能是集合犯。在后者的情况下，之所以将行为视为“一个”，社会的一般观念起了重要的作用，即社会的观念对纯粹自然观念的行为进行了涵括。在集合犯行为的持续过程中，若介入了其他的犯罪行为，使得集合犯的主客观状况得以改变的，则在社会一般观念上将其视为一个新的犯罪行为也无不可，尤其是起夹结作用的犯罪行为是数额犯的情况。如前述非法经营期间又分别购入他人盗窃的烟草和走私进口的烟草的案例中，起夹结作用的非法经营罪属于数额犯。而数额犯的特点是其犯罪的社会危害性主要取决于犯罪的数额，数额与社会危害性及刑罚的轻重成正比例关系，数额大小是法定刑配置的主要依据，而与行为的次数并无大的关联。因此，对于这里的非法经营罪可借由介入的两次犯罪进行分割。也就是将与两次介入的其他犯罪相关的非法经营数额部分依照想象竞合犯从一重从重处断，而后再对各个不相关联的非法经营数额部分数罪并罚。

但是，起夹结作用的行为（包括继续行为、集合行为乃至状态犯之行为）并非在任何情况下都可以分割然后再与数个他罪各自形成想象竞合关系。在夹结行为是继续犯的大多数情况下，如非法拘禁过程中又与数个他罪发生想象竞合关系的情况，对该非法拘禁行为就不宜进行分割，强行分割也难免有重复评价的疑虑存在。因而这种“解离方式”并不具有普适性，不能适用于所有的夹结现象。

德国学者雅科布斯教授所提倡的处理方式是首先根据实质竞合

的规则确定本身相互独立的数罪应该判处的刑罚，然后再根据想象竞合的规则对这些刑罚联结起来的犯罪进行量刑。这种方式虽然不如“解离方式”更容易理解（因为是各个独立的他罪分别与夹结行为产生想象竞合关系，而这种处理方式是将数个他罪并罚后的结果视为与夹结行为产生想象竞合关系），但同样既考虑到了相互独立的数罪本应数罪并罚的情况，又兼顾到数个被夹结之行为与夹结行为分别构成想象竞合犯的事实，既避免了重复评价又做到了全面评价。对于夹结行为不能分割、不能适用“解离方式”处理的夹结现象而言，这一方法在诸多的处理方式中无疑是较为妥当的。

第五章　牵连犯

牵连犯，是指以实施一个犯罪为目的，其方法行为或结果行为又触犯其他罪名的犯罪形态。传统理论认为牵连犯属于处断的一罪，应从一重罪处断而不实行数罪并罚。

但是，牵连犯问题远非是“处断的一罪”这么简单。我国刑法中的牵连犯可以用一个词来形容：混乱。这首先表现在刑事立法和司法解释对不同情况的牵连犯规定了不同的处理原则。其次表现为司法实务中判决的不一致，不同法院甚至同一法院对相似案例适用不同处理原则的情况非常普遍。最后，牵连犯现状的混乱还表现在理论观点的长期争议上，关于牵连犯的处理原则，牵连犯的存废以及牵连犯与想象竞合犯、吸收犯等相关犯罪形态的区别长期以来一直陷入各种学说林立、相持不下的窘境。可以说，牵连犯问题的混乱状态是导致罪数论与竞合论体系混乱的重要原因。从而，探讨牵连犯的存在价值与处理原则就具有了极为重要的意义。

第一节　牵连犯概述

一、牵连犯的概念

在通说中，牵连犯是指以实施一个犯罪为目的，其方法行为或结果行为又触犯其他罪名的犯罪形态。例如，伪造国家机关公文而骗取财物，成立伪造国家机关公文罪和诈骗罪的牵连犯。一般认为，牵连犯具有以下几个结构特征：

（1）牵连犯是以实施一个犯罪为目的。行为人实施的数行为，不论是手段行为还是结果行为，最终都附属于或服务于目的行为，为彻底实现最终的犯罪目的服务。

（2）牵连犯必须具有数个行为。这是牵连犯与想象竞合犯的重要区别。行为人实施的数个犯罪行为单独来看都是独立成罪的行为。

（3）牵连犯的数个行为间必须具有牵连关系。所谓牵连关系，是指行为人实施的数个行为之间具有手段行为与目的行为、原因行为与结果行为的依存关系。

（4）牵连犯的数个行为必须触犯不同的罪名。也就是以实施某一犯罪为目的，其方法行为或结果行为又触犯了其他罪名。

二、牵连关系的判断

牵连犯的特殊性在于其数行为之间的牵连性，即在一个最终的犯罪目的支配下所形成的目的行为与手段行为或原因行为与结果行为之间的牵连关系。牵连关系的判定是牵连犯中至关重要的问题。对此，理论上存在多种学说：

（1）主观说认为，只要行为人主观上将某种行为作为目的行为的手段行为或者作为原因行为的结果行为，就存在牵连关系。

（2）客观说认为，只要客观上两种行为之间具有手段行为与目的行为、原因行为与结果行为之间的关系，就具有牵连关系。该说又有以下几种不同的主张：首先是犯罪构成一部说。该说认为，只有触犯其他罪名的方法行为或结果行为属于其犯罪构成的一部分，才能认为有牵连关系。其次是不可分离说。如果犯罪的目的行为与方法行为或结果行为之间具有不可分离的直接关系，则成立牵连关系；否则无牵连关系。再次是通常性质说。该说主张，数行为在通常情况下，一行为为某种犯罪之普通方法；或者一行为为某种犯罪之当然结果，即为存在牵连关系。

(3) 折中说认为，确定牵连关系的有无，应从主客观两方面的结合上来认定本罪与其方法行为或者结果行为之间是否具有牵连关系。

我国通说采取了折中说的立场，认为牵连关系应当从主客观两方面考察，行为人在主观上具有牵连的意思，在客观上具有通常的方法或结果关系的才能认为存在牵连关系。[①] 而在日本客观说中的通常性质说是主流，即按照经验法则，牵连关系处在某犯罪通常可以看成是作为其他犯罪的手段或者结果而进行的这种关系之上。[②] 总体来看，不管是折中说还是客观说，通常性质说是现今理论界判断牵连关系基本上采纳的立场。

三、我国刑法中牵连犯之现状

我国刑法中牵连犯的现状，可以用一个词来形容：混乱，这体现为牵连犯的刑事立法、司法解释的不统一，司法实务判决的不统一以及刑法理论的长期纷争。

1. 刑事立法、司法解释的不统一

我国刑法总则并未规定牵连犯的概念与处理原则，但不少刑法分则条文对于构成牵连犯的犯罪形态作出了规定，近来也有越来越多的刑事司法解释对牵连犯问题进行了规范。这些刑事立法与司法解释本应起到定分止争、规范统一的作用，但遗憾的是，这些刑事立法与司法解释对牵连犯规定了不同的处理方法，且无规律可循，本身即不统一，从而难以起到上述作用。

---

① 高铭暄、马克昌主编：《刑法学》，北京大学出版社、高等教育出版社 2007 年版，第 213 页。

② ［日］大塚仁著：《刑法概说》（总论），冯军译，中国人民大学出版社 2003 年版，第 426 页；［日］大谷实著：《刑法讲义总论》，黎宏译，中国人民大学出版社 2008 年版，第 446 页。

首先，立法与司法解释的不统一表现为总体处断原则的不一致。归纳起来，刑法分则对通说中的牵连犯采取了以下几种处罚方式：（1）从一重处断，如刑法第 399 条第 4 款规定，司法工作人员收受贿赂，犯徇私枉法罪，民事、行政枉法裁判罪或者执行判决、裁定失职罪，执行判决、裁定滥用职权罪，又构成受贿罪的，依照处罚较重的罪定罪处罚。（2）从一重从重处断，如刑法第 253 条第 2 款规定，邮政工作人员私自开拆、隐匿、毁弃邮件、电报而窃取财物的，依照盗窃罪的规定从重处罚。（3）数罪并罚，如刑法第 198 条第 2 款规定，为了骗取保险金而故意造成财产损失的保险事故或故意造成被保险人死亡、残疾或疾病，骗取保险金的，依照保险诈骗罪和相应犯罪数罪并罚。

其次，立法与司法解释的不统一还表现为对类似情况的牵连犯处断原则的不一致。典型例子就是刑事立法和司法解释对受贿罪与相关犯罪的处理。刑法第 399 条第 4 款规定，司法工作人员收受贿赂，有徇私枉法，枉法裁判，执行判决、裁定失职或执行判决、裁定滥用职权行为的，同时又构成受贿罪的，依照处罚较重的规定定罪处罚。而根据 1998 年 4 月 6 日最高人民法院通过的《关于审理挪用公款案件具体应用法律若干问题的解释》第 7 条规定，因挪用公款索取、收受贿赂构成犯罪的，依照数罪并罚的规定处罚。最高人民法院、最高人民检察院、海关总署 2002 年 7 月印发的《办理走私刑事案件适用法律若干问题的意见》第 16 条规定，海关工作人员收受贿赂又放纵走私的，应以受贿罪和放纵走私罪数罪并罚。同是受贿罪与相关犯罪的牵连，规定的处理原则却不统一，而且采用不同处理原则的理由也令人费解。

2. 司法判决的不一致

立法上处理原则的不一致，直接影响到司法审判的统一；加之在刑事立法与司法解释之外，还存在大量的没有规定的“法外牵连犯”，使得司法实务中对牵连犯的处理原则更加不一致。这一点可从以下两个案例的简单对比中略见一斑。

案例一：周某谎称可以办理北京市居民户口，并伙同他人伪造公安机关户口专用章等印章、北京市常住人口登记卡、居民户口簿及居民身份证后，提供给被害人30余人，骗取人民币共计130多万元。对此，北京市第一中级人民法院认为，被告人周某伙同他人以非法占有他人财物为目的，使用办虚假居民户口等手段骗取钱财，其行为已构成诈骗罪；被告人伪造国家机关公文、证件、印章，伪造事业单位印章，伪造居民身份证，情节严重；其行为又分别构成伪造国家机关公文、证件、印章罪，伪造事业单位印章罪，伪造居民身份证罪，依法应与其所犯诈骗罪数罪并罚。①

案例二：刘某为非法骗取国家外汇额度兑换美元，私刻国家外汇管理局审批专用章，伪造国家外汇管理局外汇额度兑付书，在外汇指定银行和中国外汇交易中心及其分中心以外非法买卖外汇。对此，最高人民法院认为，被告人的行为已构成非法经营罪，伪造国家机关公文、印章罪。最高人民法院《关于审理骗购外汇、非法买卖外汇刑事案件具体应用法律若干问题的解释》第6条规定，实施本解释规定的行为，同时触犯两个以上罪名的，择一重罪从重处罚。据此，对行为人以非法经营罪从重处罚。②

以上这两个案例，同样是伪造国家机关公文、证件、印章行为与他罪发生牵连的情况，但前者无立法规定也无司法解释，法院按数罪并罚处理；后者存在司法解释，法院依照司法解释的规定以一重罪从重处罚。像这种相似案例法院处理却不一致的情况，在不同法院的判决甚至在同一法院的判决当中都非常普遍。

3. 理论观点的长期争议

牵连犯理论可谓罪数论、竞合论中最为混乱的问题之一，理论

---

① 参见北大法意网：http://www.lawyee.net/Case/Case_Display.asp?ChannelID=2010103&KeyWord=&RID=9733，访问日期：2009年12月15日。

② 参见最高人民法院刑事审判第一庭、第二庭编：《刑事审判案例》，法律出版社2002年版，第324~325页。

界对牵连关系的判定、牵连犯的表现形式、牵连犯的处理原则、牵连犯的存废以及牵连犯与想象竞合犯、吸收犯等相关犯罪形态的区别长期以来即陷入各种学说林立、相持不下的窘境。理论上的混乱当然在很大程度上源于立法的不统一，反之这种混乱的理论一方面使得司法实践无所适从，另一方面也没有发挥统一立法指导思想的作用，可谓一个恶性循环。

总之，我国目前的牵连犯之现状，可谓不是一个“乱”字了得！而所有这些混乱状况，焦点其实还在于处理原则问题。因此，对牵连犯处断原则进行检视进而对其存在意义进行反思乃是目前的第一要务。

第二节　对牵连犯处理原则及存在意义的反思

一、牵连犯处理原则之争

关于牵连犯的处理原则，向来有以下几种对立的观点：

（一）从一重处断说

该说主张对牵连犯应按数罪中最重的一个罪定罪处罚，而无须实行数罪并罚。此种主张目前在我国和日本刑法理论界仍居于通说的地位。至于从一重处断而不数罪并罚的依据，则主张不一。采大陆法系犯罪论体系者主要从违法性与有责性角度探讨，而我国学者多从社会危害性包括客观危害和主观恶性的角度展开。

1. 从违法性与有责性的角度展开

第一，违法评价重复性的见解。这种观点认为，就牵连犯而言，其所预定之手段与目的或原因与结果的两个行为，具有相当紧密的关系，一方之构成要件，在性质上已于某种程度上将其他构成要件之行为预想在内，因而在某种程度评价上，仍属于刑法的重复评价，因而仅能以一罪处断。[①]

第二，可罚的责任减少说。由于牵连性的意思活动的一次性的原因，非难可能性减少。并且通常处于目的与手段、原因与结果的关系的复数行为，一方面的犯罪与他方面的犯罪客观关联性增强，不发生一方面的犯罪的期待可能性减少，所以可能求之于可罚的责任减少这一点。[②] 我国台湾地区学者甘添贵认为，牵连犯，系基于一个牵连意思，而为手段与目的或原因与结果之行为，大体上可以说系基于一个意思活动，而为一次规范意识之突破，此与数罪并罚系复数意思活动，而突破多次规范意识之情形，显有不同，故在科刑上，始能依一罪予以处断。[③]

2. 以社会危害性的角度为基点展开[④]

第一，牵连犯的客观危害较轻。牵连的数个行为，触犯数个罪名，是因其间具有特殊的关系，其数个犯罪行为只是为完成主犯罪行为的必要方法或必然产生的结果，造成的客观危害较小。

第二，从主观方面来看，牵连犯的数个犯罪行为只追求一个最终的犯罪目的，“犯人心术上根本没有怀两种独立罪的恶意”。虽实际上构成了数罪，但追求的目的只有一个，同追求几个目的的数罪比较起来，社会危害性较小。

第三，从社会危害性总体来看，牵连犯是数罪的特殊形态，是数个行为形成统一整体，表现为对社会的整体一次侵害，对于实施数个完全独立的犯罪表现为对社会的二次性侵害或多次性侵害来

---

① ［日］中野次雄：《并合罪》，载《刑事法讲座》第7卷，第1386页。

② ［日］山中敬一著：《刑法总论》，成文堂2008年版，第990页。

③ 参见甘添贵著：《罪数理论之研究》，元照出版公司2006年版，第184页。

④ 参见高铭暄主编：《刑法学原理》（第二卷），中国人民大学出版社1993年版，第618页；林准主编：《中国刑法教程》，人民法院出版社1994年版，第191页；王奎、洪辉：《牵连犯的概念和惩罚原则分析》，载《当代法学》2002年第3期，第73页。

说，程度要轻一些。

（二）数罪并罚说

该说认为，对牵连犯应当实行数罪并罚。其理由在于：其一，牵连犯是数个行为触犯数个犯罪构成，在形式上和实质上都是数罪，具有数罪并罚的基础。第二，实行数罪并罚是罪刑相适应原则的要求。牵连犯的社会危害性程度不取决于牵连关系，而是在根本上取决于其所构成的犯罪的性质、个数和情节，牵连犯的社会危害性与完全独立的数罪并无本质和程度上的差别。第三，对牵连犯数罪并罚符合刑法学和刑事法学发展的规律。近几十年来，废止对牵连犯从一重处断原则的立法倾向日渐加强，理论界主张废除从一重处断原则的观点已成为主流。第四，数罪并罚有助于摆脱从一重处断的原则带来的牵连关系的判断、与其他犯罪形态的区别、判决效力、追诉时效、新旧法的适用等难题。第五，数罪并罚是刑罚目的的要求，从一重处断会减弱刑罚的威慑和个别预防功能的发挥。①

（三）折中说

该说主张，对于牵连犯既不能一律采用从一重处断的原则，也不能一律适用数罪并罚，而应具体情况具体分析。例如，法定标准说认为对于刑法无明文规定的牵连犯，应适用从一重处断的原则；对于刑法明文规定或明文规定予以并罚的牵连犯，应当实行数罪并罚。而罪行轻重标准说则认为对于危害程度一般或轻罪的牵连犯，应适用从一重处断的原则；对于危害程度严重或重罪的牵连犯，则数罪并罚。② 还有论者认为，对行为手段、行为性质相当的牵连犯形态，应数罪并罚；对于两种行为性质的差异很大，则采取从一重

---

① 参见赵秉志主编：《犯罪总论问题探索》，法律出版社 2003 年版，第 624～626 页；刘树德著：《牵连犯辨正》，中国人民公安大学出版社 2005 年版，第 134～137 页。

② 高铭暄主编：《刑法专论》（上编），高等教育出版社 2002 年版，第 409 页。

处；对于行为性质有差异，若采从一重处偏轻，数罪并罚又嫌重，而且存在着特别情节的，则采从一重重处。①

虽然上述三种立场长期以来都有不少学者支持，但笔者认为，其实关键的还是从一重处罚与数罪并罚二者孰是孰非的问题。折中说无非是根据不同具体情况而采取不同的处理原则，可以说对两种处理原则基本上是持肯定态度的。而在从一重处罚与数罪并罚的对立中，若是从根本上否定了其中的一种，则折中说当然就失去了存在的合理性。

二、牵连犯处理原则的选择

牵连犯到底应该采取哪一种处断原则，就现今的牵连犯概念所涵盖的犯罪类型来说，不能一概而论。

（一）现行的牵连犯中确实存在应从一重处罚的情况，但可归入其他犯罪形态的行列

在通说的牵连犯概念中，牵连关系是其最重要的特征。一般地，判断是否是牵连犯，即看两个犯罪行为之间有无通常的手段与目的或原因与结果的关系，若有，即可肯定是牵连犯；若无，则不是牵连犯。但问题是，所谓牵连关系是数行为间的手段与目的或原因与结果关系，这种手段与目的或原因与结果关系仅仅是牵连犯所具有的特征吗？并不是。人们有意识地连续进行的一系列行为，都具有一个最终的目的或目标，其中许多前后行为之间都具有手段与目的或原因与结果的关系。这种关系不仅仅存在于通说的牵连犯之中，在共罚的事前事后行为间、数罪并罚的数行为间乃至想象竞合犯的数罪名之间都存在手段与目的或原因与结果的关系。

第一，共罚的事前事后行为间可能存在牵连关系。不纯正竞合

---

① 赵俊新、黄洪波：《论牵连犯》，载《江汉论坛》2003 年第 1 期，第 124 页。

的表现形式也存在于行为复数的范围内，如果因为一犯罪行为构成要件的实现，也把一先前的独立行为或者一事后的使用性质的行为之不法性和有责性连同包括其中。这即是共罚的事前事后行为，[①]即共罚的事前事后行为是已经合并在主行为中加以处罚的前后行为。一般认为，共罚的事前行为和事后行为具备以下几个特征：行为的复数性；犯罪构成的复数性；侵害法益的同一性。

从共罚的事前行为和事后行为的概念与特征以及牵连关系的概念看，共罚的事前行为或事后行为与牵连关系并不互相排斥，也就是说，共罚的事前行为或事后行为与主行为间完全可能处于手段与目的或原因与结果的关系。事实上事后行为或事前行为与主行为具有牵连关系的情况在共罚的前后行为中相当普遍，如盗窃枪支后非法持有枪支的行为，是共罚的事后行为的典型例子。但从另一个角度看，盗窃枪支行为是原因行为，非法持有枪支行为是结果行为，二者之间也存在原因与结果的牵连关系，也完全符合通说中的牵连犯定义。再如，伪造货币并出售或者运输伪造的货币的，我国刑法规定依照伪造货币罪定罪从重处罚。据此，不少学者认为这种情况就是牵连犯。[②] 其他如非法购买增值税专用发票或者购买伪造的增值税专用发票又虚开或者出售的，伪造变造有价证券又使用伪造、变造的有价证券的等情况，都被当成牵连犯来处理。但是，如前所述，牵连关系不仅仅存在于牵连犯之中，在共罚的事前事后行为中也可能存在手段与目的或原因与结果的关系。伪造货币行为并出售或运输伪造的货币当然属于行为复数，既构成了伪造货币罪，也触

---

① ［德］约翰内斯·韦塞尔斯著：《德国刑法总论》，李昌珂译，法律出版社 2008 年版，第 481 页。

② 参见刘树德著：《牵连犯辨正》，中国人民公安大学出版社 2005 年版，第 166 页；孙国祥著：《刑法基本问题研究》，法律出版社 2007 年版，第 467 页；郭毅：《牵连犯处罚原则探析》，载《法学》1999 年第 8 期，第 40 页。

犯了出售、运输假币罪。伪造货币行为侵犯的是货币的公共信用，出售、运输伪造货币属于“伪造货币行为的必然延伸或当然发展”，[①] 侵犯的也是货币的公共信用，只不过是在侵犯的程度上进一步加深了，使货币的公共信用遭到侵犯的抽象危险进一步接近于实现，属于对同一法益的侵犯，前行为或后行为之不法内涵已包括在对主行为的处罚之中。而这完全符合共罚的事前事后行为的定义与特征，属于共罚的事前事后行为的典型事例。其他像非法购买增值税专用发票或者购买伪造的增值税专用发票又虚开或者出售的，伪造、变造有价证券又使用伪造、变造的有价证券的等都属于对同一法益的侵犯，前行为或后行为之不法内涵已包括在对主行为的处罚之中的情况，因而都属于共罚的事前事后行为。

第二，想象竞合犯的数罪名间可能存在手段与目的或原因与结果关系。一行为所触犯的数个罪名间也有可能是手段与目的或原因与结果的关系，即其中的一罪可能是另一罪的手段或原因，另一罪则是目的或结果。例如，使用伪造的货币在商场购买数额较大的财物的行为，首先无疑构成使用假币罪；此外，行为人在购买财物时虚构真币的事实、隐瞒假币的真相，骗取商场的财物，同时亦构成诈骗罪。由于两罪并非保护同一法益（前者保护的是国家对货币的管理制度，后者保护的是财产权），因而二者是一行为触犯数罪名的想象竞合犯。在这个案例中，行为人使用假币只是手段，其目的是骗取商场的财物。因此，这种情况固然属于想象竞合犯，但触犯的两罪名间同样存在手段与目的关系。也正是如此，德国刑法中并无牵连犯的概念而将“方法、目的”关系的类型视为想象竞合犯的一种特殊类型。[②] 我国台湾地区学者林山田也认为，牵连犯在本质上应属于行为单数中的纯正竞合，而与想象竞合同属犯罪单

① 张明楷著：《刑法学》，法律出版社 2003 年版，第 608 页。

② 参见柯耀程著：《刑法竞合论》，中国人民大学出版社 2008 年版，第 195 页。

数，可谓是想象竞合的例示概念。也就是说，行为人所触犯的数罪名间，具有行为单数关系，亦属想象竞合之“一行为触犯数罪名”之例，只是两个罪名相互间具有方法与目的或原因与结果的牵连关系而已。①

从上述可知，其实所谓手段与目的或原因与结果的牵连关系远不足以将牵连犯与其他罪数形态区分开，因为二者本来就是从不同角度对数个犯罪关系的阐释。这就导致了一个我们不得不承认的现状：现行的牵连犯概念中其实包含了部分本属于其他罪数形态的情况。换言之，在现今通说的牵连犯的外延范围内，固然存在应当从一重处罚的情况，但这些情况无非就是想象竞合犯、共罚的事前事后行为的范畴，其从一重处罚的根据想象竞合犯理论、共罚的事前事后行为理论就可以完全阐释清楚，而根本不需要牵连犯概念为其提供不数罪并罚的实质根据。

（二）本然的牵连犯应当数罪并罚

除了本属于想象竞合犯、共罚的事前事后行为的情况，剩下的存在牵连关系的数行为触犯数罪名的形态，其实是牵连犯概念本欲规范的情形，可以称之为本然的牵连犯，如伪造国家机关公文、证件、印章后用其诈骗钱财。对这些本然的牵连犯应一律数罪并罚。理由是：

第一，所谓牵连犯从一重处断的“根据”并不具有实质合理性。

一罪一罚、数罪并罚本是处理竞合问题的一个原则，换言之，一般情况下，理应一罪一罚，数罪并罚。对于符合实质数罪的犯罪形态不并罚、排除这一原则的适用，必须有充足的理由。牵连犯从一重处断而不数罪并罚的根据，大陆法系国家与地区主要从违法性与有责性角度探讨，我国大陆学者多从社会危害性角度展开。但

① 林山田著：《刑法通论》（下册），作者发行1998年版，第634页。

是，不论上述哪一个角度，都不能充分说明牵连犯从一重处罚具有实质的合理性。

首先，从大陆法系的犯罪论体系来看，不论是在违法性还是有责性上牵连犯都没有按一罪处罚的道理存在。

主张牵连犯存在违法评价重复性的见解认为，牵连犯所预定之手段与目的或原因与结果的两个行为，具有相当紧密的关系，一方之构成要件，在性质上已于某种程度上将其他构成要件之行为预想在内，在某种程度评价上，仍属于刑法的重复评价，因而仅能以一罪处断。依照论者的这种思路，具有牵连关系的两个构成要件之间，由于具有通常的预想关系，其中一个构成要件已经在一定程度上将他方构成要件包括评价了，所以才以一罪处断。但是，这种论断显然并不符合构成要件之间的关系。在构成要件之间，存在一方构成要件可能包括评价其他构成要件的情形，只有两种情况：一是法规竞合，二是共罚的事前事后行为。在法规竞合时，由于数个构成要件之间具有从属或交叉的关系，使得同一行为触犯数个法条，而仅用其中一个构成要件就足以完全充分地评价行为的不法内涵，因此一方构成要件可以包括地评价其他构成要件之行为。在共罚的事前行为，前阶段行为在经历了不同的阶段后逐步完成，前阶段行为的不法与责任内涵都未超出主行为的范围，可借由对主行为的处罚一并加以评价，即前行为之不法内涵已包括在对主行为的处罚之中。在共罚的事后行为，后阶段行为是在原法益范围之内对主行为造成的不法状态加以利用和保持，其不法内涵也可以包括在主行为的处罚之中。而除了法规竞合和共罚的事前事后行为的情形，每个构成要件针对特定的不法类型而具有特定的不法内涵与责任内涵，基本上不存在一个构成要件部分地可以将另外构成要件的行为加以评价的情况。比如，伪造国家机关公文后诈骗，即便这里存在通常的预想关系，难道立法者在设立诈骗罪的构成要件及法定刑的时候，是因为预想到诈骗前可能会先伪造国家机关公文所以才设置了如此的法定刑？难道说诈骗罪可以将伪造公文行为进行评价？或者说伪造国家机关公文罪可以对诈骗行为进行评价？显然不能这样来理解。因此，在牵连犯所牵连的两个犯罪中，并不存在一方构成要件可以他方构成要件行为包括评价的情形，即根本没有重复评价的存在。

主张责任减少说的见解则认为，相牵连的数个犯罪之间的客观联系性使得不发生另一方犯罪的期待可能性较少，因而其责任减少；或者认为牵连犯大体上是一次规范意识之突破而与数罪之数次规范意识之情形有所不同，因而依一罪处断。但是，这种说法也很牵强。仍以伪造国家机关公文进行诈骗为例，虽然为了诈骗而伪造国家机关公文的情况不少，但没有伪造国家机关公文的情况更多，即这两者之间并不存在必然的联系。行为人实施诈骗行为并不意味着其不得不实施伪造公文行为，同样行为人实施伪造公文行为也并不意味着其不得不实施诈骗行为。行为人既然选择以构成犯罪的手段而达成其目的，就理应受到法律的否定评价，很难说这里的期待可能性有明显的减少。再者，牵连犯属于行为复数的犯罪类型，并且按照通说的见解，由于牵连意图的存在，所有其数个行为必然是故意行为。既然是数个故意行为，便存在数个意思决定，而每一个意思决定的做成都是一次对法规范的违反，从而牵连犯亦属于数次突破法规范的情形。如此，不知何以得出“牵连犯属于一次法规范意识之突破”的结论，或许只是理论上为了说明从一重处断的依据而所做的削足适履之举。

其次，从我国大陆的犯罪论体系来看，牵连犯的社会危害性并没有比并罚的典型数罪有明显的减轻。根据我国的刑法理论，社会危害性的轻重大小主要决定于行为侵犯的客体、行为的手段、后果、时间、地点、行为人的情况及其主观因素，即行为的客观危害和行为人的主观恶性。而牵连犯是以数个可独立成罪的行为侵犯了数个客体，即侵害了数个相对独立的法益，在犯罪客体、侵犯法益、行为手段、时间、后果、地点等诸方面与并罚的典型数罪并没有根本的差异，也就是在客观危害上，牵连犯并不比并罚的典型数罪有明显的减轻。另一方面，牵连意图的存在也并没有减少行为人的主观恶性。所谓牵连意图，是指行为人对实现一个犯罪目的的数个犯罪行为之间所具有的方法与目的或原因与结果的关系的认识。也就是说，行为人为了实现一个最终的犯罪目的，而有意识地将自己实施的数个犯罪行为分别确定为手段行为、目的行为与原因行为、结果行为。但是，在牵连犯中，虽然有牵连意图的存在，但其支配下的犯罪故意仍有数个，仍具有数个犯罪的主观恶性基础。同时，行为人为实现一个最终的犯罪目的而在主观上具有对数个犯罪行为之间的手段与目的或原因与结果的关系的认识，其实不仅在牵连犯中，即使在并罚的数罪中也有可能存在。例如，根据刑法第157 条第 2 款规定，在走私过程中，以暴力、威胁方法抗拒缉私的，以走私罪和妨害公务罪数罪并罚。在这种情况下，行为人抗拒缉私是为了能够成功地实现走私，主观上同样存在着对这两个犯罪行为之间手段与目的关系的认识。若认为牵连意图的存在可以左右主观恶性的大小进而决定社会危害性的大小，那为何上述案例又要数罪并罚呢？因此，所谓牵连意图的存在，并不能改变行为人具有数个主观罪过的事实，其作用也远远不足以将本具有数个主观恶性基础的犯罪仅依一罪来处理。因此，牵连犯的客观危害与主观恶性同并罚的典型数罪相比并没有明显减轻，并不存在可以将本构成实质数罪的数个犯罪行为以一罪来处理的理由。

第二，牵连关系不仅仅是牵连犯具有的特征，是否具有牵连关系与从一重处罚还是数罪并罚没有必然的联系。

认为牵连犯应当从一重处罚的出发点无非在于牵连犯的牵连关系，即主观上基于一个最终的目的、客观上具有通常的手段与目的或原因与结果关系。但是，行为人基于一个最终的目的，两个行为之间具有手段与目的或原因与结果的关系，不仅在牵连犯中存在，在共罚的事前事后行为、想象竞合犯乃至数罪并罚中都存在。事实上，人们实施的前后相续的两个行为之间大都具有密切的关系，或者前一行为是行为人实现其目的的手段、方法，或者后一行为是前一行为的结果。牵连关系只不过是在描述前后相续的两个行为之间关系的事实特征，它并不能为对具有牵连关系的犯罪行为的处断究竟依“从一重处断”还是“数罪并罚”提供充足的事实依据。[①]所谓手段与目的或原因与结果关系的“通常”与否，仅仅是发生概率高低的问题，并没有一个绝对的标准。以伪造身份证偷越国境与盗窃枪支杀人为例，以什么标准来说伪造身份证偷越国境的就具有通常的关系而偷窃枪支杀人的就不具有通常的关系？二者的实质差别在哪里？所谓是不是具有通常的关系，无非就是在现实中发生的情况多一些还是少一些的差别。而以发生概率大小的差别来决定处理原则是从一重还是数罪并罚不仅看不出合理性所在，而且还极易导致司法实践中认定的恣意与判定结果的不统一。对于具有牵连关系的两个犯罪行为来说，即使具有量刑上可以考虑的因素，也足可以在数罪并罚的范围内予以解决。况且这种量刑上的考量，不仅仅牵连犯存在，并罚的数罪同样存在，没有理由仅仅因此就将实质上的数罪依一罪来处断。正如黄京平教授所言，牵连犯中的数个犯罪之间的牵连关系，只能从犯罪形态的角度表明数个犯罪之间的联系方式，而并不能决定其社会危害性的程度。[②]

第三，从与想象竞合犯的对比来看，对牵连犯从一重处断不利于实现相对的罪刑均衡。

相对的罪刑均衡就是同等情况同等对待、不同情况不同对待。牵连犯从一重处断是否能够实现罪刑均衡，可以从与想象竞合犯的对比中得知。

从客观方面看，想象竞合犯虽然侵犯了数个法益，但所有的法益侵犯都由一个行为统一展现，此与实施数个行为侵犯数个法益的

① 游伟、谢锡美：《双重评价禁止与充分评价原则剖析——关于刑法中牵连犯处断的思考》，载《法学论坛》2007年第11期，第51页。

② 黄京平：《牵连犯处断原则辨析》，载《中国人民大学学报》1993年第3期，第41页。

情况有明显不同，即从行为样态本身来看，想象竞合犯与典型数罪在客观危害上仍具有明显的区别。而牵连犯是数个行为实现了数个犯罪构成、侵犯了数个法益，且每一个法益侵犯都由不同的行为所实现，不论从行为样态本身来看，还是从侵害结果来看，其客观危害都与典型数罪没有实质的差别。

从主观方面看，想象竞合犯虽侵犯了数法益，但所有的法益侵害皆是由一行为所行为；对另外的法益侵害而言，行为具有不可分割性，是在行为人的一个意思决定下作出的，行为人不存在重新进行意思决意、重新选择新的合法或违法行为的机会，因此虽然侵害了数个法益，但其的可非难性较数个行为的情况有所减轻。而牵连犯属于行为复数的情况，行为人每实施一个行为，都有一次重新进行意思决意、重新选择新的合法或违法行为的机会，而行为人再进行新的选择时，仍然选择了违法，因而这里是数次规范意识的突破，与想象竞合犯的情况显然有别，不存在适用“一罚”的主观基础。对此，日本学者中山善房指出：手段行为所构成之罪与结果行为所构成之罪，在时间、场所上是隔绝的，具有充分的规范的意识觉醒的余地的场合，适用处罚的一回性原则恐怕是有问题的。①

牵连犯与想象竞合犯在结构上的重大差别，使得两种不同的竞合形态不论在主观上还是客观上都相差甚远，由此也决定了想象竞合犯具有从一重处断的基础而牵连犯却不具备。若对牵连犯同样适用从一重处断原则，无法体现这两种竞合形态的重大差异，从而不利于实现同等情况同等对待、不同情况不同对待的相对罪刑均衡原则。

第四，国外的立法司法趋势也可为我们确立牵连犯的处断原则提供一定的启示。

---

① ［日］大塚仁等编：《大注解刑法》（第4卷），青林书院2005年版，第196页。

我国的刑法理论与刑事立法当然应当立足于本国的法治发展状况与法律传统而不应以国外做法为圭臬，但这也不代表我们不可以借鉴其他国家和地区的有益经验。他山之石，可以攻玉，以其他国家或地区的成功经验或失败教训为鉴，无疑大有裨益。那么，在牵连犯问题上，其他国家或地区采取了怎样的做法呢？

在刑法学发展史上，牵连犯作为一种犯罪现象最早出自德国刑法学家费尔巴哈。费尔巴哈在其起草的1824年巴伐利亚刑法典草案中把牵连犯和想象竞合犯一起作了如下规定："犯罪人以同一行为违反不同的刑罚法规，或者确以不同行为实行了不同犯罪，但这一行为是实现主要犯罪的手段，或是同一主犯罪的结果，应视为附带的情形，可考虑不作加重情节，只适用所违反的最重罪名之刑。"①但是，在此后刑法学的发展过程中，牵连犯的概念并未得到普遍的认可：不仅在当今德国刑事立法中没有牵连犯的概念存在，即便在德国刑法学理论上，也没有牵连犯的踪影。

日本是少数在立法上规定牵连犯的国家之一，但其1974年的《修正刑法草案》认为：在构成牵连犯之数罪中，作为手段之行为与作为结果之行为间，有相当时间上之间隔，倘若将其中一方（手段行为之罪）之既判力及于另一方（结果行为之罪），并非适当。且判例虽然通常将具有手段、结果关系之数罪视为牵连犯，但唯实务在具体适用上，未必有其一贯性。再者，在现行法下，得成立牵连犯的情况中，有许多亦被理解为想象竞合，因此将牵连犯之规定予以删除，并不会造成被告之不利益。②从而《修正刑法草

---

① 《1824年巴伐利亚王国刑法典费尔巴哈草案》，关西大学出版部1980年版，附录第28页。转引自高铭暄：《论牵连犯的几个问题》，载《现代法学》1993年第6期，第10页。

② 陈子平著：《刑法总论》（下册），元照出版公司2006年版，第275页。

案》第67条删除了牵连犯从一重处罚的规定。除了立法上发生的这种变化，理论界也不断有学者对牵连犯的合理性提出质疑，“在学说上牵连犯废止论是有力的主张”。[①] 例如，大谷实认为，“很难说牵连犯有合理根据，其存在理由值得怀疑，因此，应当废除牵连犯，将认定为牵连犯的犯罪以包括一罪或者并合罪处理”。[②]

我国台湾地区在2005年修订“刑法”过程中，参照德国刑法及日本刑法修正草案，将原“刑法”第55条的牵连犯规定加以删除。其立法理由认为，牵连犯之实质根据难有适当的说明，且其存在亦不无扩大既判力范围，而有鼓励犯罪之嫌，实应予删除为当。[③]

由上可知，牵连犯虽然在德国萌芽，但现今德国刑事立法及刑法学理论中都无牵连犯的存在；尽管在日本、我国台湾地区发展，但现今的日本刑法、我国台湾地区“刑法”都正在废除或已经废除了牵连犯的规定。并且在其他国家中，承认牵连犯的概念、对其从一重处罚者也少之又少。这不能说是各国立法上的偶然，而是源于牵连犯从一重处罚本身的不合理所在。其他国家和地区的立法实践以及删除牵连犯的理由，也从侧面证明了对牵连犯数罪并罚的必然趋势。

三、对牵连犯概念与牵连犯理论存在意义的反思

得出牵连犯的处断原则并不是问题的终结，还需要我们沿此思路进一步思考下去。因为经过对传统牵连犯概念的层层剥离，本属想象竞合犯、共罚的事前事后行为的按想象竞合犯、共罚的事前事

---

① ［日］山中敬一著：《刑法总论》，成文堂2008年版，第1000页。

② ［日］大谷实著：《刑法讲义总论》，黎宏译，中国人民大学出版社2008年版，第446页。

③ 参见林钰雄著：《新刑法总则》，元照出版公司2006年版，第595页。

后行为的处断原则处理，剩下的本然意义上的牵连犯按数罪并罚处理，那么接下来很自然的问题是，牵连犯概念与牵连犯理论还有什么存在的必要吗?

这个问题与牵连犯处断原则的选择密切相关，但也并非完全相同的问题。因为即使在认为牵连犯应当数罪并罚或应当分情况而分别依想象竞合、共罚之行为、实质竞合处理者中，也有持牵连犯保留论观点的学者。例如，有论者指出，对牵连犯这一犯罪形态进行数罪并罚并不意味着牵连犯这一犯罪形态的消失。从某种意义上来讲，研究牵连犯的成立条件与牵连犯的处理原则应当是牵连犯理论的两个组成部分，二者虽有联系但毕竟是独立的。[①] 言外之意，牵连犯虽然应当数罪并罚，但丝毫不影响牵连犯的存在意义，对牵连犯的概念、成立条件仍应当继续研究。

对于上述观点，笔者不能苟同。牵连犯概念与理论的存废应当与其处理原则的选择具有一致性。在上文中已提到，在现今通说的牵连犯的外延范围内，确实存在应当从一重处罚而非数罪并罚的情况，但这些情况无非就是想象竞合犯或共罚的事前事后行为的范畴。那么，对这些情况来说，牵连犯就是一个不必要的、多余的概念。因为本来各有归属的罪数、竞合形态，经由牵连犯概念的介入，反而发生了到底是想象竞合犯、共罚的事前事后行为还是牵连犯的争议，使得本来清晰的罪数论与竞合论体系反而紊乱含混了。而对于本然的牵连犯来说，又应当数罪并罚。虽然在这些犯罪形态中，数个行为之间所具有的手段与目的或原因与结果的关系，在量刑方面也有值得考虑的因素，但这些值得考虑的因素并非本然的牵连犯所独有，即使在并罚数罪中也存在数个行为之间所具有的手段与目的或原因与结果的关系的情况，因而也没有必要出于量刑上的考虑而继续保留牵连犯的概念。在这样

---

① 参见陆诗忠：《牵连犯之基本问题新论》，载《甘肃政法学院学报》2008 年第 9 期，第 22 页。

的情况下，墨守成规地坚守牵连犯概念、牵连犯理论，再研究牵连关系的判断标准，是采取主观说、客观说还是折中说，再分辨牵连犯与想象竞合犯、吸收犯有何区别无异于理论资源的浪费，也看不出意义在哪里。

储槐植教授指出："罪数问题在理论上复杂化的原因之一是牵连犯概念引发出来的"，[①] 实在是恰如其分的评论。对于这一并无积极意义反而容易导致罪数论、竞合论混乱的概念与理论，理应加以废除。

四、废除牵连犯概念后相关犯罪形态的处理

废除牵连犯概念后，原有的牵连犯外延所包括的犯罪形态，应依具体情况不同而分别采取如下处理方法：

（一）按想象竞合犯处理

如前所述，想象竞合犯的数罪名间可能存在手段与目的或原因与结果关系。对于本属行为单数而只是数罪名存在手段与目的或原因与结果关系的犯罪形态，如使用数额较大的假币购买商品的行为，应将其归入想象竞合犯之中，按想象竞合犯的处理原则来处断。

对此，需要澄清的是，废除牵连犯概念并将部分情况依想象竞合犯处断，并不是将原来判断为复数行为的情况强行解释为行为单数，而是事实情况本来就是行为单数，只是在牵连犯概念存在的情况下，由于数罪名之间的牵连关系，反而将本属于行为单数的想象竞合犯误归入行为复数的牵连犯的范畴之中了。在废除牵连犯的概念后，将这些情况依想象竞合犯处理，只是还原事实的本来面目而已。

---

① 储槐植：《论罪数不典型》，载《法学研究》1995年第1期，第72页。

（二）按共罚的事前事后行为处理

废除牵连犯概念后的行为复数的情况，并不是一律数罪并罚，因为共罚的事前事后行为间也可能存在牵连关系。像伪造货币行为并出售或运输伪造的货币的，非法购买增值税专用发票或者购买伪造的增值税专用发票又虚开或者出售的，伪造、变造有价证券又使用伪造、变造的有价证券，侵犯他人著作权又销售该侵权复制品的等诸种犯罪形态，所触犯的数罪间虽具有牵连关系，但都属于对同一法益的侵犯，前行为或后行为之不法内涵已包括在对主行为的处罚之中，应依据共罚的事前或事后行为的处断原则来处理。

（三）按数罪并罚处理

在废除牵连犯的概念后，除了上述几种情况外，剩下的原属于牵连犯外延的范畴，则应纳入数罪的范畴，依照数罪并罚制度来处理。应当说，大部分原属牵连犯概念的情况，都应当按照数罪并罚来处理。至于数行为之间所具有的手段与目的或原因与结果的关系，可斟酌具体情况在数罪并罚的范围内作为量刑上的考量因素。

另外，需要提及的是，按现行刑法及有关司法解释的规定，情节加重犯的数行为间也可能存在牵连关系。情节加重犯是指某种基本犯罪因具有某种严重的情节或者特别严重的情节而加重其法定刑的犯罪形态。情节加重犯可以是行为人基于一目的实施一行为，符合一个犯罪构成，只是将犯罪手段、时间、地点等情状作为严重情节而加重其法定刑的情况，也可以是在基本构成要件行为之外，又实施了其他行为触犯了其他法条，但法律明确规定作为严重情节而加重处罚的情况。在后一种情况下，显然存在数个行为，并且数行为间也有可能是手段与目的或原因与结果的牵连关系。例如，刑法第 321 条第 2 款规定，在运送他人偷越国（边）境中以暴力、威胁方法抗拒检查的，处 7 年以上有期徒刑，并处罚金。该款规定的是运送他人偷越国（边）境罪的加重构成，即情节加重犯。但在偷越国境与妨碍公务之间也存在手段与目的关系，即妨碍公务行为是手段行为，运送他人偷越国（边）境行为则是目的行为。这就使得情节加重犯与牵连犯产生了不可避免的交叉，即“情节加重犯可能是牵连犯”。[①] 这样一来，在废除牵连犯概念后，原本属于情节加重犯的犯罪形态当然应直接按照刑法条文或相关司法解释的规定按情节加重犯来直接定罪量刑。

这是从刑法解释论的角度得出的结论。但是，若从立法论的角度来进一步深思的话，笔者认为，将可构成一种独立犯罪的行为作为某一个犯罪的加重情节的立法模式并不妥当。因为这种模式实际上是将一种独立的犯罪作为某罪（两罪可能罪名相同，也可能罪名不同）的量刑情节。但是，量刑情节是不具有犯罪构成的意义、不能说明犯罪基本性质的事实情况。[②] 而这种意义上的情节加重犯中的每一个犯罪行为，都是可独立成罪的事实，都具有犯罪构成的意义，与单纯反映罪行轻重以及行为人人身危险性程度从而影响刑罚轻重的各种情况，并不在同一功能层次上。从而将这种可独立构成犯罪的事实情况归入“情节严重”、“情节特别严重”、“情节特别恶劣”之中，实质是将其与一般量刑情节等同视之，忽视了作为一般量刑情节的事实与能够独立构成犯罪的事实的本质差别，其合理性值得反思。因此，笔者认为，将可独立构成犯罪的行为作为某一犯罪的加重情节的立法模式并不妥当，应将情节加重犯限制在基本犯的罪质之内、只是加重其罪责的事实因素上；凡是超出其罪质的范围，则该情节构成其他犯罪（包括同种性质的犯罪和不同性质的犯罪），这时应该解决的是犯罪的单复数的问题，而不是情

---

① 周光权、卢宇蓉：《犯罪加重构成基本问题研究》，载《法律科学》2001 年第 5 期，第 74 页。

② 张明楷著：《刑法学》，法律出版社 2003 年版，第 442 页。

节加重犯的问题。①

如此一来，在废除牵连犯的概念后，从立法论的角度来看，那些既属于牵连犯又属于情节加重犯的情况，如在运送他人偷越国（边）境中以暴力、威胁方法抗拒检查的，实际上行为人实施了数个行为，构成了数个犯罪，应归于数罪并罚的范畴。

① 参见陈兴良著：《刑法各论的一般理论》，内蒙古大学出版社 1992 年版，第 343 页。

第六章　连续犯与同种数罪

连续犯，是指基于同一或概括的犯罪故意，连续实施性质相同的独立成罪的数个行为，触犯同一罪名的犯罪形态。其基本特征是：

（1）必须实施性质相同的独立成罪的数个行为。这是连续犯成立的前提条件。没有实施数个行为，只实施一个行为的，不可能成立连续犯。

（2）数个行为必须基于同一或概括的犯罪故意。同一的犯罪故意是指行为人预计实施数次同一犯罪的故意，每次实施的具体犯罪都明确地包含在行为人的故意内容之中。概括的犯罪故意是指行为人概括地具有实施数次同一犯罪的故意，每次实施的具体犯罪并非都是明确地包含在行为人的故意内容之中。

（3）数个行为必须具有连续性。如何理解连续性，在刑法理论上存在以下分歧：第一，主观说，认为连续犯以行为人主观方面有连续犯罪的决意或同一的犯罪故意，即足以成立。第二，客观说，认为应从客观行为上认定连续性，即数个行为有外部的类似关系和时间上的联络，就可以认为数个行为有连续性。第三，折中说，认为连续性的成立不仅需要行为人主观上有连续犯罪的决意和同一的犯罪故意，而且客观上数个行为有外部的类似关系和时间上的联络。我国刑法通说认为，连续犯的数个行为之间的连续性应当以主客观条件的统一为标准，即采取了折中说的见解。

（4）数个行为必须触犯同一罪名。我国刑法通说认为，同一罪名应以具体犯罪中基本犯的犯罪构成为标准来认定，主要行为符合同一基本犯罪构成的，即为触犯同一罪名。

我国传统的刑法理论将连续犯归为处断的一罪，按照一罪处断而不实行数罪并罚。但是，在其他国家和地区废除连续犯、原则上将其归于实质竞合的大背景下，近来有越来越多的学者对连续犯的概念、成立条件、处理原则与存废等问题进行了探讨与反思，尤其关于连续犯的处理原则与存废之争是其中的焦点问题。

鉴于连续犯与同种数罪的密切联系，本章以二者的关系为视角，检视理论与实务中争论最为激烈的连续犯的处理原则与存在价值问题。而欲真正厘清这一问题，还必须对其他国家和地区刑法中的连续犯有较为详尽的了解，以突破狭小的视阈、站在比较法的高度上探讨。因而，在讨论连续犯的处理原则与存在价值之前，先对大陆法系刑法中的连续犯进行介绍。

第一节 大陆法系刑法中的连续犯

欲真正解决我国刑法中的连续犯问题，不能不透彻地了解其他国家和地区的立法、理论与实务。因为对其他国家地区连续犯制度的不了解或误解，往往会以所谓“借鉴外国经验”的形式误导我们作出正确的选择。

一、大陆法系刑法中连续犯的概念

据目前的资料来看，连续犯的理论应当肇始于意大利刑法。在中世纪的意大利刑法之前，因受日耳曼法的影响对于数罪仍采并科主义。后来意大利刑法为适应市民生活之需要，认为如果将并科主义完全适用于市民，未免过于严苛，于是将数罪之形态分为实质竞合、想象竞合、法条竞合与连续犯，对想象竞合犯与连续犯采取加重主义以限制数罪并罚的范围。

现行意大利刑法典第 81 条第 2 款对连续犯作了明文规定：“基

于同一犯罪意图的数个作为或不作为，即使在不同时间，实施多次触犯同一规定或不同规定的人”，是连续犯。对其按数罪中最重之刑加重1/3处罚。其构成有两个要件：(1) 实施多个犯罪。(2) 基于“同一犯罪意图”。所谓“同一犯罪意图”，是指犯罪人打算在不同时间分次实施的犯罪计划。这种打算应有相对具体的内容。同时，犯罪意图中还必须包含一个意志因素，即将多个犯罪结合成一个整体的犯罪目的。由于异种的实质竞合也能构成连续犯，行为的主观方面就成了决定多个行为是否构成连续犯的唯一标准。① 因此，在意大利刑法中，异种数罪也可能作为连续犯来处理，任何实质的犯罪竞合都有构成连续犯的可能。

德国法制史上规定连续犯的先例，首见于费尔巴哈起草的1813年巴伐利亚刑法典，后在德国一些邦的特别刑法中也有规定，但并未被1871年德国刑法所沿用。尽管如此，理论界和司法界在100多年前基本上就已承认了这个概念。它指的是同一行为人实施了数个行为，虽然每一个都实现了同一种性质的不法，但因为这些行为之间紧密的内部与外在联系而被视为一个犯罪行为，② 即将连续行为视为一种法律上的行为单数，以避免实质竞合的法律效果。根据德国学说，成立连续行为，应符合以下条件：③

(1) 行为方式在客观上具有同种性（客观行为不法的单一性）。连续行为中的个别行为，其实行形式必须具备客观上的同类性，必须为同质之行为。连续关系可能存在于一般盗窃和严重盗窃之间，却不存在于盗窃和侵吞之间。

---

① ［意］杜里奥·帕多瓦尼著：《意大利刑法学原理》，陈忠林译评，中国人民大学出版社2004年版，第369～371页。

② ［德］冈特·施特拉腾韦特、洛塔尔·库伦著：《刑法总论Ⅰ——犯罪论》，杨萌译，法律出版社2006年版，第432页。

③ 参见［德］汉斯·海因里希·耶赛克、托马斯·魏根特著：《德国刑法教科书》（总论），徐久生译，中国法制出版社2001年版，第870～872页。

（2）具体的行为必须侵害相同的法益（结果不法的单一性）。依德国通说，连续关系的数行为系反复侵害相同法益，至于所侵害法益之归属体是同一还是不同，均不影响其相同性的认定。但是，若行为所侵害的法益属于一身专属法益，并且各个行为系针对各个不同的法益持有人时，则不能成立连续行为。例如，连续杀害数人、连续强奸数人均不能成立连续犯。这一点与我国刑法中通行的连续犯概念截然不同。当然，若数个行为所侵害的对象均为同一法益持有人时，则仍然可以成立连续关系。例如，连续伤害同一被害人、连续强制猥亵同一被害人的仍然可以成立连续关系。

（3）具有连续关系的数行为必须具有故意的单一性（人的行为不法的单一性）。按照严格的看法，形成连续关系的全部行为必须是出于整体故意，即行为人必须在全部行为的开始就对全部具体行为的时间、地点和实施方式以及被害人等项进行重点掌握。从而，行为人仅仅一般性的决定，将来视情况进行一连串相同的犯罪行为，还不足以称为整体故意。例如，如果行为人将决意利用现有的有利条件从特定的工厂盗窃尽可能多的自行车，就存在整体故意；而如果行为人只是打算尝试一下数个盗窃自行车的行为，盗窃的地点、时间和方式仍未确定的，则不存在整体故意。但是，部分论者则主张用连续故意的概念取代整体故意的概念。所谓连续故意，是指后来的行为决意显示出系先前行为之连续，在个别之行为决意之间有所谓持续之心理脉络可循。这种对连续关系的扩展，被视为是在刑事政策上值得商榷而并未被主流意见接受。另外，部分学者还主张纯客观理论，即仅考虑行为方式和法益的同种性的外在特征，考虑具体行为在时间上的联系和对同一机会的利用。

日本 1908 年刑法第 55 条首次规定了连续犯，其规定："连续的数个行为触犯同一罪名时，以一罪处断。"即把本来的数罪考虑到其反复实施的是同样的行为，所以不按并合罪而作为一罪处断。但在判例中对所谓"同一罪名"作了"在同一条章基础上所规定的同一罪质的犯罪"那样的广义的解释，从而认为在盗窃罪和强盗罪之间也成立连续犯。这种宽缓的解释被批判在既判力上特别容易产生不合适，因为对轻的数个盗窃罪确定了轻刑之后，后又发现重的强盗罪时，基于一事不再理的原则就不能再对强盗罪进行审判，其弊端甚为明显。而且根据战后刑事诉讼法的修改，调查权受到了限制，难以待连续犯的所有行为都被发现之后再一次起诉。基于如上理由，遂在1947年修改刑法时，将连续犯的规定删除。①

二、大陆法系刑法中连续犯存废之争

连续关系不论是在学理还是实务上，其存与废的问题伴随着此概念一直存在。

（一）连续犯概念存在之理由（主存论）

连续犯原始之创立理由，在于缓和对于数罪量刑采取并科方式处理之严苛。在中世纪的意大利刑法以前，因受日耳曼法的影响对于数罪仍采并科主义，因而遂以连续犯概念作为回避该法条适用的处理方式。但是，由于现今的数罪并罚制度以采取限制加重原则而非并科原则为主，该条理由在今日已不复存在。取而代之的，是如下的理由：

1. 诉讼经济

连续犯最明显的效应即在于刑事诉讼经济效果，这主要体现在以下两方面：其一，事实审法院即使就连续犯之部分行为无法一一调查清楚，只要能确定其部分行为之最低数目或最小范围，进而在判决理由内，只要详细记载被告一个典型之连续犯部分行为，再附加记载其他与此同种类之连续犯部分行为之数目，只要能确定作为判决基础之犯罪行为，又不影响既判力范围之认定即可。就此而

---

① 参见［日］大谷实著：《刑法讲义总论》，黎宏译，中国人民大学出版社2008年版，第437页；［日］大塚仁著：《刑法概说》（总论），冯军译，中国人民大学出版社2003年版，第417页。

言，无异于减轻不少事实审法院调查事实之压力。① 其二，连续犯被视为实体上或科刑上的一罪后，法院对于连续犯的判决所形成的既判力及于最后事实审判宣示前所未发觉之犯罪，如再有起诉，都受到一事不再理的限制，从而免除追诉机关及法院就既判力所及之未受追诉之部分行为的侦查审理义务。②

2. 行为人人格的一致性、一个概括的犯意或对违法行为反对动机的减弱

德国学者格尔茨认为，连续犯所针对的认定标准，并不在于行为，而在于行为人，连续关系主要系以行为人素行和人格为判断基础的犯罪单数。另一学者彼德斯曾对此问题进行深入分析，认为行为无疑是反映一个人生活历程及人格特质，在整个犯罪历程中，如反映出人格一致性，则在处罚上，不能置此一致性于不顾。③ 也就是说，连续关系的刑罚基础，是考虑到存在行为人的行为惯性，或者说其处罚之基础是行为人一致性的人格特质。

也有从连续犯的一个概括的犯意角度加以论证者。例如，日本大审院表示：连续犯，属于意思始终继续而屡次实行相同之犯罪行为。如加以有形之观察，其行为虽有间断，但在无形的意思上并无间断；因而连续犯应属于所谓无形的继续犯，而以一罪处罚，乃法之所必然。④ 也就是说，在同一犯意下所发动之数个行为，因其犯罪情节重大而加重处罚虽有意义，但若针对其各个行为一一科刑，

① 何赖杰：《论连续犯适用范围之极端限缩，乃至几近于废除》，载《刑事法杂志》第 39 卷第 5 期，第 14 ~ 15 页。

② 参见黄荣坚：《数罪并罚量刑模式构想》，载《月旦法学杂志》2005 年第 8 期，第 46 页；林山田著：《刑法通论》（下册），作者发行 2005 年版，第 288 ~ 289 页。

③ 柯耀程著：《刑法竞合论》，中国人民大学出版社 2008 年版，第 256、293 页。

④ ［日］木村龟二等著：《日本刑法判例评释选集》，洪福增译，汉林出版社 1977 年版，第 161 页。

则无必要。

另外，还有学者认为，之所以把连续犯当做一罪，还因为成功地实行了一次犯罪之后，对行为动机的反对动机就不灵了；同时也被利用类似方法或计划来反复犯罪这种人类的弱点打败了，以至于将它们作为数罪来处理有点失之严酷。①

3．罪刑政策上的考量

从政策上看，连续关系的存在可以避免因适用数罪并罚而产生的量刑范围过大的弊端。倘若删除连续犯的规定，对于一行为人所实施的数个行为，不论同种或异种，皆适用数罪并罚，则对于数个财产犯罪等轻微犯罪，在量刑范围上过于广大，有导致法官恣意判断之虞。例如，行为人连续犯 20 个盗窃罪，每一罪均宣告 6 个月有期徒刑，则依实质竞合处理，将导致刑度范围为 6 个月以上 10 年以下有期徒刑，如此大的量刑范围，容易导致法官的恣意判断，从而可能发生罪刑轻重失衡的现象。②

（二）废止连续犯之理由

反对连续犯概念者，认为将本为数个行为的连续犯拟制成一罪，在法理基础上相当薄弱，其造成的不合正义的缺点，远远大于诉讼经济的优点。因而应当废止连续犯概念，而以实质竞合的数罪并罚制度处理这一连串的犯罪行为。主要的反对理由如下：

1．不能达到诉讼经济的目的

反对连续犯概念者认为，连续犯概念的适用，并未免除法官对于连续犯的各个部分行为可罚性的调查义务。因为连续犯之成立要件之一是各个部分行为须具有可罚性，即须满足构成要件该当性、违法性、有责性，故法官对此仍具有调查证据的义务。对此，德国

---

① ［日］泷川幸辰著：《犯罪论序说》，王泰译，法律出版社 2005 年版，第 173 页。

② 参见柯耀程著：《刑法竞合论》，中国人民大学出版社 2008 年版，第 294 页；林山田著：《刑法通论》（下册），作者发行 2006 年版，第 290 页。

最高法院刑事大法庭亦认为，作为判决基础的连续犯之部分行为亦需具体、个别地确定，如此方可避免法规对于罪责范围及行为严重性的判决，不基于坚固之心证基础而只是受到某种界限不明确的整体观念的影响。从而，刑事大法庭不认为连续犯之承认有助于简化诉讼程序之处理，反而由于其适用上的困难及在上诉审程序不能单独撤销部分行为而引起更多花费。[①] 也就是说，对于连续犯的数个犯罪行为而言，基于罪刑相当以及公平正义的原则，不可能不对重罪以外的其他犯罪也做审理以及实质上的量刑工作。因此，希望以单一刑罚的立法方式省去诉讼上对各个独立行为的审理工作，而达到所谓诉讼经济的目的，事实上不可能，法理上也不应该。[②]

2. 不合理的既判力效力

连续犯既然被认定为一罪，则在程序法上，对于连续犯中的一部分行为的判决，其效力及于全部。其他未受判决部分，也应受到一事不再理原则的限制而不得再追诉。这种不合理的既判力效力被认为是有效对抗系列犯罪的一大阻碍。若先前发现的仅是一小部分行为，依连续犯处断，其既判力却及于全体，造成其后发现的大部分犯罪行为无法再追诉的情形。就有效地对抗犯罪及符合公平正义观念而言，导致令人难以忍受的结果。[③] 这样的既判力效力固然能达到诉讼经济的效果，但以实质正义的牺牲为代价，也往往成为行为人善于利用的法律漏洞。

3. 有违平等原则

连续犯所侵害的法益与实质竞合数罪所侵害的法益并无不同，

---

① 何赖杰：《论连续犯适用范围之极端限缩，乃至几近于废除》，载《刑事法杂志》第39卷第5期，第20、30～31页。

② 转引自黄荣坚：《犯罪的结合与竞合》，载《刑法问题与利益思考》，元照出版公司2003年版，第73页。

③ 何赖杰：《论连续犯适用范围之极端限缩，乃至几近于废除》，载《刑事法杂志》第39卷第5期，第18页。

但由于不适用数罪并罚的规定，“刑罚范围要窄于犯罪复数，这将产生不适当的温和的处罚”。[①] 至于为何所侵害的法益具有同种性，就必须做有利于行为人的解释，并不明确；就算是具有一定的结构关系，也很难说明为何各自独立的犯罪行为不依实质竞合处理，却通过连续关系解决。而且连续犯由于要求整体故意或连续故意，排除了数个过失行为构成连续犯的可能。但是，故意犯显然是较过失犯责任更重的犯罪类型，重者可依连续犯的规定获得较轻的处理而轻者却必须依数罪并罚获得较重的结果，实在是轻重颠倒。从而，连续犯的存在，使得重罪反而轻判，严重违反了平等原则。[②]

4．对连续犯在法益类型上的限制表明此一概念可放弃

依德国通说及实务见解，侵害数人的人身专属法益（如侵害数人的生命、身体、自由、名誉、性的自我决定权与其他决定权）时，不能成立连续犯，即连续杀害数人、诽谤数人、强奸数人的，不能成立连续犯。由此，德国最高法院刑事大法庭认为，实体法及程序法对此的处理方式，即可证明连续犯概念并非不能放弃。[③]

综上，由于连续犯以一罪论的存在基础在实体法上不能获得合理的说明，其存在严重违反平等原则；在程序法上又不存在所谓的诉讼经济效应，反而造成不合理的既判力效应；加之承认连续犯所带来的使量刑失去精确性以及连续关系难以界定等种种弊端，反对承认连续犯概念的呼声越来越高。

---

① ［德］汉斯·海因里希·耶赛克、托马斯·魏根特著：《德国刑法教科书》（总论），徐久生译，中国法制出版社 2001 年版，第 868 页。

② 参见柯耀程著：《刑法竞合论》，中国人民大学出版社 2008 年版，第 289 页。

③ 参见何赖杰：《论连续犯适用范围之极端限缩，乃至几近于废除》，载《刑事法杂志》第 39 卷第 5 期，第 29 页。

三、大陆法系刑法中连续犯的新动向

（一）德国刑法中连续犯的最近动向

德国实务上承认连续关系的情况，在最高法院刑事大法庭的一项裁决（BGHSt 40，138）后完全改观。依照该裁决，就持续相当长时间且具备基本关联（如同种类之动机情况、利用与被害人之紧密关系、利用同一周边情况）之一连串的犯罪行为，适用数罪并罚之并合处罚及量刑规定已足以处理这一类案件。基于涉及构成要件而又能符合事实地评价其整体非价之理由，因而可能是有少数例外情形，始能承认连续犯之成立有其实体正当性，即数个皆能各别该当犯罪构成要件之行为方式，其能成立连续犯之前提条件，系为符合事实地掌握其所实现之不法及其罪责，若以犯罪构成要件作为衡量标准则成立连续犯应是不可避免之结果。就此而言，亲属间的性交、对保护人的性滥用、对儿童的性滥用、诈骗罪、伤害罪、窃盗罪、侵占罪、恐吓取财罪、强盗罪、背信罪、贿赂罪、行贿罪、偷税罪等不能成立连续关系。并且，在最高法院的此项裁决作出后，至今还无承认连续关系的判例出现。①

就刑事大法庭此项裁定之影响，联邦最高法院法官鲁珀特（Ruppert）认为，由于连续犯适用范围并不广，尤其在实务上集中于性犯罪案件、违反麻醉药品案件、税法案件、财产犯罪案件，而本裁定正是对此而发，因而可以认为连续犯事实上从现在起已经被排除。② 检察官比特曼（Bittmann）、德赖尔（Dreier）认为，连续犯已经是过去式，即使仍存有例外，但仍不为人知，至少对日常实

---

① 参见［德］约翰内斯·韦塞尔斯著：《德国刑法总论》，李昌珂译，法律出版社2008年版，第469页。何赖杰：《论连续犯适用范围之极端限缩，乃至几近于废除》，载《刑事法杂志》第39卷第5期，第26~28页。

② 何赖杰：《论连续犯适用范围之极端限缩，乃至几近于废除》，载《刑事法杂志》第39卷第5期，第33页。

务而言，连续犯已不存在。

（二）日本刑法废止连续犯规定后的理论与实务应对

1．理论之动向

日本在删除连续犯的规定后，并未平息有关连续犯的争议。例如，有学者认为，刑法上虽然已将连续犯删除，但原来认为是连续犯的情形，并非皆可分离为数行为而依实质的并合罪处断，其究竟为一罪或数罪，应委之于学说或判例，亦即承认有所谓“超法规的连续犯”的存在必要。① 由于连续犯被废除，数个行为若干时日之间反复实施时，因为是并合罪，就要将各个事实、时日、场所等明确记载于起诉书中，并且在判决中必须认定，在诉讼上不具有便宜性。这样，就连续实施的同种行为，就产生了超出接续犯的范围、在一定限度内扩张包括一罪的范围的必要。总的情况是，学界认为，“将以前作为连续犯所处理的情况都作为数罪处理，不仅在程序上繁杂，而且实际上作为一罪处理也更为合适一些，因此，在学界，又重提连续犯的概念”，② 并将其划定在包括一罪的范围之内，以包括一罪的概念套用在反复为同种行为而被认为一罪的情形之上。

只是，学界新提的连续犯或连续一罪的概念，已与删除连续犯规定前的概念相差甚远。新的连续犯或连续一罪，是指各行为之间的时间、场所的接近性并非像接续犯那样紧密，但是某行为人连续实施了相当于同一构成要件的数个行为，它们都可以认为是指向同一法益的侵害的以一个人格态度为基础的行为时，仍然可以解释为包括的一罪。③ 这种新的连续犯或连续一罪的成立要件包括客观要

① ［日］佐伯千秋：《连续犯》，载植松正等编：《刑事法的理论与现实：小野博士还历纪念》（第一卷），有斐阁 1951 年版，第 295 页。

② ［日］大谷实著：《刑法讲义总论》，黎宏译，中国人民大学出版社 2008 年版，第 437 页。

③ ［日］大塚仁著：《刑法概说》（总论），冯军译，中国人民大学出版社 2003 年版，第 417 页。

件和主观要件。其中客观要件包括：（1）构成要件的同一性。若将反复为同种犯罪的行为评价为一罪，基本上应扩展同一犯罪类型内部之基础类型或加重减轻形式的程度，即必须以该当同一构成要件为前提，始有评价为一罪的可能。但是，在数个罪名间具有加重或减轻之关系，即具有同质重合构成要件的情形，例外地承认成立连续一罪。（2）侵害法益的单一性。一身专属法益的场合，被害者的同一性是必要的，法益的个数与法益的持有者的数量一致；在财产罪的场合，保护法益基本上是个人的所有权，法益的个体数与作为受害者的所有者的数量一致。据此，连续杀害数人、连续盗窃几所房子内的财物的情景，不能成立连续一罪。但是，连续盗窃一所房子内的财物的场合，能够成立连续一罪。对于侵害社会法益与国家法益的情形，仅有在前后单一法益的情形才有成立连续一罪的可能。（3）具体的行为情况。其类型有三种，一是数个反复的既遂行为，如店员每日从销售额中扣留一部分。二是为实现某犯罪阶段的数个行为，如每天喂食少量毒药，待数日后药效发作，遂行杀人目的。三是对于一个犯罪结果所为数次之攻击行为，如数回的毒杀行为失败后，最后终于以绞首达成了杀人的目的。连续一罪的主观要件则不严格要求故意的单一性或犯意的继续性，只需数个行为出于行为人的一个人格态度之表现即可。①

2. 实务之应对

在 1947 年废除连续犯概念后，实务上也将连续犯或连续一罪作为包括的一罪维持着。例如，在单一的故意下与被害者同居状态中大约 1 个月的期间，利用被害者不在的机会数次盗窃了衣服的案件；在单一或者连续的故意下在大约 4 个月中数次实行业务上贪污行为的案件；医生在大约 3 个半月中共计 54 次，以及在 2 个月内 35 次在自宅对于吸毒上瘾者以缓解中毒症状为目的注射使用了麻

① ［日］虫明满著：《包括一罪的研究》，成文堂 1992 年版，第 205 ~ 216 页。

醉剂的案件。① 就日本的判例而言，关于连续犯的规定删除后，反复为数个行为而成立一罪的情形，首先依接续犯的概念，认定其为一罪；若无法涵盖于接续犯的概念时，则依犯罪种类的不同，而承认其成立包括一罪。从实务上肯定包括一罪的判例中，可概括出其须具备的要件包括：犯意的继续、侵害法益的单一性、构成要件的同一性、具体行为情事的要素（行为态样的类似性、时间的接近性）等。至于与认定为包括一罪的案例相同或类似而却依并合罪处理者，主要是因为欠缺犯意的继续、行为态样的类似和时间的接近性。②

（三）意大利刑法中连续犯的独特性

从意大利刑法对连续犯的规定来看，意大利刑法中的连续犯与德日刑法以及我国刑法中的连续犯有显著的差异，具有自身的特色。其中最大的不同是意大利刑法承认异种数罪也可能作为连续犯来处理。意大利刑法最初规定，只有多次触犯“同一法律规定”，即只有同种数罪的实质竞合，才能构成连续犯，后 1974 年法令取消了上述限制。按现行刑法的规定，任何实质的犯罪竞合都有构成连续犯的可能。

四、评析与启示

（一）对大陆法系连续犯理论的评析

由上可知，近来德国、日本、意大利刑法在对待连续犯的态度上差异不小。德国在经过 1994 年联邦最高法院刑事大法庭的裁决后，在事实上几乎是废止了连续犯。未来实务是否有可能发展出其他代替连续犯的法律制度，还言之尚早；目前德国理论暨实务界正

---

① ［日］野村稔著：《刑法总论》，全理其、何力译，法律出版社 2001 年版，第 455 页。

② ［日］虫明满著：《包括一罪的研究》，成文堂 1992 年版，第 200～201 页。

努力于检讨过去以连续犯处断之实例，冀望未来能以其他法律制度以便更符合法律原则地处理此类案件。[1]

而日本在废止了1908年刑法关于连续犯的规定后，理论与实务并未完全抛弃连续犯或连续一罪的概念，只不过是将其进行了改造，赋予了新的内涵而将其涵括于包括一罪的概念之中。现今日本刑法中的连续犯或连续一罪的概念与1947年删除连续犯规定之前的连续犯概念名同而实异，最为明显的差异是现今的连续犯严格限制在构成要件的同一性、侵犯法益的单一性上，对原来的连续犯概念进行了大范围的限缩。根据日本现行理论，原来按连续犯处理的案件，在连续犯的规定废除后，首先检讨是否是接续犯；若不能涵盖于接续犯的概念中，再检讨是否包括一罪；若否，即为并合罪的范畴而应数罪并罚。但是，现今的连续犯概念存在不少问题：一是现行的作为包括一罪的连续犯与接续犯以及并合罪如何区分；二是能够在何种范围内划定作为适当的连续犯的包括一罪，尚存在困难。对于第一个问题，似乎是侵害法益的单一性与否在决定是连续犯还是并合罪中具有重要的作用，如连续伤害、猥亵同一人的可以构成连续犯，而连续伤害、猥亵数人的则为并合罪；连续盗窃一户人家的为连续犯、连续盗窃数户人家的则为并合罪。但问题是，数次侵害同一个法益与侵害不同的法益，应该都是法益复数的情况；行为人后来的第二、三……个行为侵犯的是曾经侵犯的被害人还是一个新的被害人，应该没有实质的区别。为什么可以区别处理，并不明确。这一点似乎是借鉴德国理论与实务中曾经对连续犯在法益种类上的限定。但是，对这种区别处理，德国学者本身也表示怀疑，如萨姆松（Samson）认为如此有使同一行为人成为行为客体后，即不受法律保护之嫌。[2] 况且在1994年的刑事大法庭的裁定

---

① 何赖杰：《论连续犯适用范围之极端限缩，乃至几近于废除》，载《刑事法杂志》第39卷第5期，第35页。

② 柯耀程著：《刑法竞合论》，中国人民大学出版社2008年版，第275页。

之后，这种区分处理在德国刑法中也已成为历史。对第二个问题，理论与实务界并无明确的答案。实务中对于类似的案例，存在不少相异的判例。例如，对从2月到5月间连续数次进行猥亵图画的展览行为，名古屋高等裁判所金泽支部认为，由于存在犯意的继续、场所的同一、时间的连续，行为人反复进行的放映行为触犯同一构成要件，被害法益亦为同一，因而认定构成包括一罪。而对于在一日中正午、两点半、四点半、八点半、次日正午、两点半、八点半共七次进行猥亵表演的公然猥亵行为，最高裁判所却认为由于在演出中存在不同的观众，被害法益并非同一，从而认定为构成七个独立的犯罪。[①] 可见，作为连续犯的包括一罪能在多大的范围内成立并不清晰；而且对成立的连续犯来说，仍然存在主废论者所批评的种种问题。

意大利刑法的连续犯显然具有自己的特色，即承认异种数罪也可能构成连续犯。这在其他国家的刑法中简直无法想象，表面上看也与其他国家限制、废除连续犯的大趋势似乎不太协调。但是，问题并非如此简单。意大利刑法之所以将异种数罪也纳入连续犯的范围，与其数罪并罚制度有直接的密不可分的关系。对犯罪的实质竞合问题，意大利的刑罚制度采用的是并科原则，[②] 对于同一犯罪人因不同犯罪而被分别判处的有期监禁刑或财产刑，原则上均应全部执行；如果不同的犯罪被判处同一种刑罚，应将刑期相加，按单一刑执行。如果被判处的刑种不同，则应分别执行。也就是说，在其他国家刑法的数罪并罚制度采取以限制加重原则为主的情况下，意大利刑法仍然采取了较为严苛的并科原则。正因为如此，才促使意大利刑法将连续犯的范围扩展至异种数罪，以避免采用并科原则的

① 参见［日］虫明满著：《包括一罪的研究》，成文堂1992年版，第187~188页。

② ［意］杜里奥·帕多瓦尼著：《意大利刑法学原理》，陈忠林译评，中国人民大学出版社2004年版，第369页。

严苛后果。由于意大利刑法对连续犯的处罚采取了加重处理原则（最重之刑基础上加重三分之一），从某种意义上说，其连续犯制度起到了其他国家中数罪并罚制度（以限制加重原则为主）的作用。如此一来，意大利刑法将异种数罪也包括在连续犯之中就毫不奇怪了。意大利学者也指出，由于司法实践对限制加重处理原则的偏爱，关于连续犯的规定正在取代有关（采用并科原则处罚的）实质的犯罪竞合的规定。①

（二）启示

上述各国对连续犯的不同态度，尤其是意大利刑法对于连续犯的规定，再一次启示我们，一国采取何种刑事法律制度、法律理论最重要的必须根植于本国的实际，必须与本国的整个刑事立法体系、理论体系相协调；要在遵循共性的法治规律的基础上，适应个性的国情差异、法治实际。同时，对他国某一刑事法律制度的评价，也必须将该具体制度放回到该国的整个刑事法律制度中，才能得出全面的、公允的判断，而不能断章取义或以自己的思维去评判他国的制度合理与否。

第二节　我国刑法中连续犯的处理原则与连续犯概念的存在价值——以连续犯与同种数罪的关系为视角

一、我国刑法中的连续犯问题的独特性

如前所述，大陆法系创立连续犯概念的最初动因，在于缓和对于数罪量刑采取并科方式处理之严苛。现今这一动因虽然在多数国

---

① ［意］杜里奥·帕多瓦尼著：《意大利刑法学原理》，陈忠林译评，中国人民大学出版社 2004 年版，第 371 页。

家已不复存在，但由于实质竞合的数罪并罚比作为一罪的连续犯在法律效果上要重得多，因此在大陆法系国家，连续犯制度的存在仍是为避免适用实质竞合的数罪并罚，这一概念始终是在与实质竞合的比较意义上存在的。而大陆法系国家的实质竞合不区分同种数罪与异种数罪，即使是同种数罪，仍然要进行数罪并罚。如此一来，连续犯的存在价值自然是把主观上存在所谓整体故意或连续故意，客观上具有时间、场所等密切联系性的一类犯罪，从其他数罪中区分出来，以避免数罪并罚的法律效果。因此，德日等大陆法系国家连续犯的概念，存，则避免了数罪并罚之效果；废，则原则上回归数罪并罚。

而我国刑法中的连续犯概念与德日等大陆法系国家具有不同的语境。不管在理论上、应然上同种数罪应采取何种处理原则，大家不得不承认的事实是，在实践中、实然上我国刑法中的同种数罪原则上是不并罚的。这样，与德日等大陆法系国家刑法相比，就在连续犯概念与需要数罪并罚的实质竞合概念之间多了一个概念层次：同种数罪。这一概念在德日等国家刑法中不具有独立的意义而被归于实质竞合（并合罪）中。但在我国，由于在实践中其与异种数罪的处理原则明显不同，在理论上关于同种数罪的处理原则也争论颇多，不论从理论上还是实践来看，这一概念都具有了独立的存在意义。从而我国刑法中的连续犯概念，存，则首要的是探讨其与同种数罪有何不同以至于其不按同种数罪来处罚而有其存在的独立价值；废，则落入同种数罪这一上位层次的概念范围之内，接下来要解决的是同种数罪应当采取何种处理原则。因此，国外的连续犯概念是在与实质竞合（并合罪）相对应的意义上存在的，而我国刑法中的连续犯首要的是应当检视其与同种数罪的关系。

二、我国刑法中连续犯的处理原则与连续犯概念的存在价值——以其与同种数罪的关系为视角

由于在我国刑法中，同种数罪这一概念具有独立的存在意义，

因而首先需要讨论的是连续犯与同种数罪的关系问题。

同种数罪，是指行为人实施的数个行为均可独立构成犯罪，但属于性质相同、罪名相同的数罪。同种数罪具有如下特征：（1）具有数个性质相同的犯罪故意；（2）实施了数个性质相同的犯罪行为，数个行为均能独立构成犯罪，且侵害的法益相同；（3）数个行为触犯同一罪名，即构成要件相同的罪名。连续犯则是指基于同一或概括的犯罪故意，连续实施性质相同的独立成罪的数个行为，触犯同一罪名的犯罪形态。其基本特征是：（1）必须实施性质相同的独立成罪的数个行为；（2）数个行为必须基于同一或概括的犯罪故意；（3）数个行为必须具有连续性；（4）数个行为必须触犯同一罪名。从二者的概念与特征看，连续犯也是一种同种数罪，二者的区别在于主观上是否基于同一或概括的犯罪故意、客观上行为之间是否具有连续性。所谓连续性，我国通说采取了主客观折中说，即必须在主观上具有同一或概括的犯罪故意，在客观上数个行为的性质相同、手段类似和时间上前后具有连续性。但是，数个行为在客观上的性质相同，手段类似，时间、场所上的密切联系性，其实在不属于连续犯的同种数罪中也照样存在。我国刑法通说也认为行为人虽然在时间间隔较近的情况下实施了性质相同的数个犯罪行为，但主观上缺乏同一或概括的犯罪故意的，也不成立连续犯。例如，行为人决意杀死甲，既遂后，突然发现路人乙目睹了他的杀人行为，于是为灭口，又杀死了乙。这里虽然存在时间、场所的密切联系性，行为手段也相同，但由于缺乏同一或概括的犯罪故意，而不成立连续犯。

由此可见，连续犯与同种数罪的关键区别就在于主观方面，在于是否具有同一或概括的犯罪故意。对此，我国学者吴振兴教授就曾指出：连续犯在本质上也是同种数罪，只不过因其主观上具有同一或概括的犯意，因此才按照一事处断。由此看来，连续犯与同种数罪的根本分界点就在于主观方面。[①]

那么，连续犯与同种数罪的这一区别是否就决定了连续犯具有独立于同种数罪的价值而应采取与同种数罪不同的处理原则？或者说，连续犯与同种数罪在法理上到底应不应该区分？答案若是肯定的，那连续犯概念就有自己独立存在的价值与处理原则；答案若是否定的，连续犯的处罚则依附于同种数罪的处罚，从而连续犯这个概念就没有了独立存在的价值。

笔者认为，不管同种数罪是否适用数罪并罚制度，连续犯都没有独立于同种数罪存在的价值与必要。这是因为：

（1）连续犯与同种数罪在主观方面的区别，并不是将其从同种数罪中独立出来的理由。

关于连续犯不同于同种数罪、以一罪论的主观方面的根据，主要有以下几种说法：一是认为刑法基于行为人人格的一致性或行为人主观一致性的人格特性，将连续犯在处断上与同种数罪加以区别。[②] 二是认为成功地实行了一次犯罪之后，对行为动机的反对动机就不灵了；同时也被利用类似方法或计划来反复犯罪这种人类的弱点打败了，以至于将它们作为数罪来处理有点失之严酷。三是认为连续犯有数个犯罪行为，因为基于概括的犯意，以一罪论，犯罪人的恶性与行为的社会危害性比实际的数罪小，比单一的犯罪大，所以在处罚上不实行数罪并罚，只需较单一罪加重或从重处罚。[③] 或者说基于一个连续意图而为数行为，与分别起意有所不同。

上述这些说法，或者根本就不成立，或者虽然是值得考虑的因素，但不足以将其与同种数罪区分开来另外创立处理原则。

其一，行为人人格的一致性不仅仅在连续犯中存在，在同种数

① 吴振兴著：《罪数形态论》，中国检察出版社 2006 年版，第 279 页。

② 参见詹红星：《连续犯的基本问题研究》，载《兰州学刊》2007 年第 9 期，第 107 页。

③ 马克昌主编：《犯罪通论》，武汉大学出版社 1999 年版，第 700 页。

罪乃至异种数罪中都存在。即使是没有连续关系的同种数罪之间，同样也反映了行为人违反规范的一致性的人格。推而广之，数罪并罚的数个行为在根本上也是一连续人格所形成，也可以说反映了行为人人格的一致性。

其二，成功实施了一次犯罪后，对再次实施违法行为反对动机的减弱，显然也不仅仅在连续犯中存在，而是在所有的同种数罪以及异种数罪中都有可能存在。例如，盗窃既遂一次后，以后再次实施盗窃行为不管构不构成连续犯，都存在对实施违法行为反对动机减弱的可能。因而，以上这两点并不是连续犯的独有特征，既不能说明其以一罪论的根据，也不足以赋予其与同种数罪不同的处理原则。

其三，存在一个同一、概括的犯意或连续意图的确是连续犯与普通同种数罪的区别所在，但是这一区别不能构成将连续犯与同种数罪区分处理的理由。所谓同一、概括的犯意或连续意图的说法其实并不明确，即仍然不能让人明白，为什么在行为开始有一个要实施多个行为的决意就可以将所有的犯罪行为以一罪论，就可以将连续犯从同种数罪中抽离出来。其根据或许是因为在第一个行为开始之前就有一个连续意图、整体故意（同一、概括的犯意或连续故意），是“基于一个决定而为数行为，与分别起意有所不同”，[①] 或者说“大体上是基于一个意思活动，而为一次规范意识之突破，与数罪并罚系复数意思活动而多次突破规范意识之情形有所不同”。[②]

但是，这样的说法并不能成立。连续犯虽然在第一个行为之初就具有要实施一系列犯罪行为的连续意图，对后续行为的实施存在一定影响，但这样的连续意图对于后来的每次行为并非就具有百分之百的决定力，其影响力因个案情况而有大有小。换言之，作为一

① 黄荣坚：《犯罪的结合与竞合》，载《刑法问题与利益思考》，元照出版公司 2003 年版，第 476 页。

② 甘添贵著：《罪数理论之研究》，元照出版公司 2006 年版，第 184 页。

个具有相对自由意志的行为人，在依次实施的各次独立的行为之间，并没有因为一开始的连续意图的存在就必须实施后面的一系列行为；每次行为之时，行为人仍有选择合法与违法的意志自由。对于大多数情况，连续犯的数个行为，既非百分之百由一开始的概括犯意来决定，也非百分之百由每个分别起意来决定，而是介乎二者之间，随着个别情况千差万别。[①] 因此，即使在行为之初就具有连续意图，但连续犯在主观上与普通同种数罪一样地存在数个主观罪过、数个意思决定、数次法规范意识之突破。若硬要寻找连续犯与同种数罪在有责性上的差别，那就是在连续犯中，连续意图对后续的违法行为的选择具有一定的影响力，从而在一定程度上削弱了每一次的决意违反法规范的程度。但是，这种差别仅仅是量上的差别，况且这种量上的差别依具体情况不同而或大或小。其合理的处理方法便是斟酌具体个案的不同情况，而在量刑上适当考虑，却不是将连续犯从同种数罪中独立出来。

总之，是否具有同一或概括的犯罪故意确实是连续犯与同种数罪的区别，但二者主观方面的这一区别是应在量刑上斟酌具体个案的不同情况而适当考虑的因素，并不值得将连续犯罪形态从同种数罪中专门独立出来。

（2）从我国刑法对数额犯等的处罚规定来看，刑法并没有区分连续犯与同种数罪。

我国刑法对于数额犯的规定，从罪数形态的角度看往往既有连续犯的情况，又有不构成连续犯的普通同种数罪。例如，刑法第347条第7款规定："对多次走私、贩卖、运输、制造毒品，未经处理的，毒品数量累计计算。"这里的多次走私、贩卖、运输、制造毒品行为，既可以是在一个同一或概括的犯意之下实施的连续行为；也可以是分别起意而实施的数个同种数罪之行为。无论是哪种

---

① 黄荣坚：《犯罪的结合与竞合》，载《刑法问题与利益思考》，元照出版公司2003年版，第477～478页。

情况，其结果都是累计计算毒品数量，而后再确定相应的量刑幅度。既然刑法是将基于一个同一或概括的犯意之下实施的连续行为与分别起意而实施的数个同种行为在法律效果上并未区分，那么再区分连续犯与同种数罪也就没有了实际意义。

（3）原先存在连续犯概念的德日等大陆法系国家刑法的发展趋势也是不区分连续犯与同种数罪。

如前所述，现今在德国，连续犯已在事实上基本被排除。原先构成连续犯的情况，基本上应回归实质竞合来处理，其结果也就是不区分连续犯与不具有连续关系的同种数罪。而在日本，虽然理论上与实务中仍然有连续犯或连续一罪的概念，但相较于1947年删除连续犯规定之前，已进行了大范围的限缩，内涵与外延与之前的连续犯概念都不相同。属于原先连续犯概念的犯罪形态，在删除连续犯的规定后，若不能涵盖于接续犯、包括一罪中，即应回归并合罪加以数罪并罚。其发展趋势，在相当大的程度上，也是不区分连续犯与同种数罪。例如，对于几个月时间内连续数次盗窃数户人家财物的，现今德国刑法与日本刑法都否认构成连续犯。从而，是出于一个同一、概括之故意而为数次盗窃还是分别起意而为数次盗窃，在结果上都是按数罪并罚来处理，即在法律效果上，并没有区分具有连续关系的同种数罪与不具有连续关系的同种数罪。

综上所述，连续犯本就是同种数罪，与同种数罪没有必要也不应该区分。

既然连续犯与同种数罪没有必要也不应该区分，那么连续犯的处理原则就依附于同种数罪的处理原则。若同种数罪应当数罪并罚，连续犯也应当数罪并罚；若同种数罪不适用数罪并罚制度，连续犯也不适用数罪并罚制度。也就是说，连续犯如何处罚，实际上就是看同种数罪如何处罚。从而，这一舶来于外国刑法的概念，移植到中国的背景中，严重“水土不服”。① 在我国刑法同种数罪具有独立存在意义的背景下，完全剥夺了连续犯的存在空间，这一概念完全可以融合于同种数罪的概念之中，没有独立存在的价值与意义。当前理论界对这一无独立存在价值概念的研究，如连续关系如何界定、连续犯与其他罪数形态如何区分，浪费了理论研究的资源，扰乱了我国的罪数论、竞合论体系，造成了本可避免的困扰，理应予以废除。废除这一概念后，对于具有连续关系的数个同种犯罪行为，与不具有连续关系的同种犯罪行为同样都是按照同种数罪来处罚。

第三节　同种数罪的处理原则

一、同种数罪处理原则的争议及其评析

（一）同种数罪处理原则的争议

关于同种数罪的处理原则，向来争议不断，主要有以下几种学说：

1. 数罪并罚否定说

该说主张对一人所实施的同种数罪无须并罚，只需将同种数罪作为一罪的从重情节或者加重构成情节处罚。其理由是：（1）我国的刑事立法向来认为，应当并罚的数罪是异种数罪。（2）在我国长期的刑事审判实践中，并没有对同种数罪进行并罚，而是作为一罪从重或加重构成的情节来处罚。（3）我国刑法分则大部分条文都对同一犯罪规定了轻重不同的、两个以上的量刑幅度，基本上能够解决同种数罪不并罚的公正处罚问题。至于少数条文规定的只

① 阮齐林：《论构建适应中国刑法特点的罪数论体系》，载《河南师范大学学报》（哲学社会科学版）2006 年第 3 期，第 65 页。

有一个量刑幅度、刑期较低的问题，可以通过修改、补充刑法来解决。（4）从审判实践来看，对于同种数罪按不同的数额、情节、后果来量刑，比较好掌握，操作起来较为便利。（5）否定同种数罪并罚并不会轻纵罪犯，能够满足罪责刑相适应的公正要求。①

2. 数罪并罚肯定说

该说主张同种数罪应与异种数罪一样按照刑法总则数罪并罚的规定进行并罚。主要理由为：（1）我国刑法并没有将数罪并罚之数罪限于异种数罪，而根据罪数判断的犯罪构成标准，同种数罪也是数罪，没有理由将同种数罪排除出去。（2）对同种数罪并罚更有利于实现罪刑相适应、罪罚相当。特别是对于那些刑法只规定了一个量刑幅度的犯罪，如果行为人实施了数个同种之罪，若其中一罪就已达到应当判处法定最高刑的程度，对其余的犯罪已无从重、加重的余地，如不实行并罚，就等于其余的犯罪不受处罚。（3）从犯罪的社会危害性看，同种数罪与异种数罪并无差别，不能一概说前者就比后者的社会危害性小或者大，即所触犯的罪名是否相同与社会危害性之间并无关系。（4）数罪并罚制度禁止在对同种刑罚进行并罚时升格为另外的刑种，但对同种数罪以一罪的“情节加重犯”论处，就可以在加重法定刑中科处并罚时所无法选择的另一较重刑种，从而造成与异种数罪并罚结果之间的不平衡。（5）把几个同种数罪综合处理，实质上还是一种“估堆”的办法，既不科学，也不准确。②

---

① 参见姜伟著：《犯罪形态通论》，法律出版社 1994 年版，第 475 ~ 478 页；张小虎：《同种数罪不应实行数罪并罚》，载《上海市政法管理干部学院学报》1999 年第 2 期，第 27 页。

② 参见郑培兵：《同种数罪应该数罪并罚》，载《法学》1982 年第 1 期，第 27 ~ 28 页；贾莲君：《论同种数罪应当并罚》，载《法律科学》1995 年第 2 期，第 94 ~ 95 页；熊立荣：《同种数罪处罚原则新说》，载《广西政法管理干部学院学报》2003 年第 4 期，第 96 ~ 98 页；李昌林：《同种数罪也应当实行数罪并罚》，载《检察日报》2007 年 3 月 2 日第 3 版。

3. 折中说

该说主张对同种数罪是否并罚，不能一概而论，而应区别具体情况来看是否需要数罪并罚。其中又有三种不同的见解：一是主张以刑法分则规定的罪刑单位为准决定是否并罚，即对刑法分则规定了加重构成的犯罪，只按一罪从重或加重处罚；对未规定加重构成的犯罪，则数罪并罚。二是主张以适用刑罚的实际效果为准，决定是否并罚。一般情况下，对同种数罪不并罚，只有当某罪的法定刑与同种数罪的社会危害性程度罚不当罪时，才可以进行并罚。① 三是认为同种数罪的处罚应依法而定，即对刑法分则中规定按一罪处理的同种数罪不能并罚，对刑法分则没有规定按一罪处理的，则应按总则的规定数罪并罚。②

（二）简要评析

1. 目前的折中说都不妥当

同种数罪中也有各种不同的犯罪类型具有各自不同的特征，只要具有合理性、可操作性，对不同的犯罪类型采取不同的处罚方法并不是不可以。但是，目前折中说中的具体观点在内容、标准上都不具有合理性与可操作性。

第一种观点主张以刑法分则是否规定加重构成为标准决定是否并罚，即有规定的，无须并罚；反之则须并罚。但问题是，刑法规定有加重构成的犯罪，并非都能涵盖多次实施同种性质犯罪行为的情况，如交通肇事罪，虽有“三年以下有期徒刑或拘役”、“三年以上七年以下有期徒刑”、“七年以上有期徒刑”三个量刑档次，但适用第二、三个量刑幅度的条件分别是“交通肇事后逃逸或有其他特别恶劣情节”、“因逃逸致人死亡”，而并不包括多次触犯交

① 参见姜伟著：《犯罪形态通论》，法律出版社1994年版，第474页。

② 参见路军、宋保君：《我国刑法同种数罪处罚原则之探讨》，载《辽宁公安司法管理干部学院学报》2005年第1期，第13页。

通肇事罪的情景。[1] 例如，一行为人在某日交通肇事后逃逸，1 个月后又交通肇事。交通肇事罪本身虽有加重处罚的规定，但不能涵盖这里行为人的两次交通肇事行为的情况。因此，以刑法分则是否规定加重构成为标准决定是否并罚并不妥当。

主张以适用刑罚的实际效果为准的第二种观点则不具有可操作性。罪刑相当、罚当其罪当然是适用刑罚的最高要求，但仅以能否达到罪责刑相适应作为判断是否适用数罪并罚的标准，显然太抽象，判断起来也太恣意。

第三种观点其实与第一种观点有诸多类似之处，都是从法律的规定上寻求标准，但这一观点同样行不通。因为刑法分则明确规定按一罪处理的同种数罪毕竟是少数，况且对同一类犯罪有的具有明确规定，有的则不具有明确规定。依这种观点处理必定会造成对同一类犯罪处理原则的不一致。例如，对于诈骗罪、职务侵占罪等财产犯罪，刑法并没有明确规定应当累计其数额、按一罪处理。只是司法实践中根据其犯罪性质而不管是一次还是数次，按累计数额来处罚。按论者的上述观点，既然刑法没有明文规定，就应当按总则的规定数罪并罚，但这样的观点在司法实践中很难行得通。

2. 对否定说的正确理解

理论界普遍将对同种数罪否定并罚的观点称为“一罚说”，而肯定数罪并罚的观点称为“并罚说”。本书之所以不采用这种说法，欲在避免这种说法易引起的误解：即认为对同种数罪采取“一罚”，是与数罪并罚相对的，与想象竞合犯从一重从重处罚之

---

① 交通肇事罪中的“其他特别恶劣情节”，根据司法解释的规定，指“死亡 2 人以上或者重伤 5 人以上，负事故全部或者主要责任的；死亡 6 人以上，负事故同等责任的；以及造成公私财产或者他人财产直接损失，负事故全部或者主要责任，无能力赔偿数额在 60 万元以上的”的情形。根据一般语义理解以及司法解释的规定，这里的特别恶劣情节应当是指在一次具体的交通肇事罪中具有上述三种情形，而不包括数次触犯交通肇事罪的情况。

"一罚"的含义相同，而只有数罪并罚才是对同种数罪中所有犯罪行为的充分评价。之所以说这是误解，在于这里的否定说指的是对同种数罪不适用刑法第69条规定的数罪并罚制度，但与想象竞合犯之"一罚"不相同。具体说来，根据我国的刑事立法及长期的司法实践，对同种数罪虽然没有适用第69条数罪并罚的规定，但其实是将多次同种犯罪的社会危害性先行合并考虑，[①]然后再确定与此相适应的刑罚，最终结果仍与数次犯罪事实相对应、充分评价了数次犯罪事实。这在数额犯、刑法明确将多次行为作为加重处罚条件的犯罪（暂称为"多次犯"）中体现得最为明显。例如，刑法第263条明确规定了多次抢劫的行为按加重法定刑处罚。显然，立法者在制定此条文之时，就充分考虑了数个抢劫行为的社会危害性并制定出与此相当的刑罚。这种处理模式其实仍然是数罪数罚的模式，只不过与数罪并罚制度方法不同、不适用刑法第69条的规定而已。当然在数额犯、多次犯以外的其他按一罪名从重、加重情节处罚的犯罪中，这种数罪数罚的模式体现得就相对差一些，这也正是数罪并罚否定说的缺陷所在。

3. 肯定说、否定说与罪刑均衡原则

同种数罪实现了数个犯罪构成，只不过这数个犯罪构成是数个性质相同的犯罪构成。根据判断罪数的犯罪构成标准说，同种数罪无疑也是数罪。其与异种数罪，除了罪名，在其他方面并无不同。因此，在法理上，同种数罪适用刑法第69条的数罪并罚制度没有任何问题。若数罪并罚制度本身的设计能够实现罪刑均衡、符合罪责刑相适应原则，也可以合理地推论出对同种数罪适用第69条规定的数罪并罚制度也能实现罪刑均衡。

而数罪并罚否定说由于是将多次同种犯罪的社会危害性先行合并考虑然后再确定与此相适应的刑罚，仍然是一种数罪数罚的模

① 参见庄劲著:《犯罪竞合——罪数分析的结构与体系》，法律出版社2006年版，第268页。

式，因而从理论上讲，也能够实现罪与刑的均衡。并且在这种方式中，由于法官不用对各个犯罪行为分别定罪量刑，而是按照合并后的数额或者刑法的明文规定等直接确定相应的刑罚，因而这种方式与刑法第 69 条规定的数罪并罚的方式相比，自然是具有重大的诉讼效益价值。这也是为什么实务界偏爱数罪并罚否定说的根源所在。也就是说，既然都能达到罪刑的均衡，自然会选择更具有诉讼效益价值的方式。

但是，以数罪并罚制度本身的合理性为前提，肯定说能够实现罪刑均衡是绝对的；而否定说实现罪刑均衡却是相对的。换言之，在很多情况下，否定说确实不能实现罪刑的均衡。典型的情况就是那些刑法只规定了一个量刑幅度的犯罪。如果行为人实施了数个同种此类之罪，其中一罪就已达到应当判处法定最高刑的程度，对其余的犯罪已无从重、加重的余地，从而从结果上看，犯一罪与犯数罪的处罚完全相同，明显违背罪刑均衡原则。对于那些虽有加重处罚规定，但不能涵盖同种数罪的犯罪而言，同样存在这一问题。例如，刑法第 413 条关于动植物检疫徇私舞弊罪规定，动植物检疫机关的检疫人员徇私舞弊，伪造检疫结果的，处 5 年以下有期徒刑或者拘役；造成严重后果的，处 5 年以上 10 年以下有期徒刑。此条虽有加重犯的规定，但这里的“造成严重后果”显然不包括数次实施该犯罪行为的情况。因此说，对同种数罪适用数罪并罚是绝对的、全部的都能实现罪刑均衡；而不适用数罪并罚在具有诉讼效益价值的同时是相对的、部分的实现罪刑均衡。

二、对同种数罪处理原则的构想

同种数罪也是数罪的一种，与异种数罪除了触犯罪名的相同与否之外，其他方面并无不同之处。因此，对同种数罪的处罚也必须是数罪数罚的方式，而绝不应是一罪一刑的模式。也就是说，同种数罪的处罚虽非一定要适用刑法第 69 条规定的数罪并罚制度，但不论是何种方式，都应当是数罪数罚的方法与模式，应当是数罪数罚的体现，这是确定同种数罪处理原则的总要求。

犯罪类型多种多样，不同的犯罪类型，如数额犯、行为犯、情节犯等具有各自不同的特征。根据犯罪类型特点的不同，在罪刑均衡原则的制约下，对同种数罪的处理原则可作如下的建构：

（一）对属于数额犯的同种数罪采取累计数额处罚的方式

所谓数额犯，是指行为人实施的以侵害对象的数额或者数量来衡量社会危害性程度的行为，并以侵害对象的数额或者数量作为罪之有无和罪之轻重标准的犯罪形态。[①] 例如，盗窃罪，挪用公款罪，走私、贩卖、运输、制造毒品罪等，都是典型的数额犯。我国刑法中的数额犯，可分为数额基本犯和数额加重犯。[②] 数额基本犯，是指刑法明文规定以一定的数额作为犯罪的基本构成要件的犯罪形态。在这类犯罪中，不具备一定的数额，就不成立该类犯罪，如盗窃罪、诈骗罪等，皆以数额较大为构成要件。若盗窃、诈骗数额未达较大的程度，则根本不构成盗窃罪、诈骗罪。数额加重犯，则指刑法明文规定的因犯罪数额要素而在其基本刑罚基础上加重法定刑的犯罪形态。就其基本犯的类型来看，数额加重犯可以分为基本犯是数额犯的数额加重犯和基本犯是非数额犯的数额加重犯。大部分数额犯属于前者，即数额既是基本犯的构成要件，同时又因犯罪数额要素而在其基本刑罚基础上加重法定刑，如盗窃、抢夺、诈骗等罪。而在基本犯是非数额犯的数额加重犯中，基本犯的成立没有数额要求，但在加重犯中，则因数额较大、数额巨大或者数额特别巨大而加重其法定刑。例如，刑法第170条规定，伪造货币的，处3年以上10年以下有期徒刑，并处5万元以上50万元以下罚金；有下列情形之一的，处10年以上有期徒刑、无期徒刑或者死刑，并处5万元以上50万元以下罚金或者没收财产：（1）伪造货

① 参见刘光显、张泗汉主编：《贪污贿赂罪的认定与处理》，人民法院出版社1996年版，第236页。

② 参见唐世月著：《数额犯论》，法律出版社2005年版，第95～97页。

币集团的首要分子；（2）伪造货币数额特别巨大的；（3）有其他特别严重情节的。根据该条规定，只要实施伪造货币的行为，就构成伪造货币罪，而并没有一定的数额要求。但在加重犯中，却以数额特别巨大为条件。

在同种数罪是数额犯的情况下，如行为人多次实施的是盗窃罪，诈骗罪，挪用公款罪，走私、贩卖、运输、制造毒品罪的，对同种数罪可以累计数额的方式处罚，而不必适用刑法第69条的数罪并罚制度。理由是：

（1）累计多次犯罪行为的数额进行处罚是数罪数罚的一种模式，能够实现罪刑均衡。

在数额犯中，一定的数额是定罪的条件或加重法定刑的条件。数额犯的特点是其犯罪的社会危害性主要决定于犯罪的数额，数额越大，则社会危害性越大，其刑罚也就越重。例如，走私普通货物、物品罪侵害的客体是国家的对外贸易管制及关税征管制度。而在该罪中对外贸易管制制度的实施，最终也是为了维护对外贸易的正常秩序，增加关税收入，发展民族经济。由此，走私的普遍货物、物品偷逃关税的数额越多，则国家的关税损失就越大，对民族经济的潜在威胁也就越大，数额大小直接反映了犯罪的社会危害性的大小。从而，根据数额大小来配置相应的法定刑是合理可行的。如此一来，对在多次实施数额犯罪的情况下，只需要将每次犯罪行为所涉及的数额相加，就可得出全体的犯罪行为的总体社会危害性，然后再按照相加后的数额相对应的法定刑来决定刑罚。这种方式，每一次犯罪数额的累计，犹如每一次刑罚的累计；犯罪数额没有漏计，没有折减，悉数纳入，犹如刑罚量未打折扣一样。每一次的犯罪数额对最后宣告刑的形成均发挥了作用，均得到了评价，这与数罪数罚的思路是完全吻合的。[1]

---

① 叶良芳：《罪数论的体系性反思与建构》，载《浙江大学学报》（人文社会科学版）2007年第4期，第75页。

因此，累计多次犯罪行为数额的方式，是数罪数罚的一种模式，完全能够实现罪与刑的均衡。

（2）累计数额处罚的方式具有重大的诉讼效益价值。

数额犯多存在于经济犯罪、财产犯罪、贪污贿赂犯罪和毒品犯罪之中，而这类犯罪的一个主要特点就是在其行为被发现而受到刑事处罚之前，行为人往往会在利益的驱使下而反复多次实施。对这种同种数罪而言，累计数额处罚制度与数罪并罚制度相比，就具有重大的诉讼效益价值。因为若适用刑法第 69 条规定的数罪并罚制度，则需要先将每次犯罪根据各次犯罪所涉数额的大小来依次定罪量刑，然后再按照法定的并罚原则及刑期计算方法，决定对其应执行的刑罚。而若适用累计处罚制度，则只需将各次犯罪所涉数额累计计算得出一个总的数额，然后再根据与总数额相对应的量刑幅度确定应当判处的刑罚即可。这种方式显然较数罪并罚的方式具有较高的诉讼经济价值。例如，行为人先后走私普通货物、物品 20 余次，且每次偷逃应缴税额都在 5 万元左右。若适用第 69 条的数罪并罚制度，则需要先对这 20 余次的走私行为分别按其走私数额定罪量刑，然后再按数罪并罚规则确定应判处的刑罚，其繁杂程度远远高于按累计数额处罚的方式。除此之外，在判决书的书写上累计数额处罚的方式也较数罪并罚制度简便许多。

在累计数额处罚方式能够保障罪刑均衡的前提下，不论理论界还是实务界自然偏爱这一具有诉讼效益价值的方式。也正是这个原因，在刑法明确规定多次实施违法犯罪行为所涉数额累计计算的 5 个罪名（走私普通货物、物品罪，偷税罪，贪污罪，受贿罪，走私、贩卖、运输、制造毒品罪）外，相关司法解释又陆续明确规定了对盗窃罪、抢夺罪、挪用公款罪、假冒注册商标罪等 10 多个罪名的累计处罚。司法实践对刑法和司法解释未明确规定的其他属于数额犯的同种数罪，如诈骗罪、挪用资金罪等，也广泛地适用累计数额制度。

（3）以比较法的视角来看，累计数额处罚的方式亦具有优越性。

在美国刑法中，没有想象竞合犯等概念，对于行为或结果符合几个法律规定的便构成几个罪。对于数罪的处罚，美国刑法基本上采取并科主义。但是，对于以涉案金钱的数额或物品的数量为特征的犯罪，向来以实用主义著称的美国刑法采取了累计数额处罚的制度。根据美国量刑指南的规定，如果第二章①的量刑指南主要以涉案金钱的数额或物品的数量为确定犯罪等级的基础（如盗窃、欺诈、毒品运输、武器交易），或者包含有其他关于重复性或持续性违法行为的规定（如许多环境犯罪），则将犯罪行为的所有特性视为一个整体，累计计算其数额或数量，再适用相应的量刑指南。②我国刑法体系与美国刑法体系存在重大的差别，但在累计数额处罚制度上，却如此惊人的一致，这一现象足以给我们深刻的启示，促使我们深入思考累计数额处罚方式的合理性、便宜性。

我国刑法用累计数额方式所解决的同种数罪的案件，在德国等大陆法系国家，基本上是用连续犯概念来解决的。根据一个针对1980年以后一直到1992年之间的一些经公布之判决的统计显示，德国实务上适用连续关系概念处理的个案当中，诈欺案件约占全部案件的18%；侵占案件占7%；窃盗及强盗案件占12%；性侵害案件占10%；毒品犯罪占30%；税法案件占13%；其他案件占8%。③ 在这些适用连续关系的案件中，除了不到20%的性侵害案件和其他案件之外，剩下的多于80%的案件都属于数额犯。德国等大陆法系国家的刑法，为避免对于这些犯罪适用数罪并罚制度所

---

① 指《美国量刑指南》第二章。

② 美国量刑委员会编：《美国量刑指南》，逄锦温等译，法律出版社2006年版，第303页。

③ 转引自黄荣坚著：《基础刑法学》（下），元照出版公司2006年版，第995页。当然，这是德国联邦最高法院刑事大法庭相关判决（BGHSt 40，138）作出之前的情况，在此之后，联邦最高法院明确否认了诈欺、侵占、窃盗、强盗、性侵害、毒品、税收等犯罪适用连续犯的可能。

引起的烦琐，使用了连续犯的概念。在连续犯的存废之争中，连续犯保留论者的一个重要理由便是认为连续犯概念对于财产犯罪具有特别重大的意义。例如，我国台湾地区学者柯耀程认为：对于财产犯罪，往往行为人会实施许多次，对于此类行为，如坚持以实质竞合处理，就造成了实务上莫大的负担、削弱了刑事司法对抗重大犯罪的能力。例如，行为人犯了40次盗窃罪，如每次行为均宣告6个月有期徒刑，若以实质竞合方式处理，则一方面使得刑度范围过大，另一方面需对每一个犯罪行为做罪与刑的宣告，在程序上无比繁重，从而，对此类犯罪以连续关系处断更为恰当。[①] 但遗憾的是，连续犯的存在根据遭到了越来越有力的质疑。考虑到所有反对连续犯的理由，德国联邦最高法院刑事大法庭的判决（BGHSt 40, 138）在事实上废除了连续犯制度；日本刑法、我国台湾地区“刑法”也先后删除了连续犯的规定。这说明，在连续犯概念本身并未获得合理性说明的前提下，试图运用连续犯理论解决数额犯的多次犯罪问题并不成功。对这一问题的解决，累计计算数额的处罚方式与连续犯这一面临诸多困境的理论相比，避免了适用数罪并罚制度造成的刑度范围过大以及程序烦琐的弊端，达到了连续犯概念所欲取得的效果；并且在理论根基上，比连续犯要坚固得多。从而，在数额犯的多次犯罪问题上，累计数额处罚的方式比连续犯理论要优越得多。

综上，对于多次实施数额犯犯罪行为的，累计计算数额的处罚方式实质上是数罪数罚的一种特殊模式，能够实现罪刑均衡原则，且具有重大的诉讼效益价值；这一方式也为崇尚实用主义的美国刑法所采取，在理论根据上也较连续犯制度优越得多。因此，对于属于数额犯的同种数罪的处罚，应当采取累计处罚的方式，而不必适用刑法第69条的数罪并罚制度。

---

① 参见柯耀程著：《刑法竞合论》，中国人民大学出版社2008年版，第285页。

（二）对数额犯之外的同种数罪应采取数罪并罚的方式

就目前我国立法与司法而言，对数额犯之外的同种数罪的处罚方式的规定与做法大致有如下几种：（1）将多次实施同种数罪的犯罪行为，作为加重犯罪构成要件要素，并相应规定了较重的法定刑（“多次犯”）。将多次实施某一犯罪行为规定为加重构成要件要素的有7个条文，分别是刑法第263条规定的“多次抢劫的”，第292条“多次聚众斗殴的”，第318条“多次组织他人偷越国（边）境的”，第321条“多次实施运送行为的”，第328条“多次盗掘古文化遗址、古墓葬的”，第358条“多次强迫他人卖淫的”以及第236条规定的“强奸妇女、奸淫幼女多人的”。[①] 对此类同种数罪，直接按加重犯罪构成的法定刑处罚，而不按数罪并罚处理。（2）刑法设置有情节加重犯规定，且加重犯规定能够涵盖同种数罪。这一处罚方式并非刑法的明文规定，只是在理论上为数罪并罚否定说所支持，在实践中为实务部门所偏爱，司法解释将多次实施某些犯罪的情况涵盖在情节严重、情节特别严重或情节恶劣的范围内。（3）刑法未设置情节加重犯，或者所设置的加重构成不能涵盖同种数罪。

在这样的刑事立法状况与司法状况下，不管是数罪并罚肯定说还是否定说，各自都存在严重的缺陷。就数罪并罚否定说而言，即使是该说的支持者也不得不承认该观点的致命缺陷是：对于上述的

---

① 该条虽然属于以多人为对象的犯罪，但实质上与多次犯并无本质差异，仍可归入多次犯的范围内。而其他以多人为对象，并将其作为加重犯罪构成要件要素的犯罪中，从罪数形态上看有可能是同种数罪，也有可能是一罪，如刑法第240条第1款“拐卖妇女、儿童三人以上的”和第358条第1款“强迫多人卖淫的”。这两个犯罪更类似于数额犯的处罚，即不管是一次犯罪中拐卖妇女、儿童3人以上还是数次犯罪中拐卖妇女、儿童3人以上，不论是一次强迫多人卖淫还是数次强迫多人卖淫，其社会危害性主要体现在被害者的数量上。数量越大，社会危害性也就越大。

第三种情况，即那些刑法只规定了一个量刑幅度的犯罪，以及虽有几个量刑幅度但不能涵盖同种数罪的情况，否定数罪并罚确实无法实现罪刑的均衡。因为只有一个量刑幅度的犯罪，以及虽有几个量刑幅度但不能涵盖同种数罪的情况，如果出现同种数罪只能从重处罚。这在其中的几个罪都比较轻微的情况下可以达到罪刑的均衡，一旦其中一个或几个犯罪比较严重，尤其在其中一罪就已达到应当判处法定最高刑的程度的情况下，对其余的犯罪已无从重、加重的余地，从而同种数罪的实际处罚结果与一罪的处罚结果并无明显的差别，严重地违背了罪刑均衡原则。这一问题如何解决，否定说并没有提出一个合理的方案，只是将其归咎于刑事立法的不完善，寄希望于将来修改刑法时对这部分刑法条文提高法定刑。[①] 至于眼下由于不适用数罪并罚所造成的罪刑不均衡，实际上采取了容忍、听之任之的态度。当然，数罪并罚肯定说也存在重大的缺陷，就是这一观点忽视了我国刑法一些条文对多次犯罪适用该罪加重法定刑的明确规定，忽视了司法实践习惯将同种数罪解释为“情节严重”的情况而不数罪并罚的现实。从而，在目前的状况下，不论是肯定说还是否定说，在立法上既能找到支持的根据，同时也能找到反对的理由。因为在立法者对同种数罪的本质属性尚无科学的、合理的认识的情况下，很难自觉地制定出完全符合同种数罪并罚或不并罚所需的全部法律规定。[②]

如此一来，若想对数额犯以外的同种数罪适用一致性的处理原则，必然需要对现行立法或司法解释、实务习惯作一番修改与清理。修改与清理的途径有两个：其一是将刑法只规定了一个量刑幅度的犯罪以及虽有几个量刑幅度但不能涵盖同种数罪的情况，在修改、补充刑法时增加设置加重构成或者提高法定刑幅度。这种途径

---

① 参见姜伟著：《犯罪形态通论》，法律出版社 1994 年版，第 475 页。

② 韩光军：《同种数罪应否并罚新探》，载《武汉大学学报》（哲学社会科学版）2009 年第 1 期，第 42 页。

的最终导向是全部的同种数罪都以加重犯来处理（包括多次犯、多人犯、情节加重犯），而不实行数罪并罚。其二是将所有的同种数罪都按刑法第69条的数罪并罚制度来处理。这就需要将刑法有关多次犯的条文删除，并且将情节加重犯中的“情节”严格限制在一般的量刑情节而不包括同种数罪的范围内。数罪并罚否定说实际上主张的是第一种方式，但是两相比较，第二种方式更实际、更合理。

（1）在刑事政策上，第一种途径带有明显的重刑化倾向，其可行性令人怀疑。

第一种途径主张对于刑法只规定了一个量刑幅度的犯罪以及虽有几个量刑幅度但不能涵盖同种数罪的情况，在修改、补充刑法时增加设置加重构成或者提高法定刑幅度。但是，问题是我国刑法中为数不少的条文只有基本犯规定以及虽有加重犯规定但不能涵盖同种数罪；对所有这些条文提高法定刑或增设加重犯，在目前摒弃重刑化、奉行宽严相济的刑事政策的大背景下似乎不可行。

需要明确的是，我国刑法中只有一个量刑幅度以及虽有几个量刑幅度但不能涵盖同种数罪的情况，并非如否定论者所说是极少数的情况，刑法中有相当一部分条文都可归入此类。首先，只有一个量刑幅度的罪名在刑法中就不少，如非法携带枪支、弹药、管制刀具、危险物品危及公共安全罪，生产、销售不符合卫生标准的化妆品罪，违规披露、不披露重要信息罪，妨害清算罪，虚假破产罪，隐匿、故意销毁会计凭证、会计账簿、财务会计报告罪，操纵证券、期货交易价格罪，非法购买增值税专用发票、购买伪造的增值税专用发票罪，假冒专利罪，销售侵权复制品罪，损害商业信誉、商品声誉罪，虚假广告罪，串通投标罪，强迫交易罪，倒卖车票、船票罪，逃避商检罪，过失致人重伤罪，强迫职工劳动罪，非法搜查罪，侮辱罪，诽谤罪，刑讯逼供罪，暴力取证罪，侵犯少数民族风俗习惯罪，侵犯通信自由罪，私自开拆、隐匿、毁弃邮件、电报罪，破坏选举罪，妨害公务罪，非法生产、买卖警用装备罪，故意延误投递邮件罪，医疗事故罪，逃避动植物检疫罪，传播淫秽物品罪，等等。其次，虽有几个量刑幅度但不能涵盖同种数罪的罪名也不少。在这类罪名中，对每一个量刑档次中的同种数罪来说，都很难实现罪刑均衡。这里仅举几个比较典型的例子：①交通肇事罪。据刑法第 133 条交通肇事罪的规定，交通肇事罪有三个量刑档次，分别对应不同的条件：第一个量刑档次是 3 年以下有期徒刑或拘役，适用于一般的交通肇事情况；第二个量刑档次是 3 年以上 7 年以下有期徒刑，适用于交通肇事后逃逸或有其他特别恶劣情节的情况；第三个量刑档次是 7 年以上有期徒刑，适用于因逃逸致人死亡的情况。这里虽有加重犯罪构成的规定，但不能将同种数罪涵盖其中。对于每一个量刑幅度来说，都有可能发生同种数罪的情况。例如，行为人于一定时间内交通肇事若干次，且每次都逃逸，最后一次才被发现。若其中一次交通肇事逃逸行为就已达该量刑档次内的最高或较高的法定刑，则否认数罪并罚的结果是一次交通肇事逃逸犯罪与数次交通肇事犯罪在最终量刑结果上并无差别或差别很小，违背罪刑均衡。②生产、销售假药罪。该罪的加重构成要求对人体健康造成严重危害、致人死亡或对人体健康造成特别严重危害。若行为人实施了若干次生产、销售假药行为，但每次都只是足以严重危害人体健康而并未对人体健康造成严重危害，则不管实施多少次生产、销售假药行为也只能在 3 年以下有期徒刑或拘役幅度内量刑。③故意伤害罪。该条的加重构成要求致人重伤、致人死亡或以特别残忍手段致人重伤造成严重残疾。若行为人只是致人轻伤，则否定数罪并罚的结果就是不管是致 1 人轻伤还是 10 人轻伤，都只能在 3 年有期徒刑范围内量刑，罪刑的不均衡显而易见。④非法拘禁罪。该罪虽有加重构成，但适用条件是“致人重伤”。若行为人实施了普通的非法拘禁罪，则也只有 3 年以下有期徒刑、拘役、管制或者剥夺政治权利这一个量刑幅度。

在目前的刑法中，存在如此之多的仅有一个量刑幅度或虽有几个量刑幅度但不能涵盖同种数罪的条文。若采取第一种途径，则必然需要对上述数量众多的条文增加设置加重构成或者提高法定刑，对刑罚配置做一番趋重化的“大手术”。我国当前的刑罚结构是以死刑和监禁刑为主导的，毫无疑问已经属于重刑结构；在我国刑法的法定刑总体上已经较高、刑罚结构已经有过重之嫌的情况下，更要提防继续趋重。① 虽然对个别犯罪根据罪责刑相适应原则的要求提高法定刑并非不可，但这种大范围提高诸多罪名法定刑的做法，则带有明显的重刑化倾向。而“重刑化”破坏了罪刑关系的内在平衡，导致刑罚功能的缺失，以及对其他法律、制度建设的疏忽，使社会综合治理的措施难以落实，② 早已为刑法学界所摒弃。取而代之的是现今宽严相济的刑事政策，即针对犯罪的不同情况，区别对待，该宽则宽，该严则严，有宽有严，宽严适度；对犯罪情节轻微或具有从轻、减轻、免除处罚情节的，依法从宽处罚；对于某些严重的刑事犯罪、惯犯、累犯，则应当依法严惩，充分发挥刑罚的打击效果与威慑效应。③ 刑法中仅有一个量刑幅度的犯罪绝大多数都属于性质较为轻微的犯罪，对这些犯罪大范围地提高法定刑或增设加重构成，违背了宽严相济刑事政策的基本精神。况且，“我国已经被认为是重刑区”，④ 这种使刑罚结构进一步趋重的做法也极易遭人诟病，其可行性非常值得怀疑。

（2）将同种数罪作为情节加重犯来处罚，在理论上也不甚合理。

将同种数罪解释为属于“情节严重”、“情节特别严重”或

---

① 参见陈兴良：《刑事政策视野中的刑罚结构调整》，载《法学研究》1998年第6期，第51页。

② 参见游伟：《重刑化的弊端与我国刑罚模式的选择》，载《华东政法学院学报》2003年第2期，第96～97页。

③ 参见高铭暄：《宽严相济刑事政策与酌定量刑情节的运用》，载《法学杂志》2007年第1期，第3页。

④ 李洁：《遏制重刑——从立法技术开始》，载《吉林大学社会科学学报》2009年第3期，第48页。

"情节恶劣"的情况，以情节加重犯来处罚，实际上是将多次实施某种犯罪视为该罪的量刑情节。但是，量刑情节是不具有犯罪构成的意义、不能说明犯罪基本性质的事实情况。① 而同种数罪中的每一个犯罪行为，都是可独立成罪的事实，都具有犯罪构成的意义（虽然是同种犯罪构成），与单纯反映罪刑轻重以及行为人人身危险性程度从而影响刑罚轻重的各种情况并不在同一功能层次上；将同种数罪的情况归入加重情节之中，实质上是将同种数罪与一般量刑情节等同视之，忽视了作为一般量刑情节的事实与能够独立构成犯罪的事实的本质差别，其合理性值得反思。

另一方面，我国刑法中的情节加重犯虽数量众多，但非情节加重犯的罪名数量也不少。例如，结果加重犯以及只设置了普通犯罪构成、减轻犯罪构成的情况。对于结果加重犯来说，将同种数罪的情况归入"后果严重"或"后果特别严重"之中在理论上更加牵强。例如，危险物品肇事罪，该罪是结果犯，造成严重后果的，才构成犯罪，其基本量刑档次是 3 年以下有期徒刑；后果特别严重的，处 3 年以上 7 年以下有期徒刑。这里虽有加重犯的规定，但从语义上看，"后果特别严重"指的是在一次危险物品肇事中所造成的后果特别严重，如致多人死亡等情况，而不包括数次危险物品肇事的情况。例如，行为人犯危险物品肇事罪造成严重后果后逃逸，1 个月后又犯危险物品肇事罪造成严重后果被发现。从语义上看，该条文中"后果特别严重"很难将该案例中两次危险物品肇事的情况包含在内。因此，即使勉强地将同种数罪纳入"情节严重"、"情节特别严重"、"情节特别恶劣"之中，也还存在大量的结果加重犯以及只设置了普通犯罪构成、减轻犯罪构成的情况无法涵盖同种数罪的情况。

因此，为统一法律适用规则，不如将除数额犯之外的所有同种数罪都按数罪并罚理论来处理。也就是说，将情节加重犯之所谓情

① 张明楷著：《刑法学》，法律出版社 2003 年版，第 442 页。

节严重或者恶劣限制在基本犯的罪质之内的加重其罪责的主观和客观的事实因素。凡是超出其罪质的范围，则该情节构成其他犯罪（包括同种性质的犯罪和不同性质的犯罪），这时应该解决的是罪数的问题，而不是情节加重犯的问题。

（3）数罪并罚制度是较为成熟的刑法理论，完全可以解决“多次犯”、情节加重犯的同种数罪问题。

“多次犯”、情节加重犯的立法模式是将同种数罪合并为一罪的加重犯罪构成，从而行为人多次实施这类犯罪行为的，直接按照相应法定刑量刑，而不需数罪并罚。若选择第二种途径，即将所有的同种数罪都按刑法第 69 条的数罪并罚制度来处理，就需要在修改刑法时将有关“多次犯”的条文删除，并将情节加重犯中的“情节”严格限制在一般的量刑情节而不包括同种数罪的范围内。因为这些正是数罪并罚否定说的主要论据之一，同时也是数罪并罚肯定说与现行立法的矛盾之处。只有删除这些规定，才能将刑法第 69 条规定的数罪并罚制度完全适用于除数额犯之外的所有同种数罪，从而为数罪并罚的统一适用扫清立法和司法上的障碍。那么，这种途径可行吗？答案是肯定的。

数罪并罚制度就是解决对一人所犯的数罪如何处罚的制度，并且经由最早的并科主义到现今以限制加重主义为核心的折中主义，数罪并罚制度已发展为较为成熟的刑法理论。适用数罪并罚制度来处理“多次犯”、情节加重犯的同种数罪，在理论上完全没有问题，而且也与整个刑法的基本理论相对能够保持协调一致。而目前刑法的处理模式虽然具有便宜性的优点，但割裂了数罪并罚制度适用的统一性。况且这种模式只适用于部分罪名，与此类似的其他犯罪仍然要按普通规则来处理，这也提出了这种“多次犯”的立法是否必要与合理的问题以及将同种数罪归入情节加重犯中是否合理的问题。不如统一将这种情况让位于更为符合刑法普通规则的方法去处理。①

再者，与刑法中只规定了一个量刑幅度的犯罪以及虽有几个量刑幅度但不能涵盖同种数罪的条文相比，规定“多次犯”的法条要少得多，仅涉及抢劫罪等7个罪名。因此，尽管第一种途径与第二种途径都涉及刑法的修改，但删除“多次犯”的方式既不违背刑事政策精神与宗旨，从修改面上涉及的刑法条文也较少。而将同种数罪作为情节加重犯来处罚的方式并非刑法的明文规定，只是一些司法解释将多次实施某些犯罪的情况涵盖在情节严重、情节特别严重、情节恶劣的范围内。因此，将情节加重犯限制在基本犯罪质之内的加重其罪责的主观和客观的事实因素而不包括同种数罪的范围内，只需要将一些司法解释进行修改与清理，并不会涉及刑法的修改。这与第一种途径所涉及的大范围的刑法条文的修改相比，无疑也更具有可行性。

在此需要提及的一个问题是，对同种数罪并罚与不并罚对行为人的“实益”问题或者说哪个在量刑上更重的问题。在现行模式下，将同种数罪以“多次犯”处理或按照加重情节处理可以在加重法定刑中科处数罪并罚时所无法选择的较重刑种（即可以升格为无期徒刑甚至死刑）；而按数罪并罚处理，由于受到数罪并罚规则的限制却不可能升格为较重的刑种，从而并罚的结果反而轻于不并罚的结果。因此，有论者认为对同种数罪并罚不符合罪责刑相适应原则、不利于打击犯罪。

在现行立法模式下，这确实是一个问题。例如，行为人实施了多次抢劫但每一次抢劫都不存在其他的加重处罚情节，对这种情况，若按数罪并罚处理的话，因为每一次抢劫罪都不存在其他加重情节，所以只能在基本犯的量刑档次即“三年以上十年以下有期徒刑”范围内科处刑罚，数罪并罚时最高也不能超过20年有期徒

---

① 参见张小虎：《多次行为的理论定性与立法存疑》，载《法学杂志》2006年第3期，第36页。

刑。但是，若按加重犯处理的话，则可科处“十年以上有期徒刑、无期徒刑或者死刑”。在这种情况下，数罪并罚的结果确实可能轻于不并罚的结果。

但是，问题是这一弊端是同种数罪并罚中所独有的吗？显然不是，异种数罪在并罚时同样要受到数罪并罚规则的限制，最高也不得超过20年有期徒刑。① 若以同样的视角审视，在罪责刑相适应上也存有疑问。这从以下两个案例的对比中就可以发现。案例一：行为人甲实施了3次抢劫犯罪，且每一次抢劫都不存在其他的加重处罚情节。对此，可按刑法规定科处10年以上有期徒刑、无期徒刑或者死刑。案例二：行为人乙实施了一次抢劫行为（不存在其他的加重处罚情节），一次故意伤害致人重伤的行为，一次杀人行为（属于情节较轻的情况）。这无疑属于异种数罪，应按数罪并罚来处理。对其抢劫罪，由于不存在其他的加重处罚情节，因而根据刑法第263条的规定只能在“三年以上十年以下有期徒刑”的范围内科处刑罚；对其故意伤害致人重伤罪，根据刑法第234条第2款的规定应在“三年以上十年以下有期徒刑”的范围内科处刑罚；对其故意杀人罪，由于属于情节较轻的情况，因而根据刑法第232条的规定应在“三年以上十年以下有期徒刑”的范围内科处刑罚。由于对这数个犯罪科处的刑罚皆为有期徒刑，所以对其并罚最高也不能超过20年有期徒刑。将案例一与案例二的量刑结果对比，就可以发现问题所在：乙实施的数个犯罪绝不比甲实施的数个犯罪轻，但在量刑结果上，却可能轻于甲。因此，对数罪实行并罚所产生的罪刑的不均衡，其实不仅仅在同种数罪并罚中存在，在异种数罪并罚中也存在。

这个问题的根源其实在于数罪并罚对有期徒刑最高限的限制：

---

① 认为同种数罪并罚结果轻于不并罚结果并以此为由反对同种数罪并罚的观点，提出背景是在《刑法修正案（八）》出台前，因此这里笔者也以《刑法修正案（八）》出台前的规定来讨论。

即我国刑法对有期徒刑数罪并罚时规定最高限不得超过20年，这就与无期徒刑的差距过大，在数罪并罚的情况下导致罪刑不均衡现象的出现。当然，有期徒刑数罪并罚时对上限的限制与有期徒刑单罪的最高限存有密切的联系。基于此，笔者认为，造成这种不均衡的深层次根源在于我国刑法对有期徒刑单罪和并罚时的最高限的规定。从而，对这一问题应从这一根源入手寻求解决之道。对同种数罪否认数罪并罚而按加重情节处理的解决方式，只能解决同种数罪并罚中的不均衡问题，对异种数罪并罚的不均衡仍然没有解决；况且，这种处理方式也只适用于部分同种数罪（具体来说是设有加重情节且对加重情节可升格为无期徒刑、死刑的情况），对于不具有加重情节或加重情节无法涵盖同种数罪情况以及虽有加重情节但也不能升格为无期徒刑、死刑的犯罪来说，这一处理方式显然轻于并罚的处理结果，从而也违反了罪刑均衡原则。因此，笔者认为，对这一问题，应从数罪并罚制度的完善角度对同种数罪与异种数罪并罚中的罪刑均衡问题进行一体性的解决。在目前严格限制死刑适用范围的情况下，主要应着力解决有期徒刑上限与无期徒刑差距过大的问题。对此，可以在提高单罪的有期徒刑上限的基础上，将有期徒刑数罪并罚时的上限适当提高。①

随着《刑法修正案（八）》对有期徒刑数罪并罚上限的修改，这一问题实际上已经得到了基本的解决。

（4）数罪并罚否定说造成了同种数罪仅因发现、判决时间不同而适用规则不同的矛盾。

所谓数罪并罚否定说与肯定说的争议，针对的都是判决宣告以

① 参见周东平、薛夷风：《日本刑法有期刑上限的提高及对我国的启示》，载《厦门大学学报》（哲学社会科学版）2009年第3期，第119～120页；周永军：《有期自由刑的数罪并罚方法比较研究——兼谈我国有期自由刑数罪并罚制度的完善》，http://article.chinalawinfo.com/Article_Detail.asp?ArticleId=34507。

前一人犯有同种数罪的情况。而对判决宣告后发现漏罪的或又犯新罪的情况，理论界并无争议，即判决宣告后发现行为人在判决宣告前还有其他罪没有判决的，以及判决宣告后行为人又犯新罪的，不论新发现的罪或新犯之罪与原判决的罪是否属于同种数罪，都一律实行数罪并罚。从而，对判决宣告以前一人犯有同种数罪的否定数罪并罚的结果就是：同种数罪仅因判决时间不同、被发现时间不同而适用不同规则；这种适用规则的不统一又进一步导致了量刑的失衡。这可以通过如下的案例来说明：假设甲、乙都犯有三个故意伤害罪，都致他人轻伤，且甲和乙每次的故意伤害罪若单独判处都是2年有期徒刑。但是，甲所实施的三个故意伤害罪在判决宣告前都被发现，从而不适用数罪并罚。依照刑法第234条的规定，最高也只能判处3年有期徒刑。而乙在判决时只被发现了两个故意伤害罪，对这两个故意伤害罪也不适用数罪并罚，依照第234条的规定，也被判处3年有期徒刑。乙在刑期执行1年后司法机关又发现了乙的另一个故意伤害罪，则按照刑法第70条的规定，应对第三个故意伤害罪定罪量刑（2年有期徒刑），然后再与第一个判决所判处的3年有期徒刑，依刑法第69条数罪并罚的规定决定应执行的刑罚，即在3年以上5年以下的范围内决定应执行的刑罚，最后结果必然要高于甲所判处的刑罚。也就是说，甲、乙犯有数罪的情况基本相同，但仅因发现时间不同、判决时间不同而适用了不同的规则，并导致最后量刑的失衡。

这里的问题是，为什么判决之前发现行为人犯同种数罪不实行数罪并罚，在判决之后发现行为人有未被处罚的同种漏罪或者新罪的，却可以实行数罪并罚，其中的道理何在，理论界则无人给出令人满意的解答。[①] 似乎是基于行为人隐瞒其犯罪行为昭示其人身危险性较大以及造成诉讼程序的再一次启动而造成司法资源的浪费等

① 参见李昌林：《同种数罪也应当实行数罪并罚》，载《检察日报》2007年3月2日第3版。

理由而重惩行为人的思想。但是，在目前存在“多次犯”以及将同种数罪视为情节加重犯的模式下，这种理由也不成立。因为数罪并罚制度禁止在对同种刑罚进行并罚时升格为另一较重的刑种，而以“多次犯”、情节加重犯来论处，却可以在加重法定刑中科处数罪并罚时所无法选择的较重刑种。如此一来，在判决宣告前以“多次犯”、情节加重犯来论处，完全有可能科处较重的刑种，而若在判决宣告后又发现漏罪的按数罪并罚处理，却不可能升格为较重的刑种。从而，数罪并罚的结果反而轻于以“多次犯”、情节加重犯来处罚的结果。

因此，否定对判决之前行为人所犯同种数罪进行数罪并罚，造成了判决之前与判决之后发现同种数罪适用不同规则的现象与矛盾，而其中的道理何在，理论上又不能提供有力的说法；并且由于适用规则的不同，又进一步造成了量刑上的失衡现象，其弊端不容忽视。而若对判决宣告之前行为人所犯同种数罪（除数额犯之外）统一适用数罪并罚，则可避免上述理论上的矛盾与量刑上的失衡。况且，既然判决宣告之后又发现的同种漏罪或又犯的同种新罪可以数罪并罚，那么对判决宣告之前的同种数罪就没有不能数罪并罚的理由，这从另一个侧面说明对同种数罪一律适用数罪并罚规则并非不能实现。

综上所述，对于属于数额犯的同种数罪，应适用累计数额处罚制度；而对于数额犯之外的同种数罪，则应一律适用数罪并罚规则。

参考文献

一、中文文献

（一）著作类

1. 高铭暄主编：《刑法学原理》（第2卷），中国人民大学出版社1993年版。

2. 高铭暄著：《刑法问题研究》，法律出版社1994年版。

3. 高铭暄、马克昌主编：《刑法学》，北京大学出版社、高等教育出版社2007年版。

4. 高铭暄主编：《刑法专论》（上编），高等教育出版社2002年版。

5. 王作富主编：《刑法》，中国人民大学出版社2007年版。

6. 储槐植著：《美国刑法》，北京大学出版社2005年版。

7. 马克昌著：《比较刑法原理》，武汉大学出版社2002年版。

8. 马克昌主编：《犯罪通论》，武汉大学出版社2005年版。

9. 陈兴良著：《本体刑法学》，商务印书馆2001年版。

10. 陈兴良著：《口授刑法学》，中国人民大学出版社2007年版。

11. 陈兴良著：《刑法各论的一般理论》，内蒙古大学出版社1992年版。

12. 陈兴良主编：《法治的言说》，法律出版社2004年版。

13. 陈兴良著:《刑法适用总论》(上卷),法律出版社 1999 年版。

14. 张明楷著:《刑法学》,法律出版社 2003 年版。

15. 张明楷著:《外国刑法纲要》,清华大学出版社 2007 年版。

16. 张明楷著:《刑法的基本立场》,中国法制出版社 2003 年版。

17. 张明楷著:《刑法分则的解释原理》,中国人民大学出版社 2004 年版。

18. 赵秉志主编:《外国刑法原理》,中国人民大学出版社 1999 年版。

19. 赵秉志主编:《刑法总论》,中国人民大学出版社 2007 年版。

20. 赵秉志主编:《犯罪总论问题探索》,法律出版社 2003 年版

21. 周光权著:《刑法总论》,中国人民大学出版社 2007 年版。

22. 黎宏著:《刑法总论问题思考》,中国人民大学出版社 2007 年版。

23. 孙国祥著:《刑法基本问题研究》,法律出版社 2007 年版。

24. 林准主编:《中国刑法教程》,人民法院出版社 1994 年版。

25. 顾肖荣著:《刑法中的一罪与数罪问题》,学林出版社 1986 年版。

26. 姜伟著:《犯罪形态通论》,法律出版社 1994 年版。

27. 吴振兴著:《罪数形态论》,中国检察出版社 2006 年版。

28. 庄劲著:《犯罪竞合——罪数分析的结构与体系》,法律出版社 2006 年版。

29．刘士心著:《竞合犯研究》，中国检察出版社2005年版。

30．赵丙贵著:《想象竞合犯研究》，中国检察出版社2007年版。

31．刘树德著:《牵连犯辨正》，中国人民公安大学出版社2005年版。

32．王明辉著:《复行为犯研究》，中国人民公安大学出版社2008年版。

33．柯耀程著:《刑法竞合论》，中国人民大学出版社2008年版。

34．柯耀程著:《刑法总论讲义——修正法篇》（下），元照出版公司2006年版。

35．甘添贵著:《罪数理论之研究》，元照出版公司2006年版。

36．韩忠谟著:《刑法原理》，中国政法大学出版社2002年版。

37．黄荣坚著:《基础刑法学》（上）、（下），元照出版公司2006年版。

38．陈子平著:《刑法总论》（下册），元照出版公司2006年版。

39．林山田著:《刑法通论》（下册），作者发行1998年版。

40．林山田著:《刑法通论》（下册），作者发行2005年版。

41．林钰雄著:《新刑法总则》，元照出版公司2006年版。

42．周冶平著:《刑法总论》，作者发行1981年版。

43．许玉秀著:《当代刑法思潮》，中国民主法制出版社2005年版。

44．白建军著:《罪刑均衡实证研究》，法律出版社2004年版。

45．刘守芬等著:《罪刑均衡论》，北京大学出版社2004年版。

46. 刘光显、张泗汉主编:《贪污贿赂罪的认定与处理》,人民法院出版社 1996 年版。

47. 唐世月著:《数额犯论》,法律出版社 2005 年版。

48. 最高人民法院刑事审判第一庭、第二庭编:《刑事审判案例》,法律出版社 2002 年版。

49. 李小克编著:《普通逻辑学教程》,首都经贸大学出版社 2007 年版。

(二) 论文类

1. 黄京平:《罪数与并罚制度研究》,中国人民大学 1995 年博士学位论文。

2. 田海明:《罪数原理论》,中国政法大学 2003 年博士学位论文。

3. 高铭暄:《宽严相济刑事政策与酌定量刑情节的运用》,载《法学杂志》2007 年第 1 期。

4. 储槐植:《论罪数不典型》,载《法学研究》1995 年第 1 期。

5. 陈兴良:《刑法竞合论》,载《法商研究》2006 年第 2 期。

6. 阮齐林:《论构建适应中国刑法特点的罪数论体系》,载《河南师范大学学报》(哲学社会科学版)2006 年第 3 期。

7. 陆诗忠:《我国罪数理论之基本问题研究》,载《法律科学》2007 年第 2 期。

8. 叶良芳:《罪数论的体系性反思与建构》,载《浙江大学学报》(人文社会科学版)2007 年第 4 期。

9. 莫晓宇:《罪数理论的体系性思考》,载《中国刑事法杂志》2002 年第 2 期。

10. 王明辉、唐煜枫:《论刑法中的一罪概念——兼及罪刑关联概念的建立》,载《政治与法律》2009 年第 3 期。

11. 许玉秀:《一罪与数罪之分界——自然的行为概念》,载《台湾本土法学》2003 年第 5 期。

12. 许玉秀:《一罪与数罪的理论与实践》(一)、(二),载《台湾本土法学》2006年第1、2期。

13. 陈志辉:《牵连犯与连续犯废除后之犯罪竞合问题——从行为单数与行为复数谈起》,载《月旦法学杂志》2005年第7期。

14. 靳宗立:《刑法实例解析——罪数之判断与科刑处断》,载《辅仁法学》第28期。

15. 黄荣坚:《犯罪的结合与竞合》,载《刑法问题与利益思考》,元照出版公司2003年版。

16. 郑逸哲:《"想象竞合犯以一罪论"并不变动"罪数",而是变动"罪名数"》,载《月旦法学杂志》2008年第10期。

17. 张小虎:《想象竞合犯的理论探究》,载《法律科学》2005年第4期。

18. 张小虎:《罪刑均衡意蕴探究》,载《现代法学》2002年第6期。

19. 林亚刚:《论想象竞合犯的若干问题》,载《法律科学》2004年第1期。

20. 蔡英:《想象竞合犯的批评与再认识》,载《西南大学学报》2007年第4期。

21. 杨阅:《想象竞合犯处罚原则新探》,载《黑龙江省政法管理干部学院学报》2006年第4期。

22. 马克昌:《想象的数罪与法规竞合》,载《法学评论》1982年第1期。

23. 周建军:《法条竞合犯抑或想象竞合犯——法条竞合犯与想象竞合犯的界限之争》,载《刑事法评论》第22卷。

24. 刘明祥:《论法条竞合的范围和适用原则》,载《中国刑事法杂志》1996年第4期。

25. 吕英杰:《刑法法条竞合理论的比较研究》,载《刑事法评论》第23卷。

26. 付强:《合理界定法条竞合的基本范围》,载《法学》

2009 年第 10 期。

27. 高金桂：《论刑法上之法条竞合问题》，载《林山田教授六十岁生日祝贺论文集》，五南图书出版公司 1999 年版。

28. 甘添贵：《数罪并罚与科刑一罪之竞合》，载台湾刑事法学会编：《现代刑事法与刑事责任》，新学林出版股份有限公司 1997 年版。

29. 蔡圣伟：《开门揖盗——论侵入建物罪与窃盗罪的竞合关系（下）》，载《台湾本土法学》2007 年第 6 期。

30. 高铭暄：《论牵连犯的几个问题》，载《现代法学》1993 年第 6 期。

31. 黄京平：《牵连犯处断原则辨析》，载《中国人民大学学报》1993 年第 3 期。

32. 陆诗忠：《牵连犯之基本问题新论》，载《甘肃政法学院学报》2008 年第 9 期。

33. 赵俊新、黄洪波：《论牵连犯》，载《江汉论坛》2003 年第 1 期。

34. 郭毅：《牵连犯处罚原则探析》，载《法学》1999 年第 8 期。

35. 王奎、洪辉：《牵连犯的概念和惩罚原则分析》，载《当代法学》2002 年第 3 期。

36. 周光权、卢宇蓉：《犯罪加重构成基本问题研究》，载《法律科学》2001 年第 5 期。

37. 游伟：《重刑化的弊端与我国刑罚模式的选择》，载《华东政法学院学报》2003 年第 2 期。

38. 游伟、谢锡美：《双重评价禁止与充分评价原则剖析——关于刑法中牵连犯处断的思考》，载《法学论坛》2007 年第 11 期。

39. 何赖杰：《论连续犯适用范围之极端限缩，乃至几近于废除》，载《刑事法杂志》第 39 卷第 5 期。

40. 詹红星：《连续犯的基本问题研究》，载《兰州学刊》

2007 年第 9 期。

41．陈兴良：《刑事政策视野中的刑罚结构调整》，载《法学研究》1998 年第 6 期。

42．李洁：《遏制重刑——从立法技术开始》，载《吉林大学社会科学学报》2009 年第 3 期。

43．马荣春、韩丽欣：《论犯罪社会危害性评价机制的确立》，载《中国刑事法杂志》2007 年第 4 期。

44．张心向：《案件事实对法律规范之建构探微》，载《刑法论丛》第 14 卷。

45．王志祥：《结果加重犯的未遂问题新论》，载《法商研究》2007 年第 3 期。

46．张小虎：《同种数罪不应实行数罪并罚》，载《上海市政法管理干部学院学报》1999 年第 2 期。

47．张小虎：《多次行为的理论定性与立法存疑》，载《法学杂志》2006 年第 3 期。

48．郑培兵：《同种数罪应该数罪并罚》，载《法学》1982 年第 1 期。

49．贾莲君：《论同种数罪应当并罚》，载《法律科学》1995 年第 2 期。

50．熊立荣：《同种数罪处罚原则新说》，载《广西政法管理干部学院学报》2003 年第 4 期。

51．路军、宋保君：《我国刑法同种数罪处罚原则之探讨》，载《辽宁公安司法管理干部学院学报》2005 年第 1 期。

52．韩光军：《同种数罪应否并罚新探》，载《武汉大学学报》（哲学社会科学版）2009 年第 1 期。

53．周东平、薛夷风：《日本刑法有期刑上限的提高及对我国的启示》，载《厦门大学学报》（哲学社会科学版）2009 年第 3 期。

54．周永军：《有期自由刑的数罪并罚方法比较研究——兼谈我国有期自由刑数罪并罚制度的完善》，http://article. chinalawinfo. com/Article_Detail. asp? ArticleId =34507。

55. 李昌林：《同种数罪也应当实行数罪并罚》，载《检察日报》2007 年 3 月 2 日第 3 版。

二、译文文献

（一）著作类

1. [德] 卡尔·拉伦茨著：《法学方法论》，陈爱娥译，商务印书馆 2003 年版。

2. [德] 古斯塔夫·拉德布鲁赫著：《法律智慧警句集》，舒国滢译，中国法制出版社 2001 年版。

3. [德] 汉斯·海因里希·耶赛克、托马斯·魏根特著：《德国刑法教科书》（总论），徐久生译，中国法制出版社 2001 年版。

4. [德] 李斯特著：《德国刑法教科书》，徐久生译，法律出版社 2006 年版。

5. [德] 冈特·施特拉腾韦特、洛塔尔·库伦著：《刑法总论 I ——犯罪论》，杨萌译，法律出版社 2006 年版。

6. [德] 约翰内斯·韦塞尔斯著：《德国刑法总论》，李昌珂译，法律出版社 2008 年版。

7. [德] 克劳斯·罗克辛著：《德国刑法总论》（第 1 卷），王世洲译，法律出版社 2005 年版。

8. [日] 大塚仁著：《刑法概说》（总论），冯军译，中国人民大学出版社 2003 年版。

9. [日] 福田平、大塚仁著：《日本刑法总则讲义》，李乔等译，辽宁人民出版社 1986 年版。

10. [日] 大谷实著：《刑法讲义总论》，黎宏译，中国人民大学出版社 2008 年版。

11. [日] 西田典之著：《日本刑法总论》，刘明祥、王昭武译，中国人民大学出版社 2007 年版。

12. [日] 野村稔著:《刑法总论》，全理其、何力译，法律出版社 2001 年版。

13. [日] 泷川幸辰著:《犯罪论序说》，王泰译，法律出版社 2005 年版。

14. [日] 木村龟二等著:《日本刑法判例评释选集》，洪福增译，汉林出版社 1977 年版。

15. [日] 木村龟二主编:《刑法学词典》，顾肖荣、郑树周等译，上海翻译出版公司 1992 年版。

16. [日] 小野清一郎著:《犯罪构成要件理论》，王泰译，中国人民公安大学出版社 2004 年版。

17. [意] 贝卡里亚著:《论犯罪与刑罚》，黄风译，中国大百科全书出版社 1993 年版。

18. [意] 杜里奥·帕多瓦尼著:《意大利刑法学原理》，陈忠林译评，中国人民大学出版社 2004 年版。

19. [美] 美国量刑委员会编:《美国量刑指南》，逄锦温等译，法律出版社 2006 年版。

20. [韩] 金日秀、徐辅鹤著:《韩国刑法总论》(第十一版)，郑军男译，武汉大学出版社 2008 年版。

(二) 论文类

1. [德] 普珀:《基于构成要件结果同一性所形成不同构成要件实现之想象竞合》，陈志辉译，载《东吴法律学报》第 17 卷第 3 期。

2. [日] 关哲夫:《法益概念与多元的保护法益论》，王充译，载《吉林大学社会科学学报》2006 年第 3 期。

三、外文文献

(一) 著作类

1. [日] 只木诚著:《罪数论的研究》，成文堂 2004 年版。

2. [日] 虫明满著:《包括一罪的研究》，成文堂 1992 年版。

3. [日] 大塚仁等编:《大注解刑法》（第 4 卷），青林书院 2005 年版。

4. [日] 大塚仁等编:《大注解刑法》（第 3 卷），青林书院 1990 年版。

5. [日] 前田雅英编集:《条解刑法》，弘文堂 2007 年版。

6. [日] 前田雅英著:《刑法总论讲义》，东京大学出版会 2006 年版。

7. [日] 山中敬一著:《刑法总论》，成文堂 2008 年版。

8. [日] 山口厚著:《刑法总论》，有斐阁 2007 年版。

9. [日] 川端博著:《刑法总论讲义》，成文堂 1997 年版。

10. [日] 井田良著:《刑法总论的理论构造》，成文堂 2005 年版。

11. [日] 牧野英一著:《日本刑法》(上)，有斐阁 1939 年版。

12. [日] 平野龙一著:《刑法总论Ⅱ》，有斐阁 1975 年版。

13. [日] 团藤重光著:《刑法纲要总论》，创文社 1990 年版。

14. [日] 团藤重光著:《刑法纲要各论》，创文社 1990 年版。

15. [日] 曾根威彦著:《刑法的重要问题》，成文堂 2005 年版。

16. [日] 福田平、大塚仁著:《刑法总论》，有斐阁 1979 年版。

17. [日] 新保义隆编著:《基础刑法 I 总论》，早稻田经营出版 2005 年版。

（二）论文类

1. [日] 山火正则:《罪数论与犯罪论》，载《现代刑事法》第 6 卷 7 号。

2. [日] 山火正则:《科刑上一罪——以观念的竞合和夹结理论为中心》，载《刑法杂志》第 23 卷 1、2 号。

3. [日] 山火正则:《法条竞合的诸问题（一)》，载《神奈川法学》第7卷1号。

4. [日] 铃木茂嗣：《罪数论》，载中山研一等编：《现代刑法讲座》第3卷，成文堂1982年版。

5. [日] 小林充：《罪数论的基本》，载《现代刑事法》第6卷4号。

6. [日] 中山善房：《关于观念的竞合中的“一个行为”》，载《刑法杂志》第21卷2号。

7. [日] 林正彦：《关于观念的竞合中的“一个行为”》，载《刑事裁判论集：小林充先生佐藤文哉先生古稀祝贺》，判例时报社2006年版。

8. [日] 中野次雄：《共犯的罪数》，载植松正等编：《斉藤金作博士还历祝贺 现代的共犯理论》，有斐阁1964年版。

9. [日] 中野次雄：《并合罪与科刑一罪的竞合》，载《刑法杂志》第22卷3、4号。

10. [日] 中野次雄：《并合罪》，载日本法学会编：《刑事法讲座》第7卷，有斐阁1958年版。

11. [日] 佐伯千秋：《连续犯》，载植松正等编：《刑事法的理论与现实：小野博士还历纪念》（第一卷），有斐阁1951年版。

后　记

本书是在我的博士学位论文《犯罪竞合基础理论研究》的基础上修改而成的。回首博士生初入学时的情景仿佛还在昨天，转眼间却已到了工作的时节。回首这三年的时光，有收获、有成长、有感动，当然也有迷茫、有彷徨、有挣扎。所有这些，都会成为我人生中的精神财富。

博士论文的写作历时一年有余，写完博士论文的最后一个字，长长地舒了一口气：这“痛苦的、折磨人的”写作过程终于结束了！合上电脑，本打算先放松放松，却又不自觉地思绪万千。细细琢磨，这万千的思绪所承载的却都是一种心情：感激。

衷心感谢我的导师刘明祥教授。刘老师是我学术的导师，也是我敬重的长者。他渊博的知识、严谨的治学态度、一丝不苟的工作作风都让我由衷地敬佩；他对学生的严格要求和真诚关怀更让我深深地感动。这篇论文从选题到构思、从结构安排到遣词造句，无一不凝结着导师的心血。论文初稿完成后，老师又字斟句酌、精心修改，大到体系框架小到具体观点、上从正文下到注释，老师都一一用笔勾画，提出了大量的宝贵的修改意见。也正是因此，本论文才能稍稍地体现出一个博士生的水准，也才有勇气摆在各位老师和读者的面前。当然，由于笔者本人的水平有限、收集的资料有限，本书肯定存在错误或不当之处。对此，还请各位老师和读者谅解，并给予指正！

真诚感谢我的硕士生导师时延安副教授。时老师学识渊博、思路广阔，讨论问题时总能给我们深刻的启迪和感悟。这篇论文的选题也受到时老师的启发与建议。尤其是时老师待人宽厚，对学生非常热情与真诚。在人大法学院学习的这五年，从学习到生活，从找工作到搞科研，时老师一直都在无微不至地帮助我、鼓励我。每每思及于此，心中总是洋溢着深深的难以言表的感动与感激。

感谢刑法教研室的高铭暄教授、王作富教授、戴玉忠教授、谢望原教授、黄京平教授、韩玉胜教授、冯军教授、张小虎教授、肖中华教授、田宏杰教授、赫兴旺教授、付立庆老师。他们精深的造诣、敏锐的思想、高尚的品德，营造了中国人民大学法学院良好的学术氛围，为我们搭建了汲取知识的有利平台。也让我深深地体会到了能在中国人民大学法学院学习是件多么令人庆幸的事！

感谢几年来的同窗与好友，他们对我学习与生活上的帮助，让我的博士生生活充满了温情与欢乐。

感谢父母的无私关爱。正是父母多年来精神上、物质上的支持，才使我得以读到博士；也正是父母那一点一滴的无私之爱，才让我有乐观的心态面对学习、生活中的一切困难。那不求回报、只盼儿女好的博大之爱永远激励着我继续前行！

本书的出版承蒙导师刘明祥教授的推荐，并得到国家重点研究基地中国人民大学刑事法律科学研究中心的资助；中国人民公安大学出版社的领导和编辑老师也为本书的出版付出了艰辛的劳动，在此，向所有对本书的出版给予支持、帮助的师长致以诚挚的谢意！

张爱晓